LANGENSCHEIDTS
PRAKTISCHE LEHRBÜCHER

LANGENSCHEIDTS

PRAKTISCHES LEHRBUCH TÜRKISCH

von

Tevfik Turan

LANGENSCHEIDT
BERLIN · MÜNCHEN · WIEN · ZÜRICH · NEW YORK

Langenscheidts Praktisches Lehrbuch Türkisch
Ein Standardwerk für Anfänger
Neubearbeitung 1997
von Tevfik Turan

Zeichnungen: Elina Deberdeewa (Seite 100), Karl Dernbach (Seite 117), Polyglott-Verlag Dr. Bolte KG (Seite 9, 249), alle übrigen: Ceren und Halil İncesu, Istanbul
Fotos: P. Debus (Seite 56, 113, 114, 179, 187, 210, 261), M. Hengirmen (Seite 122), alle übrigen: Apa Photo Agency

---

Wir danken für die Genehmigung zum Abdruck: Ada Yayınları (Seite 224), Anadolu Yayıncılık A.Ş. (Seite 126, 137, 171, 234, 246), Can Yayınları (Seite 50), İstanbul Deniz Otobüsleri Sanayi ve Ticaret A.Ş. (Seite 145), „Köy Pazarı" Lebensmittelmarkt GmbH (Seite 161). In einigen Fällen ist es uns trotz intensiver Bemühungen nicht gelungen, die Rechteinhaber von Texten zu ermitteln. Für entsprechende Hinweise sind wir dankbar.

Ein Schlüssel zu den Übungen, der auch ein alphabetisches Wörterverzeichnis Türkisch-Deutsch enthält, ist gesondert lieferbar.
Es empfiehlt sich, zu diesem Lehrbuch auch die beiden CDs zu verwenden. Sie enthalten Dialoge, Hörtexte und Aussprachemuster aus den Lektionen 1–24 sowie die wichtigsten Vokabeln aus den Lektionen 1–7.
Schlüssel (Best.-Nr. 26376) und CDs (Best.-Nr. 80266) sind im Buchhandel erhältlich.
Für die Wörterbucharbeit empfehlen wir Ihnen unser Taschenwörterbuch Türkisch (Best.-Nr. 11372)

Titelfoto: Istanbul, im Kapalı Çarşı
(Okapia, Greg Evans)

Auflage: 9. 8. 7. | Letzte Zahlen
Jahr: 06 05 | maßgeblich

Druck: Druckhaus Langenscheidt, Berlin-Schöneberg
Printed in Germany · ISBN 3-468-26371-6

Inhaltsverzeichnis

Vorwort

Das vorliegende Praktische Lehrbuch bietet eine systematische Einführung in das moderne geschriebene und gesprochene Türkisch.

Ziel dieses Lehrbuchs ist es vor allem:

- anhand einer Reihe alltäglicher Situationen typische Redemittel mündlich und schriftlich zu üben;
- Hör- und Leseverständnis ständig zu erweitern sowie das Ausdrücken eigener Interessen zu ermöglichen;
- grammatische Grundlagen des Türkischen zu geben und langsam vom Elementaren zum Sprech- und Schreibüblichen voranzuschreiten;
- in die Struktur und die besonderen Ausdrucksformen des Türkischen einzuführen und systematische Unterschiede zum Deutschen besonders zu behandeln;
- eine selbständige Weiterarbeit an und mit Texten außerhalb des Buches zu erleichtern und anzuregen.

Dank der gründlichen, umfassenden Erläuterungen zur Grammatik und zum Sprachgebrauch ist das Praktische Lehrbuch sowohl für das Selbststudium als auch für den Kursunterricht in der Gruppe geeignet.

Die Auswahl des Lernstoffs orientierte sich zum einen an den Anforderungen, die sich aus dem grammatischen Sprachbau ergeben. Zum anderen berücksichtigt sie die Verständigungsbedürfnisse des Türkischlerners und entspricht den langjährigen praktischen Lehrerfahrungen des Verfassers. So früh wie möglich wurden authentische Texte in die Lektionen einbezogen, da diese oftmals besser als erfundene Texte ein Bild der Realität zeichnen und den Blick auf die dem Türkischen eigene Darstellungsart der Gedanken erlauben.

Um dem Lerner von Anfang an ein möglichst lebendiges, auch umgangssprachliches, Türkisch zu bieten, erfolgen in einzelnen Fällen Vorgriffe auf grammatische Erscheinungen, die erst in einer späteren Lektion behandelt werden. Diese aus kurzen Wortgruppen bestehenden Vorgriffe sind am Rand der Lese- und Übungstexte als Vokabeln aufgeführt; ihre Bedeutung prägt sich so im Zusammenhang ein und hilft später beim analytischen Verständnis und bei der Einübung der jeweiligen grammatischen Struktur.

Vorwort

Die Lektionen umfassen in sich geschlossene Lerneinheiten und haben einen konstanten Aufbau:

A	Ausgangstext mit Worterklärungen
B	Sprachgebrauch und Landeskunde (hier sind Redemittel, Erläuterungen zum Thema der Lektion und weitere sprachbezogene landeskundliche Informationen zusammengestellt)
C	Grammatik
D	Übungen (praktisch immer an Teile von B und C gekoppelt), mit Worterklärungen
E	Erweiterung (Wiederholung, Erweiterung und Festigung der grammatischen Schwerpunkte der Lektion), gegebenenfalls in Verbindung mit einem kurzen Lesetext
F	Übungen (meist bezogen auf Abschnitt E)
G	Dialog oder Lesetext (zur weiteren Festigung und zum Transfer des Gelernten)

Einen Schwerpunkt dieses Buches bilden die methodisch vielfältigen und abwechslungsreichen Übungen, von denen viele den deutsch-türkischen Alltag oder die praktischen Bedürfnisse des Türkeireisenden unmittelbar mit einbeziehen.

Für den Selbstlerner empfiehlt sich eine Kontrolle durch den getrennt lieferbaren Schlüssel zu den Übungen (Best.-Nr. 26376), der auch ein alphabetisches türkisch-deutsches Wortschatzregister enthält.
Zum Lehrbuch gibt es ferner Cassetten (Best.-Nr. 80437), die neben den Hörtexten auch Aussprachebeispiele sowie die wichtigsten Vokabeln der ersten Lektionen enthalten.

VERFASSER UND VERLAG

Grammatische Fachausdrücke

Ablativ (-den hali, çıkma durumu)	türkischer Abwendungsfall: otobüs**ten** *aus dem* Bus steigen
Adjektiv (sıfat)	Eigenschaftswort: der *bunte* Papagei
adjektivisch (sıfat olarak)	als Eigenschaftswort gebraucht
Adverb (zarf, belirteç)	Umstandswort: er spricht *richtig*
Akkusativ (-i hali, belirtme durumu)	4. Fall, Wenfall: Er pflückt *den Apfel* für *seinen Bruder*
Aktiv (etken çatı)	Tätigkeitsform: Der Mann *öffnet* die Tür
Artikel (tanım edatı)	Geschlechtswort: *der* Mann, *die* Frau, *das* Kind
Aspekt (*etwa:* eylemin gelişmesi)	Hinweis auf die Sprecherperspektive: Er wird es *bestimmt/vielleicht* tun
Attribut	Beifügung, Eigenschaft: Die *alte* Frau hat es nicht leicht
Dativ (-e hali, yönelme durumu)	3. Fall, Wemfall: Er verspricht *ihr* goldene Berge. Im Türkischen auch gerichteter Ortsfall: diskote**ğe** *in die* Disko
Deklination (ismin halleri, ad çekimi)	Beugung des Hauptwortes: *der Vater, des Vaters, dem Vater, den Vater*
deklinieren (çekmek)	die Beugung durchführen, beugen
Demonstrativpronomen (işaret zamiri)	hinweisendes Fürwort: *dieser, jener, solcher*
Fragesuffix (soru eki)	türkisch **mi**, deutsch durch Umstellung: Ich kenne dich → *Kenne ich* dich?
Fragepronomen (soru zamiri)	Fragefürwort: *wer, wessen, wem, wen; was, welcher* usw.
Futur (gelecek zaman)	Zukunft(sform): ich *werde kommen*
Genitiv (-in eki, isim takımı)	2. Fall, Wesfall: die Erzeugnisse *des Landes*
Imperativ (emir kipi)	Befehlsform: *gib!*
Imperfekt (etwa: -miş'li geçmiş zaman)	Vergangenheitsform des Zeitwortes: ich *fragte*
Infinitiv (eylemlik, mastar)	Nennform, Grundform: *backen, arbeiten*
Interjektion (ünlem)	Empfindungswort, Ausruf: *ah!, oh!*
intransitiv (geçişsiz)	vom Zeitwort: kein Objekt bei sich habend, z. B. *grübeln, gehen*
irreal (varsayımlı)	unwirklich (in bezug auf Bedingungssätze)
Kasus (ad durumu)	Fall; Form der Beugung von Haupt- oder Eigenschaftswörtern
Kausativ (ettirgen çatı)	Veranlassen oder Zulassen des Verbgeschehens: Ich schreibe den Brief, ich *lasse* den Brief schreiben
Komparativ (sıfatlarda artıklık)	1. Steigerungsstufe des Eigenschaftswortes: *schöner, größer*
Konditional (şart kipi)	Bedingungsform: Unter Umständen *würden* wir es *versuchen*
Konjugation (eylem çekimi)	Beugung des Zeitwortes: *ich* gehe, *du* geh*st* usw.

konjugieren (çekmek)	die Beugung des Zeitwortes durchführen
Konjunktion (bağlaç)	Bindewort: Er ist unglücklich, *weil* er keine Post bekommt
Konjunktiv (*etwa:* istek kipi, dilek-şart kipi)	im Deutschen: Möglichkeitsform: wenn er das *täte*
Konsonant (ünsüz)	Mitlaut: *b, d, s* usw.
Konverb (ulaç)	allgemeine Verbform im Türkischen, die verschiedene Beziehungen ausdrückt: *und, indem, während* usw.
Lokativ (-de hali, kalma durumu)	türkischer Ortsfall: kız arkadaşım**da** *bei* meiner Freundin, diskotek**te** *in* der Disko
Modalität (tarz)	die Art und Weise des Geschehens; z.B. Notwendigkeit, Möglichkeit, Bedingtheit usw.
Modalverb (tarzı belirten fiil)	Hilfsverben, die eine bestimmte Modalität (s.o.) bedingen, z.B. *sollen, müssen*
Narrativ (hikâye, rivayet)	türkische Erzählform: sinemaya git**miş** *er/sie* ist *offenbar* ins Kino gegangen
Nezessitativ (gereklik kipi)	Notwendigkeitsform: Ihr *müßt* jetzt aufbrechen
Nominativ (yalin durum)	1. Fall, Werfall: *Der Mann* kauft ein Buch
Objekt (nesne)	Satzergänzung: Der Mann öffnet *die Tür*
Optativ (istek kipi)	Wunschform im Türkischen: Bunu size **anlatayım**. Ich *möchte* Ihnen das *(gerade mal)* erklären
Partikel (edat)	Beziehungswörter, die sich weder den Adverbien noch den Konjunktionen zuordnen lassen: Er hoffte *zu* gewinnen
Partizip (sıfat-fiil, ortaç)	Mittelwort: *gebacken, backend*
Passiv (edilgen çatı)	Leideform: Die Tür *wird* von dem Mann *geschlossen*
Perfekt (-dili geçmiş zaman)	Vergangenheitsform: ich *bin weggegangen*
Personalpronomen (kişi adılı, şahıs zamiri)	persönliches Fürwort: *er, sie, wir* usw.
Plural (çoğul)	Mehrzahl: *die Kirschen*
Plusquamperfekt (-dili, -mişli geçmişin hikâyesi)	Vorvergangenheit: ich *hatte* den Brief *geschrieben*
Possessivpronomen (iyelik zamiri)	besitzanzeigendes Fürwort: *mein, dein, euer* usw.
Possessivsuffix (iyelik eki)	besitzanzeigende Endung: bilgisayar**ınız** *euer/Ihr* Computer
Postposition (ilgeç)	Verhältniswörter, die nach dem Grundwort stehen, z.B. des Regens *wegen*
Prädikat (yüklem)	Satzaussage: Die Kinder *spielten Tischtennis*
Präfix (ön ek)	Vorsilbe: *ab*fahren, *an*kommen, *ver*kommen
Präposition (ön ilgeç)	Verhältniswort: *auf, gegen, mit* usw.
Präsens (şimdiki zaman)	Gegenwart: *ich gehe*

Pronomen (adıl, zamir)	Fürwort: *er, sie, es* usw.
reflexiv (dönüşlü)	rückbezüglich: *er/sie* wäscht *sich*
Reflexivpronomen („kendi“ zamiri)	rückbezügliches Fürwort: *mich, dich, sich* usw.
Rektion (iki kelime arasındaki ilgi)	Beziehungsmittel, das zu einem Zeit-, Eigenschafts- oder Hauptwort gehört: sich *über* das Fernsehprogramm ärgern, arm *an* Ideen
Relativpronomen (etwa: ilgi zamiri)	bezügliches Fürwort: Wo ist *das* Buch, das ich gekauft habe?
reziprok (işteş)	auf Gegenseitigkeit beruhend: *einander* einen schönen Abend wünschen
Singular (tekil)	Einzahl: *die, eine* Kirsche
Stamm (gövde)	türkisches Wort, das aus Wurzel und Wortbildungssuffix besteht
Subjekt (özne)	Satzgegenstand: *Das Kind* spielt mit der Katze
Substantiv (ad, isim)	Hauptwort: *der Tisch*
substantiviert (isimleşmiş)	als Hauptwort gebraucht
substantivierter Infinitiv (isim-fiil)	*das Backen, das Arbeiten*
substantivisch (isim olarak)	als Hauptwort gebraucht
Suffix (ek)	Endung, Ableitungssilbe: Acht-*ung*
Suffixverb (ekeylem)	*»sein«:* Türk**üm**, güzel**sin** usw.
Superlativ (sıfatlarda üstünlük)	Höchststufe bei der Steigerung des Eigenschaftswortes: *am schönsten, am größten*
Tempus (zaman)	Zeitform: Gegenwart, unbestimmte Vergangenheit usw.
transitiv (geçişli)	Zeitwort, das den 4. Fall bei sich hat: *den Schüler* loben, *das Geheimnis* verraten
Verb (eylem, fiil)	Zeitwort: *gehen, kommen*
Verbalnomen (eylemsi)	als Haupt- oder Eigenschaftswort gebrauchte Verbform: *das Rauchen, geschlossen*
Vokal (ünlü)	Selbstlaut: *a, e, i, o, u, ä, ö, ü*
Vokalharmonie (ünlü)	Einfluß des Vokals der Wurzel auf die Vokale der Suffixe: gelm**e**k, yapm**a**k (vgl. deutsch: gut – g**ü**tlich, wo das Suffix -lich den Stammvokal beeinflußt)
Wurzel (kök)	Grundlage eines türkischen Wortes, meist aus einer Silbe bestehend: **gel**-mek *kommen*

Einleitung

1. Die türkische Sprache

Die türkische Standardsprache beruht auf dem Stadtdialekt von Istanbul. In diesem Lehrbuch für Anfänger liegt der Schwerpunkt auf der Istanbuler Umgangssprache, die durch den Einfluß der Medien überall in der Türkei gesprochen und verstanden wird. Das Türkische ist die verfassungsmäßige Staatssprache der Republik Türkei, in der unterschiedlich große Bevölkerungsgruppen Kurdisch, Arabisch, Tscherkessisch, Lasisch usw. sprechen, ohne daß diese Sprachen als Minderheitssprachen anerkannt sind. Anerkannt sind lediglich die Sprachen der griechischen und der armenischen Minderheit.
Das Türkeitürkische gehört in die Sprachfamilie der Turkvölker und ist dadurch mit einer Reihe zentralasiatischer Sprachen verwandt. Dazu gehören unter anderem Aserbeidschanisch (auch: Asäri), Tatarisch, Turkmenisch, Kasachisch, Kirgisisch und Uigurisch (in Sinkiang, China).
Im Zuge der Islamisierung begann der Einfluß des Persischen und Arabischen auf das Türkische. Zur Zeit des Osmanischen Reiches (1299–1918), das ein Vielvölkerstaat war, kamen Elemente vor allem aus dem Griechischen, Italienischen, Französischen dazu. Bei der Schriftsprache der Osmanen gingen die arabischen und persischen Anleihen zuweilen so weit, daß das Verständnis ihrer Texte Kenntnisse dieser beiden Sprachen nötig macht. Als Reaktion auf das als entfremdet empfundene Osmanisch befürworteten die nationalistischen Bewegungen seit dem ausgehenden 19. Jahrhundert eine Bereinigung der Hochsprache: Die gesprochene Sprache Istanbuls sollte zur Schriftsprache erhoben und notfalls um neue, allgemein verständliche Wörter bereichert werden.
Die intellektuelle Elite des Nationalstaates Türkei (ab 1923) ging noch weiter, indem sie eine Ausmerzung aller Fremd- und Lehnwörter anordnete. Bald verlor zwar dieser »Öz Türkçe« *rein-Türkisch* genannte Ansatz seine Radikalität und vor allem seinen offiziell-planmäßigen Charakter, jedoch wurde er von den Kulturschaffenden des Landes mit Begeisterung weitergepflegt. Obwohl in den letzten Jahren ein konservativerer Kurs eingeschlagen wurde, sind viele der Neuschöpfungen (bzw. Wiederbelebungen) der Sprachreformer allgemein anerkannt. Währenddessen ist auch so etwas wie ein Stilgeschmack entstanden, der Wörter und Wendungen arabischer oder persischer Färbung ablehnt.

2. Das türkische Alphabet

Das Türkische wird seit dem 3.11.1928 nicht mehr mit arabischen, sondern mit lateinischen Buchstaben geschrieben. Das Alphabet ist weitgehend phonemisch, d.h. jeder Buchstabe soll für einen bestimmten Sprachlaut stehen:

Aa, Bb, Cc, Çç, Dd, Ee, Ff, Gg, Ğğ, Hh, Iı, İi, Jj, Kk, Ll, Mm, Nn, Oo, Öö, Pp, Rr, Ss, Şş, Tt, Uu, Üü, Vv, Yy, Zz

3. Die Aussprache

Die Aussprache weicht nicht wesentlich vom Schriftbild ab. Neu für deutsche Muttersprachler ist lediglich der enge, ungerundete Hinterzungenvokal **I/ı**. Dieses sogenannte dumpfe i wird, ob groß oder klein, ohne Punkt geschrieben – das Ihnen vom Deutschen her bekannte helle **İ/i** dagegen immer mit Punkt.

Die Tabellen weiter unten (3.1, 3.4) beschreiben, wie die Laute im einzelnen hervorgebracht werden. Lesen Sie zuerst die Beispiele der Tabelle, bevor Sie sie von der Begleitkassette abhören. Sprechen Sie dann die Wörter nach. Auch bei den Lektionen werden Sie noch Gelegenheit haben, Ihre Aussprache zu trainieren.

Einige Laute, für die im Deutschen Kombinationen von Buchstaben stehen, werden im Türkischen jeweils mit einem Buchstaben wiedergegeben:

C c	ist ein türkisches **dsch** (wie in *Dschungel,* aber mit sehr „weichem" **sch**)
Ç ç	ist ein türkisches **tsch** (wie in *deutsch*)
Ş ş	ist ein türkisches **sch** (wie in *Tasche*)

Einige Buchstaben, die Sie vom deutschen Alphabet kennen, klingen im Türkischen ein wenig bzw. erheblich anders:

E e	oft offener als im Deutschen – eher wie ein **ä**
J j	wie im französischen Lehnwort *Journal*
Ğ ğ	bewirkt eine Längung wie das **h** in *Sahne* oder einen fließenden Übergang von einem Vokal zum nächsten
L l	manchmal dunkel wie in einigen deutschen Dialekten oder im Englischen
R r	gerollt wie etwa in einigen deutschen Dialekten
S s	scharfes **s** wie in *essen*
V v	das deutsche **w** in *Wagen*
Y y	das deutsche **j** in *Kajüte*
Z z	das deutsche **s** in *Rose*

3.1 Die Vokale

Alle Vokale, die in den Beispielsätzen der folgenden Tabelle vorkommen, sind kurze Vokale. Die betonten Silben sind durch die Unterstreichung des Vokals angezeigt. Da die Varianten eines Lautes (beispielsweise [ɑ] und [a]) keinen Bedeutungsunterschied ausmachen, sind sie nur in dieser Tabelle angezeigt und werden in den Lektionen außer acht gelassen.

BUCHSTABE	LAUTZEICHEN	AUSSPRACHE	BEISPIELE
a	[ɑ], [a]	dunkel wie: V**a**ter, hell wie: L**a**nd	baba, merhaba, tamam, lamba, kâr
e	[ɛ], [e]	geschlossen wie: n**e**tt, offen wie: K**ä**se	ev, ne?, Emine, ben, nerede?, heyecanlı
ı	[ɨ]	etwa ein **u** ohne Lippenrundung bzw. ein deutsches Auslaut-**e** aus dem hinteren Gaumen	ışık, adım, nasıl?, kız, hayır, yakında, Topkapı
i	[ɪ]	wie im Deutschen	iyi, biraz, evdesiniz, değil mi?
o	[ɔ]	etwas offener als im Deutschen	o, oo!, çok, sağol, oldu!
ö	[œ]	etwas offener als im Deutschen	örnek, görüşelim!, örtü, kötü
u	[u]	offen, wie: M**u**tter	uzun, burada, olur mu?
ü	[ʏ]	wie im Deutschen	üç, bugün, köprü

Die Verwendung des Zirkumflexes ist heute selten geworden. Dieses Zeichen wurde nach der Einführung des lateinischen Alphabets uneinheitlich eingesetzt: mal für die langen, mal für die hellen Vokale und mal, wenn der Vokal hell und lang zugleich ist. Es dient heute fast nur noch zur Unterscheidung gleich geschriebener Worte wie **adet** [ɑ'dɛt] *Anzahl* und **âdet** ['ɑːdɛt] *Brauch*, **dahi** [dɑ'hiː] *auch* und **dâhi** ['daːhiː] *Genie*, **kar** [kɑr] *Schnee* und **kâr** [kʲaːr] *Gewinnspanne*, **hala** [hɑ'łɑ] *Tante* und **halâ** ['hɑːlɑː] *immer noch*.

â	[ɑ] / [ɑː]	nach hellem **g** und **k**, wie eine Kmbination aus flüchtigem **j** und **a**	gâvur, kâğıt, kâr, halâ
î	[iː]	langes **i**, meist am Wortende	tarihî, samimî, ciddî, aslî, malî, coğrafî
û	[u] / [uː]	sehr selten, wie **â**	mezkûr, sükût

Die Vokale des türkischen Lautsystems sind kurz. Lange Vokale entstehen durch den Einfluß der Konsonanten **ğ**, **h** und **y**:

> dağ *Berg* [daː] (früher und heute dialektal: [dax])
> Ahmet [aː'mɛt] (aber auch: ['ahmɛt])
> hastahane *Krankenhaus* [has'taːnɛ]
> öyle *so* ['œːlə]

Die Langvokale vieler Lehnwörter werden in der heutigen Aussprache gekürzt, wenn sie in geschlossenen Silben stehen:

> lang: tarih *Datum* [taːrɪħ]
> früher lang, jetzt kurz: hal *Zustand* [haɫ]

Die ursprüngliche Länge wird meistens wiederhergestellt, wenn die geschlossene Silbe (durch Anhängen weiterer Silben) offen wird:

> halim *mein Zustand* [haːlɪm]

Die Langvokale der Lehnwörter sind in den Vokabelspalten der Lektionen vermerkt. Stoßen zwei gleiche Vokale aufeinander (bei Lehnwörtern und Komposita), werden sie entweder lang oder mit einem kleinen Stimmabsatz dazwischen gesprochen:

> saat *Uhr* [saːt], [sa'ʔat]
> akçaağaç *Ahorn* [ak'tʃaːdʒ], [aktʃa'aːdʒ]

3.2 Das Vokalsystem

Die acht Vokale des Türkischen bilden folgende Gruppen, die bei der Erweiterung eines Wortstamms durch Nachsilben (Suffixe) ausschlaggebend sind. Der Charakter des jeweils letzten Vokals in einem Wort bestimmt den darauffolgenden Suffixvokal.

	flache Vokale		runde Vokale	
	weit	eng	weit	eng
vordere Vokale (palatal)	**e**	**i**	**ö**	**ü**
hintere Vokale (velar)	**a**	**ı**	**o**	**u**

Zum Beispiel folgt nach der »kleinen Vokalharmonie« auf einen vorderen Vokal das **e** und auf einen hinteren Vokal das **a**: ev**d<u>e</u>** *im Haus* und araba**d<u>a</u>** *im Wagen* [2C2].

3.3 Die Silbenstruktur

Die Silben der echten türkischen Wörter haben nur einen Höhepunkt, der ein Vokal ist. Die mittleren und letzten Silben beginnen stets mit einem Konsonanten. Am

Wortbeginn kann die Silbe auch aus einem Vokal bestehen oder mit einem Vokal anfangen. Für die Abfolge von Konsonanten und Vokalen einer Silbe gibt es folgende sechs Möglichkeiten:

o	*er/sie/es*	**bu**	*diese(r/s)*	**el**	*Hand*
ben	*ich*	**ilk**	*erst*	**Türk**	*Türk(e/in)*

Die letzten beiden Fälle mit der Doppelkonsonanz treten nur am Silbenende und bei bestimmten Kombinationen auf. Bei Lehnwörtern wird die Doppelkonsonanz, die zum türkischen Silbenschema nicht paßt, durch Hinzufügung eines Vokals abgebaut:

istasyon *Station*, filim (*aber auch:* film) *Film*, kulüp *Club*

Die Silbentrennung orientiert sich streng an Sprechsilben. Auch zusammengesetzte Wörter werden danach getrennt: **il-ko-kul** *Grundschule*, wobei das Wort aus **ilk** *primär* und **okul** *Schule* besteht (siehe 3.5: Liaison). Silben, die nur aus einem Vokal bestehen (was ja am Wortanfang vorkommen kann), dürfen nicht abgetrennt werden.

3.4 Die Konsonanten

Auch hier wirken sich die Varianten eines Lautes (= Buchstaben) nicht bedeutungsunterscheidend aus. Deshalb wird darauf nur in dieser Tabelle eingegangen.

Buchstabe	Lautzeichen	Aussprache	Beispiele
b	[b]	wie im Deutschen	**b**en, tı**bb**î, **b**e**b**ek
c	[dʒ]	enge Verbindung zwischen d und stimmhaftem j, wie englisch **j**ob (weicher als dsch in **Dsch**ungel)	**c**eket, se**cc**ade, su**c**uk
ç	[tʃ]	enge Verbindung zwischen t und stimmhaftem sch (weicher als tsch in Deu**tsch**)	**ç**ay, iş**ç**i, ila**ç**
d	[d]	wie deutsches d in **d**anke	**d**uvar, ca**dd**e, ka**d**ın
f	[f]	**F**uß	**f**utbol, a**ff**edersiniz!, tara**f**
g	[g], [gʲ]	**G**as, **g**ehen	**g**az, oto**g**ar, **g**u**g**uk, **g**öz, rüz**g**âr, **g**ümrük
ğ	[ː], [‿]	Längung des vorigen Vokals bzw. Schwund: Übergang zum nächsten Vokal	sa**ğ**lam, da**ğ**, A**ğ**rı, a**ğ**ır, de**ğ**il

BUCH-STABE	LAUT-ZEICHEN	AUSSPRACHE	BEISPIELE
h	[h], [ħ], [ː]	fast immer deutlich hörbar, wie in **h**eute, selten Längung bzw. Schwund	**h**aber, **h**eves, ra**h**at, saba**h**, ka**h**ve, mer**h**aba!
j	[ʒ]	**J**ournal, Gara**g**e	**j**eton, mü**j**de, gara**j**
k	[k], [ƙ]	**K**anne, **k**ennen	**k**ar, ba**kk**al, ta**k**vim, açı**k**, **k**âr, **k**edi, i**k**i, te**k**
l	[ɫ], [l]	in der Umgebung von dumpfen Vokalen „hohl" gesprochen (nicht im Anlaut), sonst wie im Deutschen	ha**l**a, ka**l**mak, yo**l**, sağo**l**!, **l**a**l**e, ha**l**â, gö**l**, go**l**, sosya**l**
m	[m]	**M**ar**m**or	**m**asa, **m**er**m**er, kale**m**
n	[n]	wie n in **n**ein	**n**e?, a**nn**e, kadı**n**
p	[p]	wie deutsches p, aber nicht behaucht	**p**osta, se**p**et, kita**p**
r	[r]	Zungenspitzen-r, am Wortende mit deutlichem Reibegeräusch gesprochen	**r**adyo, bi**r**az, Tü**r**kçe, baha**r**, rüzgâ**r**, demi**r**
s	[s]	wie ss in Wa**ss**er	**s**okak, pa**s**tane, pi**s**
ş	[ʃ]	wie sch in **sch**ön	**ş**imdi, kö**ş**e, ku**ş**
t	[t]	wie deutsches t, aber nicht behaucht	**t**elefon, bi**tt**i, bü**t**ün, kar**t**
v	[v]	wie w in **w**ohl	**v**azo, Ha**vv**a, ha**v**a, e**v**
y	[j]	wie j in **J**oghurt	**y**oğurt, i**y**i, şe**y**
z	[z]	wie stimmhaftes s in **S**onne, **S**ee	**z**aman, bi**z**im, tu**z**, yü**z**

Die Doppelkonsonanten werden deutlich lang gesprochen: elli [ɛlli] *fünfzig* – etwa so, wie es im Deutschen bei Verdoppelung eines Konsonanten durch Zusammensetzung der Fall ist: *Öllampe*.

Im Auslaut der türkischen (oder vertürkischten) Wörter stehen nicht die stimmhaften Konsonanten **b**, **c**, **d** und **g**, sondern ihre stimmlosen Varianten **p**, **ç**, **t** und **k**. Diese werden jedoch »erweicht«, d.h. stimmhaft gesprochen, sobald ein Suffixvokal folgt [vgl. 4C]:

ağaç	*Baum*	→	ağa**c**a	*zum Baum*
yemek	*Essen*	→	yeme**ğ**e	*zum Essen*
kitap	*Buch*	→	kita**b**ım	*mein Buch*

Die Konsonanterweichung wird bei Eigennamen zwar gesprochen, aber nicht geschrieben:

Faruk → Faruk'a [faːru‿'ɑ]

3.5 Die Liaison: »ulama«

Es gibt keinen Stimmabsatz zwischen zwei Wörtern, wenn auf einen konsonantischen Auslaut ein vokalischer Anlaut folgt. Dies gilt nicht nur für zusammengesetzte Wörter, sondern auch für jegliches Wortpaar im Satz, das nicht durch eine Pause getrennt ist:

elişi (el + işi)	['ɛlɪʃɪ]	*Handarbeit*
Ben Ali.	[bɛn‿a'lɪ]	*Ich (bin) Ali. / Hier Ali.*

3.6 Die Betonung

Während das Deutsche einen energischen Initialakzent hat, ist der Akzent im Türkischen schwächer und nicht auf eine Stelle des Wortes festgelegt. Die echten türkischen Wörter werden im allgemeinen auf der letzten Silbe betont, wenn sie nicht suffigiert sind. Mit den meisten Suffixen verschiebt sich der Akzent weiter zum Wortende hin:

ev	*Haus*	→	ev**ler**	*Häuser*
evler**imiz**	*unsere Häuser*	→	evlerimiz**de**	*in unseren Häusern*

Tritt jedoch ein unbetontes Suffix an das Wort heran, so bleiben auch die weiteren Suffixe unbetont:

başla!	*fange an!*	→	başla**ma**!	*fange nicht an!*
başlama**sın**!	*er/sie soll nicht anfangen!*	→	başlamasın**lar**!	*sie sollen nicht anfangen!*

Bei den zusammengesetzten Wörtern ist der Akzent des ersten Wortes tragend; das zweite erhält jedoch einen schwächeren Nebenton:

buzdola↓bı (buz + dolap + ı) *»Eisschrank«, Kühlschrank*

Im Unterschied zum Deutschen werden solche zusammengesetzten Wörter nur dann zusammengeschrieben, wenn sie sich einigermaßen verselbständigt haben, z. B.:

buzdolabı	*Eis + Schrank* ist nicht einfach *Eisschrank*, aber
elbise dolabı	*Kleidung + Schrank* ist *Kleiderschrank*

Bei vielen Lehnwörtern behauptet sich sehr oft der ursprüngliche Akzent und wird auch bei mehrfacher Suffigierung nicht verschoben. Auch in diesem Fall werden die Suffixe mit einem Nebenton versehen:

çanta *Tasche* → çanta↓lar *Taschen* → çantalar↓dan *aus den Taschen*

Die Ortsnamen werden, wenn sie zweisilbig sind, auf der ersten Silbe betont:

Taksim, Afyon, Ağrı, Siirt, Rize, Berlin, İran, Mısır, Kıbrıs, Asya

Bei den dreisilbigen Ortsnamen liegt die Betonung meist auf der zweiten und manchmal auf der ersten Silbe:

Üsküdar, İstanbul, Isparta, Viyana, Selanik, Avrupa
Marmara, Erzurum, Ankara, Kahire, Moskova

Die Ländernamen auf **+istan** sind endbetont:

Bulgaristan, Yunanistan, Hindistan, Türkistan, Özbekistan

Dagegen bleibt die Endung **+iye** bzw. **+ya** bei geographischen Namen unbetont:

Türkiye	*Türkei*	(Türk	*Türkin/Türke)*
Almanya	*Deutschland*	(Alman	*Deutsche/Deutscher)*
Avusturya	*Österreich*		

Die Betonung der zusammengesetzten geographischen Namen ist wie bei den übrigen zusammengesetzten Substantiven:

Karadeniz *das Schwarze Meer* (kara + deniz)

3.7 Die Intonation

Im Türkischen hat der Ton nur bei Interjektionen eine bedeutungsunterscheidende Funktion:

Efendim?	*Ja, bitte?*	[ɛfɛn'dɪm↑]
Efendim!	*Ja, ich bin hier!*	[ɛ'↑fɛndɪm]

Dies hängt mit der Funktion des steigenden Tons zusammen, einen Fragesatz abzuschließen.

Nasılsın?	*Wie geht es dir?*	['nɑsɨłsɨn↑]
İyi misin?	*Geht es dir gut?*	[i'jimisin↑]

Außerdem führt der Steigton einen Teilsatz ab und signalisiert, daß der Gesamtsatz noch nicht zu Ende ist. Damit kann er auch Funktionen der Konjunktionen *aber, und, sondern* ... übernehmen, ohne daß es dafür besonderer Wörter bedarf:

Wolfgang Türk değil, Avusturyalı. *Wolfgang ist kein Türke, (sondern) Österreicher.*

4. Der Sprachbau

4.1 Die Suffigierung

Im Gegensatz zum Deutschen hat das Türkische keine Präfixe (Vorsilben – wie bei *ver-biegen*) und keine Stammveränderung (wie bei *bog*), sondern Suffixe (Nachsilben – wie bei *du bieg-st*). Diese sind auch für viele verschiedene grammatische Funktionen zuständig, die im Deutschen von isolierten Wörtern erfüllt werden. Zum Beispiel zeigen sie bei Substantiven die Ein- oder Mehrzahl und die Fälle, bei Verben die Person und die Zeit an. Sie dienen auch zur Wortbildung.

4.2 Die Stellung der Satzglieder

Bei den Satzgliedern gilt im allgemeinen die Reihenfolge SUBJEKT – OBJEKT – PRÄDIKAT. Dies ist allerdings eher das Schema für wohlüberlegte und in Ruhe vorgetragene Sätze, die wir besonders dann häufig verwenden, wenn wir schreiben:

Ben *ich*	dün akşam *gestern Abend*	sizden *bei Ihnen*	bu çorapları *diese Strümpfe*	almıştım. *hatte gekauft*

Das gesprochene Türkisch aber setzt seine Akzente nicht nur durch starke Betonung, sondern auch durch eine besondere Stellung des hervorzuhebenden Satzglieds: Dieses steht unmittelbar vor dem Prädikat (der Satzaussage). Damit war im obigen Beispiel der Ausdruck *diese Socken* von selbst hervorgehoben. Je nach der Absicht des Sprechers kann ein anderer Ausdruck an der Hervorhebungsstelle stehen:

Ben bu çorapları dün akşam **sizden** almıştım.	*(bei Ihnen, nicht im Nachbargeschäft)*
Ben bu çorapları sizden **dün akşam** almıştım.	*(gestern Abend, nicht vor drei Wochen)*
Dün akşam bu çorapları sizden **ben** almıştım.	*(ich hatte sie gekauft, nicht mein Onkel)*

Im allgemeinen gilt: Am Satzanfang steht gegebenenfalls das, was beiden Gesprächspartnern bekannt ist, hier wird gewissermaßen Kontakt aufgenommen oder an etwas bereits Erwähntes angeknüpft. Es folgt das Hervorgehobene mit dem Prädikat im Anschluß; und danach kann immer noch das hinzugefügt werden, was zu sagen an der Kontaktstelle versäumt wurde [vgl. 1C5]:

Dün akşam **sizden** almıştım, ben bu çorapları.
Sizden almıştım, ben bu çorapları dün akşam.

1A Text

Ali und Bahar begrüßen sich und fragen einander kurz nach dem Befinden.

Merhaba!

A: Merhaba, Bahar!
B: Ali, merhaba! Nasılsın?
A: İyiyim. Ya sen nasılsın?
B: Sağ ol. Ben de iyiyim.
A: Mustafa nasıl?
B: Bugün biraz daha iyi. Ya Handan?
A: O da iyi, sağ ol.

Hören Sie den Dialog mehrmals vom Band und achten Sie dabei auf die Intonation der Frage und Rückfrage; lernen Sie ihn auswendig.

Ali *Vorname, m.*
Bahar *Vorname, w.*
merhaba *hallo! (kollegial)*
nasılsın *wie geht es dir? »wie bist du?«*
iyiyim *es geht mir gut »ich bin gut«*
ya *und (am Anfang eines Fragesatzes)*
sen *du*
sağ ol *danke (dir)!*
ben *ich*
ben de *ich auch*
Mustafa *Vorname, m.*
Handan *Vorname, w.*
bugün *heute*
biraz *ein wenig*
daha iyi *besser*
o da *er/sie auch*

1B Sprachgebrauch – Landeskunde

1. Ali und Bahar duzen sich; entsprechend sind die Ausdrücke des Danks auf ein Du gemünzt. Wenn man sich siezt, verwendet man nicht die 3. Person Plural wie im Deutschen, sondern die 2. Person Plural [1E3].
Das Türkische kennt kein grammatisches Geschlecht. Daher gibt es für die 3. Person Singular nur ein Personalpronomen: **o** – dabei wird also das natürliche Geschlecht nicht berücksichtigt. Geschlechtsunterschiede werden durch Wortkombinationen kenntlich gemacht (und zwar nur dann, wenn es darauf besonders ankommt): öğretmen *(Lehrperson)* – kadın öğretmen *(»Frau-Lehrperson«, Lehrerin)*, erkek öğretmen *(»Mann-Lehrperson«, Lehrer)*.

2. Personalpronomina werden nur dann gebraucht,
   a) wenn sie betont sind: Nasılsın / Ya **sen** nasılsın?
   b) wenn sie mit einer Endung versehen sind: İyiyim/Ben **de** iyiyim.
   c) oft, wenn jemand zu sprechen beginnt: Ben bugün daha iyiyim, ...

3. Die Eigennamen werden auf der letzten Silbe betont. Gewöhnen Sie sich ab, Aali (mit einem langen und betonten **a**) zu sagen. Die Alis aus der Türkei heißen Ali (mit einem kurzen **a** und einem kurzen, betonten **i**).

1C Grammatik

1. Das Verb *sein* ist im Türkischen eine unbetonte Endung, die vokalisch an den letzten Vokal des Wortes angepaßt wird. Hier die Formen für das Präsens, 2. Person Singular:

Nasıl**sın**?	*Wie bist du? (Wie geht es dir?)*
Alman**sın**.	*Du bist Deutsche(r)*
Kim**sin**?	*Wer bist du?*
Nerede**sin**?	*Wo bist du?*
Hamburglu**sun**.	*Du bist Hamburger(in).*
Sarhoş**sun**.	*Du bist betrunken.*
Türk**sün**.	*Du bist Türkin/Türke.*
Şoför**sün**.	*Du bist Fahrer.*

nach	ı	*kommt*	ı
	a		ı
	i		i
	e		i
	u		u
	o		u
	ü		ü
	ö		ü

Ein solcher veränderlicher Vokal wird im Lehrbuch mit einem Großbuchstaben angezeigt (das Pluszeichen steht für ein voranstehendes Nomen): **+sİn** lautet also das Suffix für *du bist* – das Verb *sein*, Präsens, 2. Person Singular.

2. Das Suffix für die 1. Person Singular hat ebenfalls einen solchen veränderlichen Vokal und manchmal ein – im Lehrbuch eingeklammertes – **y**, das nur dann auftritt, wenn das Wort auf Vokal endet:

Yaralı**yım**.	*Ich bin verletzt.*
Hasta**yım**.	*Ich bin krank.*
Evde**yim**.	*Ich bin zu Hause.*
İyi**yim**.	*Ich bin / Mir geht es gut.*
Hamburglu**yum**.	*Ich bin Hamburger/in.*
Otto'**yum**.	*Ich bin Otto.*
Kötü**yüm**.	*Ich bin / Mir geht es schlecht.*
Déjö'**yüm**.	*Ich bin Déjö.*

3. Die 3. Person Singular bedarf keiner Endung und wird deshalb hier mit einer durchgestrichenen Null angezeigt.

   Mustafa **nasıl**?
   Mustafa **iyi**.

   Die 3. Person Plural hat immer dann das Suffix **+lEr**, wenn das Subjekt nicht genannt wird. Dieses Suffix heißt, je nach dem letzten Vokal des Wortes, **ler** oder **lar** [2C2].

SINGULAR	
1. +(y)İm	(ben) iyi**yim**
2. +sİn	(sen) iyi**sin**
3. +Ø	(o) iyi
PLURAL	
1. +(y)İz	(biz) iyi**yiz**
2. +sİnİz	(siz) iyi**siniz**
3. +Ø *oder:* +ler	onlar iyi *oder:* iyi**ler**

4. In Text 1A kommen die Endungen **de** und **da** vor, die *auch, und* (manchmal *aber*) bedeuten:

   Ben **de** iyiyim; O **da** iyi.

   Diese Endung wird nicht betont und immer getrennt geschrieben.

+_dE
ben de
Mustafa da

5. Die Reihenfolge der Satzglieder richtet sich nach deren Informationswert. Was als bekannt vorausgesetzt wird, steht eher am Anfang des Satzes; was hervorgehoben wird, kommt später, unmittelbar vor dem Verb. Nach dem Verb kann noch hinzugefügt werden, was an der Kontaktstelle zu sagen versäumt wurde:

Kontaktstelle	***Informationsstelle***	***Verb***	***Nachsatz***
Sen bugün	biraz daha iyi-	-sin,	galiba.
du heute	*etwas besser*	*bist*	*wohl*

6. Hat der Satz ein Fragewort, so steht es meist an der Informationsstelle:

Kontaktstelle	*Informationsstelle*	*Verb*	*Nachsatz*
Sen bugün	nasıl	-sın,	bakalım
du heute	*wie*	*bist*	*eigentlich*

1D Übungen

1. Was sagen Sie, wenn es Ihnen nicht einfach nur gut geht?

a) Ben şimdi **iyi**yim.
(neşeli, üzgün, yorgun, hasta, heyecanlı, aç, mutlu, meraklı, huzursuz ...)
b) Ben **hasta**yım, ama sen de **hasta**sın.

2. Variieren Sie den Dialogtext 1A durch folgende Ausdrücke:

a) Wie geht es dir *heute*?
b) Wie geht es dir *seit gestern*?
c) Es geht mir *sehr* gut.
d) Es geht mir *erheblich besser.*
e) Es geht mir *wie immer.*

3. Von den Personalpronomina hieß es, daß sie meist weggelassen werden [1B]. Wenn das Subjekt fehlt, müssen Sie für die 3. Person Plural die Endung -ler *bzw.* -lar *anhängen [1C3]. Antworten Sie auf die Frage »Bahar ile Mustafa nasıl?« (Wie geht es Bahar und Mustafa?)*

(çok iyi)
Çok iyiler.

a) biraz yorgun b) biraz daha iyi c) bugün biraz hasta d) çok üzgün e) biraz heyecanlı f) dünden beri huzursuz g) bayağı daha mutlu h) her zamanki gibi i) yorgun ama neşeli

şimdi *jetzt*
neşeli *fröhlich*
üzgün *traurig*
yorgun *erschöpft*
hasta *krank; der/die Kranke*
heyecanlı *aufgeregt*
ama *aber*
aç *hungrig*
mutlu *glücklich*
meraklı *neugierig*
huzursuz *unruhig*

dünden beri *seit gestern*
çok *sehr*
biraz daha iyi *etwas besser*
bayağı daha iyi *erheblich besser*
her zamanki gibi *wie immer*

ile *und (nur zwischen zwei Substantiven)*

1E Erweiterung

Das Gespräch oben [1A] findet nun unter Leuten statt, die sich mit »Sie« ansprechen. Das Personalsuffix für die Höflichkeitsform ist die 2. Person Plural, also »ihr«. Formulieren Sie zuerst folgenden Ausdruck selbst: Wie geht es Ihnen?

Nasılsınız?

A: Merhaba, Bahar Hanım!
B: Ali Bey, merhaba! Nasılsınız?
A: Teşekkür ederim, iyiyim. Ya siz nasılsınız?
B: Sağ olun. Ben de iyiyim.
A: Mustafa Bey nasıl?
B: Bugün biraz daha iyi. Ya Handan Hanım?
A: O da iyi, sağ olun.

Hanım *(Anrede:) Frau*
Bey *(Anrede:) Herr*
siz *Sie*
teşekkür ederim *(eher förmlich) danke!*
sağ olun *(eher kollegial) ich danke Ihnen*

Beachten Sie auch folgende Anreden:
Efendim *mein Herr / meine Dame*
Beyefendi *mein Herr*
Hanımefendi *meine Dame*

1E

1. Die Anrede wird dem Vornamen oder, bei ganz formeller Verwendung, dem kompletten Namen nachgestellt:

Ali Kurnaz Bey	*Herr Ali Kurnaz*
Bahar Tepeköy Hanım	*Frau/Fräulein Bahar Tepeköy*

2. Anreden, die dem Namen vorangestellt werden, sind entweder aus dem Französischen übernommen oder werden für Angehörige nichttürkischer Minderheiten und für Ausländer verwendet.

Mösyö Mişel	*Monsieur Michel*
Madam Öjeni	*Madame Eugenie*
Matmazel Silvi	*Mademoiselle Sylvie*

Es gibt auch türkische Anreden, Neuschöpfungen, die dem Namen vorangehen. Sie werden aber selten, d.h. entweder sehr formell oder für die obige Personengruppe verwendet:

Bay Ali Kurnaz / Bay Kurnaz	*Herr (Ali) Kurnaz*
Bayan Rita / Bayan Eskenazi / Bayan Rita Eskenazi	*Frau (Rita) Eskenazi*

Sehr häufig ist jedoch die Anrede **sayın**, die für Männer und Frauen gilt, und die fast immer bei öffentlichen Anlässen gebraucht wird (z. B. auch bei Anschriften):

Sayın Ali Kurnaz / Sayın Kurnaz   Sayın Bahar Tepeköy / Sayın Tepeköy

3. Die Höflichkeitsform ist die 2. Person Plural:

Merhaba, Ali Bey! **Siz** bugün daha iyi**siniz**, değil mi?

4. Aus den Namen der Orte, mancher Länder und der Kontinente macht das Suffix **+lİ** Namen für die Menschen, die von dort stammen. Nach der »großen Vokalharmonie« nimmt dieses Suffix vier Gestalten an: **-lı**, **-li**, **-lu** und **-lü** [1C1].

WORTBILDUNGSSUFFIX
+lİ

Beachten Sie, daß bei der Vokalharmonie nicht der geschriebene, sondern der gesprochene Vokal maßgebend ist (deutsches y=ü, ai=**ay**, eu=**oy**).

Avustury**alı**	*Österreicher(in)*	İsviçr**eli**	*Schweizer(-in)*
Aydın**lı**	*Aydıner(in)*	İzmir**li**	*Izmirer*
Bonn**lu**	*Bonner*	Malmö**lü**	*Malmöer*
İstanbul**lu**	*İstanbuler*	Sylt**lü**	*Sylter*

Es gibt auch ein Fragewort mit dieser Endung: **nereli**? fragt nach dem Heimatort.

Wolfgang nereli? Avusturyalı mı?

1F Weitere Übungen

1. *Hören Sie auch diesen Dialog vom Band, lernen Sie ihn auswendig und üben Sie ihn möglichst mit einem Partner im Rollenspiel ein.*

2. *Stellen Sie sich mit Ihrem Vornamen und Ihrer Tätigkeit vor, z. B.:*

   – Ben Nora.

   (Wenn Sie Ihren Namen nennen, brauchen Sie das Suffix +(y)İm *nicht.)*

   – Ben *Hausfrau*'yum.

   Verwenden Sie zunächst deutsche Wörter. Bringen Sie später die türkische Bezeichnung für ihre Tätigkeit in Erfahrung.

3. *Bilden Sie Wörter, die Menschen aus einem Ort oder Land bezeichnen (Münchner/in, Schweizer/in), z. B.:*

   Münih**li**, İsviçre**li**, Diyarbakır**lı**, Ankara**lı**
   Sylt**lü**, Köln**lü**, Hamburg**lu**, Trabzon**lu**

   Beachten Sie, daß diese Wörter sich nur auf Menschen beziehen, – ein Münihli *ist also z. B. keine »Münchener« Firma.*

Münih *München*
İsviçre *Schweiz*

4. *Stellen Sie sich jetzt noch einmal vor, z. B.:*

   Ben Nora. (Ben) Hausfrau'yum. (Ben) Salzburgluyum.

5. *Gehen Sie einmal Ihre Nachbarn und Bekannten durch – woher kommen sie? Zum Beispiel:*

   Jens Barmbekli.
   Ludmilla Moskovalı.
   John Amerikalı.

6. *Stellen Sie Fragen, um sich zu vergewissern, z.B.:*

   (sen, öğrenci)
   Sen öğrencisin, değil mi?

   a) siz, Türk b) o, ev kadını c) Ahmet, İstanbullu d) Bahar, iyi e) onlar, heyecanlı f) Mustafa ile Handan, evde g) siz, aç h) biz, hazır i) ben, çok meraklı j) sen, dünden beri daha iyi

değil mi? *nicht wahr?*
öğrenci *Schüler/in, Student/in*
ev kadını *Hausfrau*
öğretmen *Lehrer/in*
işçi *Arbeiter/in*
işsiz *Arbeitslose(r)*
hekim *Arzt/Ärztin*
şoför *(Berufs-)Fahrer*
eczacı *Apotheker/in*
satıcı *Verkäufer/in*
Alman *Deutsche(r)*
Avusturyalı *Österreicher/in*
hazır *bereit*

1G Text 2

Ali ruft Bahar an, um sich mit ihr zu verabreden.

Görüşelim!

A: Alo, buyurun?
B: Merhaba, ben Ali. Ali Türkmen.
A: Oo, Ali, merhaba! Ne var, ne yok?
B: İyilik, sağlık. Siz nasılsınız?
A: Biz de iyiyiz. Neredesin şimdi?
B: Evdeyim. Görüşelim mi?
A: Görüşelim, tabii! Haydi, bize gel!
B: Tamam! Bugün evdesiniz, değil mi?
A: Evet, bütün gün evdeyiz. İstersen, yemeğe gel!
B: Çok sağ ol! Öyleyse akşam saat yedide sizdeyim.
A: Oldu, görüşmek üzere!
B: Hoşça kal!

buyurun? *ja, bitte?*
ne var, ne yok? *(kollegial) wie geht's?*
iyilik, sağlık *gut, gut*
nerede? *wo?*
evde *zu Hause*
görüşelim mi? *wollen wir uns treffen?*
görüşelim! *laß(t) uns uns treffen!*
tabii! *natürlich!*
haydi! *los!*
bize *zu uns*
gel! *komm!*
tamam! *in Ordnung!*
bütün gün *den ganzen Tag*
evdeyiz *wir sind zu Hause*
istersen *wenn du möchtest*
yemeğe *zum Essen*
öyleyse *dann, also*
akşam *am Abend*
saat yedide *um sieben Uhr*
sizde *bei euch*
oldu! *abgemacht!*
görüşmek üzere! *auf Wiedersehen!*
hoşça kal! *tschüs!...*

2A Text

Wolfgang sucht nach einem Postamt, um zu telefonieren. Er erkundigt sich bei einem Passanten. Aber es ist wohl keins in der Nähe.

Unterstreichen Sie zuerst alle Wörter, die Ihnen aus europäischen Sprachen bekannt sind.

Affedersiniz...

W: Affedersiniz, postane nerede, acaba?
A: Pastane mi?
W: Hayır, pastane değil, postane. Yakında bir postane var mı?
A: Hayır, burada yok. Ama köşede kutu var.
W: Mektup atmak için değil. Telefon için.

affedersiniz! *entschuldigen Sie!*
postane *Postamt*
acaba *eigentlich (Modalpartikel, mildert Frage ab)*
hayır *nein*
pastane *Konditorei*
değil *nicht*
yakında *in der Nähe*
var *vorhanden*
burada *hier*
yok *nicht vorhanden*
köşede *an der Ecke*
kutu *(Brief-)Kasten*
mektup *Brief*
atmak *einwerfen*
için *für*

A: O zaman, karşıda kulübe var ya!
W: Ama bende jeton yok.
A: Bu telefon jetonlu değil. Bakın, şurda bir büfe var.
W: Evet?
A: Büfede telefon kartı satılır.
W: Oldu! Ha, şey... pastane nerede var?
A: Yakında pastane de yok. Ama arka sokakta iki muhallebici var, olur mu?
W: Olur, tabii. Ama önce bir telefon edeyim. Sağ olun!
A: Bir şey değil.

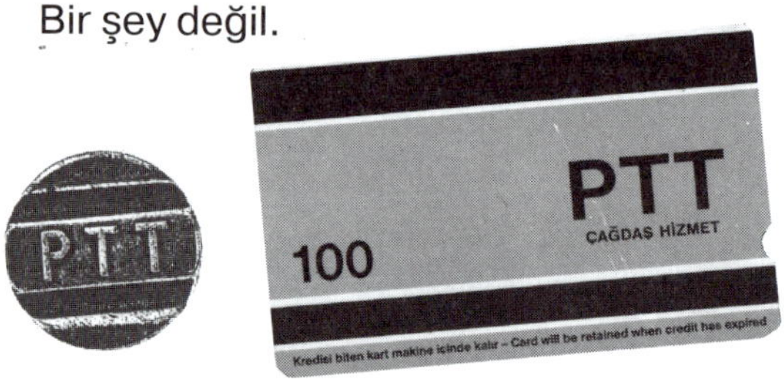

o zaman *dann, wenn es so ist*
karşıda *auf der gegenüberliegenden Seite*
kulübe *(Telefon-)Häuschen*
ya! *(Modalpartikel, am Satzende) doch!*
jeton *Telefonmünze*
bu *dieses*
jetonlu *mit Münzen betrieben, Münz-*
bakın! *schauen Sie!*
şur(a)da *da drüben*
büfe *Imbißstand oder -stube, Kiosk*
evet *ja*
telefon kartı *Telefonkarte*
satılır *man verkauft*
ha, şey! *ach ja, noch was*
arka sokak *Parallelstraße*
iki *zwei*
muhallebici *»Pudding-Shop«*
olur mu? *geht das?*
tabii *natürlich*
önce *zuerst*
bir telefon edeyim *ich will mal eben telefonieren*

2B Sprachgebrauch – Landeskunde

1. Beachten Sie die umgangssprachliche Verkürzung der Wörter:

nerede	→ nerde	*wo*
burada	→ burda	*hier*
şurada	→ şurda	*da drüben (noch sichtbar)*
orada	→ orda	*dort (evtl. nicht sichtbar)*

2. **»iki muhallebici«** – Nach Zahlwörtern und anderen Mengenangaben steht das Substantiv nicht im Plural wie im Deutschen, sondern im Singular.

3. **var** und **yok** – Diese Wörter bilden Sätze wie *Es gibt...* und *Es gibt kein-....* Wörtlich übersetzt bedeutet **var** *vorhanden* und **yok** *nicht vorhanden*. Häufig ist mit diesen Begriffen der Lokativ [2C2] verbunden.

Yakın**da** bir postane **var** mı?	*Gibt es in der Nähe ein Postamt? »Ist in der Nähe ein Postamt vorhanden?«*
Hayır, bura**da** postane **yok**.	*Nein, hier gibt es kein Postamt. »Nein, hier ist (ein) Postamt nicht vorhanden.«*

4. Ein bedeutender Unterschied der türkischen Aussprache gegenüber der deutschen liegt in der Liaison, der Bindung des Konsonanten am Wortende an den Vokal am Anfang des nächsten Wortes. Wenn es diese Wortbindung im Deutschen gäbe, würde man zum Beispiel *Wortende* »wor-ten-de« aussprechen und nicht »wort-**en**-de«. Lesen Sie die bisherigen Dialoge noch einmal, indem Sie an den fraglichen Stellen keinen Stimmabsatz, sondern die Liaison anwenden:

   ben_Ali / bugün_evdesiniz / görüşmek_üzere [1G]
   mektup_atmak / telefon_için / telefon_edeyim [2A]

2C Grammatik

FRAGEPARTIKEL
+_mİ

1. Das Suffix **+_mİ** (unbetont und getrennt geschrieben) setzt hinter das Wort sozusagen ein gesprochenes Fragezeichen:

   Ali mi? *Ali? (Ist das Ali? / Tut das Ali? usw.)*

   Beachten Sie die große Vokalharmonie: Das Suffix wird je nach dem letzten Vokal des Wortes **mı**, **mi**, **mu** oder **mü** gesprochen:

Burada m**ı**?	Postane m**i**?	Telefon m**u**?	Şoför m**ü**?
Aydın m**ı**?	Değil m**i**?	Jetonlu m**u**?	Türk m**ü**?

   Auf die Frage »Ali mi?« können Sie antworten mit:

   Evet, Ali. *Ja, (es ist) Ali.*
   oder
   Hayır, Ali değil. *Nein, (es ist) nicht Ali.*

LOKATIV
+DE

2. Das Fragewort **nerede** *wo* und die Ortsangaben im Text stehen im Lokativ, dem Ortsfall; sie enthalten das Suffix **+de** bzw. **+da**. Dieses Suffix wird betont gesprochen.

nere**de**?	yakın**da**	ben**de**	bura**da**	karşı**da**
	köş**ede**	büf**ede**	postane**de**	şura**da**

Beachten Sie: Ein Suffixvokal, der je nach dem letzten Vokal des Wortes als **e** oder **a** auftritt, wird im Buch mit einem **E** angezeigt.

nach		*kommt*
	ı	a
	a	a
	o	a
	u	a
	i	e
	e	e
	ö	e
	ü	e

3. Der Großbuchstabe **D** im Suffix **-DE** bedeutet: Hier wird nach harten (stimmlosen) Konsonanten ein **t** geschrieben und gesprochen – sokak**ta**, mektup**ta**. Stimmlos sind zum Beispiel alle Konsonanten in dem einfachen Satz: **Faik Paşa çok hasta**, *General Faik ist sehr krank*. Eine andere »Eselsbrücke« bilden die deutschen Wörter *Postkutsche* und *Haifisch*. Alle hier vorkommenden Konsonanten sind stimmlos [**postkuçe**, **haifiş**].

nach
ç, f, h, k, p, s, ş, t
kommt t

nach allen anderen Konsonanten und nach Vokalen kommt d

nere**de**?	muhallebici**de**	Köln'**de**	Ürgüp'**te**
	sokak**ta**	telefon**da**	Faruk'**ta**

2D Übungen

1. *Fragen Sie am Kiosk, ob es dort dieses und jenes gibt – benutzen Sie dazu die Wörter aus der Vokabelspalte:*

   (telefon kartı)
   Sizde **telefon kartı** var mı?

2. *Übernehmen Sie jetzt die Rolle des Kioskbesitzers und vergewissern Sie sich, ob Sie die Frage richtig verstanden haben:*

   (Sizde telefon kartı var mı?)
   Telefon kartı mı? Hayır, yok.
   (Sizde su var mı?)
   Su mu? Evet, var.

gazete *Zeitung*
Almanca gazete *deutschsprachige Zeitung*
sandviç *Brötchen*
peynirli *mit Käse (belegt)*
su *Wasser*
ayran *Joghurtgetränk*
sebze *Gemüse*
et *Fleisch*
meyva *Obst*
peynir *Käse*
ekmek *Brot*
çay *Tee*
meyva suyu *Fruchtsaft*
bira *Bier*
şarap *Wein*

3. *»Wo ist ...?« Üben Sie im Rollenspiel ein:*

(büfe)
a) W: En yakın büfe nerede, acaba?
A: *Marktplatz*'ta.
b) W: Burada bir büfe var mı?
A: Var, en yakın büfe *Bahnhofstraße*'de.

otobüs durağı *Bushaltestelle*
lokanta *Restaurant*
tren istasyonu *Bahnhof*
taksi durağı *Taxistand*
benzin istasyonu *Tankstelle*
park *Park*
otel *Hotel*
yiyelim *wir wollen essen*
yoksa? *oder vielleicht?*
içelim *wir wollen trinken*

4. *»Was wollen wir essen und trinken?« Machen Sie Vorschläge mit Namen von Speisen und Getränken!*

(sebze, et)
Ne yiyelim, sebze mi, yoksa et mi?
(ayran, su)
Ne içelim, ayran mı, yoksa su mu?

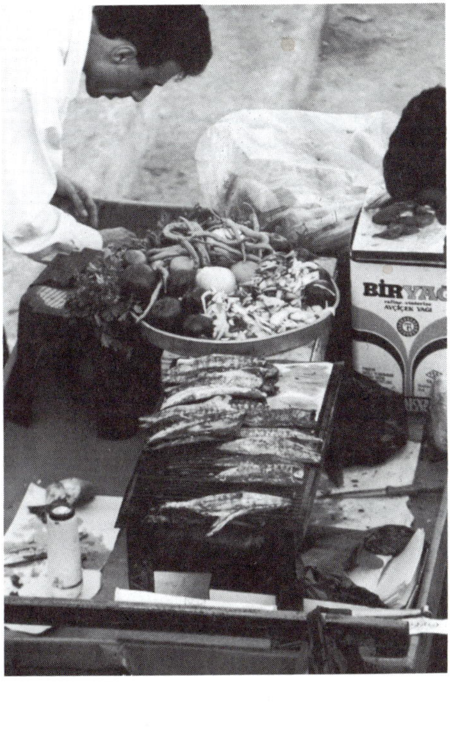

5. *»Wo wollen wir essen?« Wiederholen Sie vorige Übung! Verwenden Sie außer gelernten Vokabeln wie* ev, park, pastane, muhallebici, otel *auch Namen von Restaurants, Stadtteilen usw. aus Ihrer Umgebung.*

(lokanta, büfe)
Nerede yiyelim, lokantada mı, yoksa büfede mi?

6. *»Wie geht es dir? Bist du ... ?« Verwenden Sie Vokabeln wie* krank, fröhlich, erschöpft ... *aus den Übungen 1D1 und 1D2.*

(hasta)
Nasılsın, hasta mısın?

7. *Ihr Gesprächspartner ist nicht sehr gesprächig, und Sie müssen ihn so fragen, daß er nur ja oder nein zu sagen braucht.*

(Türk)
Siz Türk müsünüz?

a) buralı b) evli c) hekim d) huzursuz e) meraklı f) meşgul g) öğrenci h) satıcı i) şoför j) yorgun

buralı *von hier*
evli *verheiratet*
meşgul *beschäftigt*

8. *»Sie sind aus Ankara, nicht wahr?« – Bilden Sie Fragesätze. Achten Sie bei nichttürkischen Ortsnamen auf die Aussprache der letzten Silbe!*

(Ankara)
Siz Ankaralısınız, değil mi?

a) Rize b) Antalya c) İzmir d) Samsun e) Ürgüp f) Kadıköy g) Ağrı h) Van i) Dörtyol j) Sylt k) Afrika l) Montreux m) Cannes n) Braunschweig

2E Erweiterung

orası *es dort*
sıcak *heiß*
seni sormalı! *man müßte nach dir fragen!*
burası *es hier*
felaket sıcak *unheimlich heiß*
öyle *so*
hava *Wetter*
serin *kühl*
rüzgarlı *windig*

Orası da sıcak mı?

A: Alo?
B: Ben Bahar. Ali, sen misin?
A: Benim. Nasılsın?
B: İyiyim. Seni sormalı.
A: Ben de, sağ ol. Burası felaket sıcak, orası da öyle mi?
B: Burada hava bugün bayağı serin, rüzgarlı.

A: Deniz nasıl?
B: Biraz dalgalı. Çocuklar orada şimdi.
A: Denizdeler mi yani? Aman, dikkat!
B: Yalnız değiller, canım!
A: Kim var? Mustafa mı?
B: Hayır, Mustafa işte. Babam burada, çocuklarla denizde bugün.
A: Peki Yaşar Hanım? O nerede?
B: Annem bugün alışverişe çıktı.

deniz *Meer*
dalgalı *bewegt*
yani *also, das heißt*
aman dikkat! *paß(t) bloß auf!*
yalnız *allein*
canım! *doch!*
iş *Arbeit*
babam *mein Vater*
çocuklarla *mit den Kindern*
annem *meine Mutter*
alışveriş *Einkauf*
alışverişe çıktı *ist einkaufen gegangen*

1. Entscheidungsfragen, die auf **evet** *ja* oder **hayır** *nein* hinauslaufen, stellen wir mit dem Fragesuffix **+_mİ**. Ergänzungsfragen dagegen, die sogenannten W-Fragen, benötigen Fragepronomina, von denen bisher folgende vorgekommen sind:

nasıl	*wie*	Nasılsın? [1A]
kim	*wer*	Kimsin? [1C]
ne	*was*	Ne var, ne yok? [1G]
nerede	*wo*	Neredesin şimdi? [1G] Affedersiniz, postane nerede, acaba? [2A, 2C3]
nereli	*wo zuhause*	Sen nerelisin? Allgäulu musun? [1E4]

2. Das letzte Fragewort **neresi** ist abgeleitet von **nere**, das im Türkischen ein deklinierbares Fragepronomen wie **kim** und **ne** ist. Es bedeutet *welcher Ort*:

Şimdi neresi sıcak?	*Welcher Ort ist jetzt warm? (= Wo ist es jetzt warm?)*
Şimdi Antalya sıcak.	*Antalya ist jetzt warm. (= In Antalya ist es jetzt warm.)*

3. Parallel zu dem Fragewort **nere(si)?** gibt es drei Wörter, die einen Ort bezeichnen:

bura(sı)	*der Ort hier – (unmittelbar nah, ist sichtbar)*
şura(sı)	*der Ort drüben – (weiter entfernt, aber noch sichtbar)*
ora(sı)	*der Ort dort – (nicht unbedingt sichtbar)*

4. Diese Wörter bilden die Grundlage, auf der die Frage **nerede?** *wo?* beantwortet wird:

burada	*hier – (unmittelbar in der Nähe, sichtbar)*
şurada	*da – (drüben, noch sichtbar)*
orada	*dort – (hinten, nicht unbedingt sichtbar)*

5. Wenn ein Wort mit dem Lokativsuffix als Attribut vor einem Substantiv steht, bekommt es die zusätzliche Endung **+ki**. Dies ist eine der wenigen Endungen, auf die keine Vokalharmonie angewandt wird.

köşe**deki** büfe	*der Imbiß an der Ecke*
şura**daki** telefon	*das Telefon drüben*
arka sokak**taki** lokanta	*das Restaurant in der Parallelstraße*

Eine gezielte Frage nach einer solchen Ortsbestimmung ist mit dem Fragepronomen **neredeki?** möglich:

Neredeki muhallebici daha iyi?

Welcher (= wo befindlicher) Pudding-Shop ist besser?

2F Weitere Übungen

1. Ergänzen Sie die Fragewörter so, daß die Antworten sinnvoll sind:

a) Bugün _________sın? – »Sağ ol, biraz daha iyiyim.«
b) Telefonda _________ var? – »Yaşar Hanım.«
c) Bu _________? – »Bu telefon jetonu.«
d) Yaşar Hanım_________? – »Ankaralı bir öğretmen.«
e) Muhallebici _________? – »Arka sokakta, köşede.«
f) Selma _________? – »Eskişehirli.«
g) Alo? Orası _________? – »Burası Langenscheidt Verlag, Münih.«

h) Bugün Münih ________? – »Çok sıcak. Ya İstanbul?«
i) Evde ________ var? – »Biraz ekmek, çok meyva, peynir, zeytin var.«
j) Bu akşam ________ görüşelim? – »İstersen gel, bizde görüşelim!«

2. Neresi? *oder* nerede? *Setzen Sie das richtige Fragewort ein:*

a) ________ sıcak, Antalya mı, yoksa Rize mi?
b) Mustafa ________, evde mi, yoksa otelde mi?
c) Burası ________, Steindamm mı, yoksa Steinstraße mi?
d) ________ daha iyi, ev mi, yoksa lokanta mı?
e) ________ görüşelim, evde mi, yoksa lokantada mı?

3. *Sagen Sie genau, welchen Gegenstand Sie meinen:*

(telefon, köşe)
köşedeki telefon

a) postane, bura b) telefon kartı, ben c) pastane, yakın d) muhallebici, karşı e) lokanta, ora f) lokanta, otel g) büfe, park h) taksi durağı, şura i) benzin istasyonu, nere

4. *Beschreiben Sie Ihre Lieblingsplätze in Ihrer Stadt! Verwenden Sie bei Bedarf deutsche Bezeichnungen und deutsche Straßennamen, z. B.:*

Eppendorfer Weg'teki Grieche, Allende-Platz'taki büfe, Hauptbahnhof'taki Blumengeschäft ...

2G Text 2

Haben Sie Spaß an Zungenbrechern?

Yanıltmacalar

Şu köşe yaz köşesi, şu köşe kış köşesi.
Bir berber bir berbere, »Bre berber! Gel birader, biz beraber bir berber dükkanı açalım!« demiş.
Tas tas hoşaf, beş tas hoşaf.

yanıltmaca *Zungenbrecher*
yaz *Sommer*
yaz köşesi *Sommer-Ecke*
kış *Winter*
kış köşesi *Winter-Ecke*
berber *Barbier*
berbere *zum Barbier*
bre! *hey!; Mensch! (dialektal)*
birader *Bruder*
beraber *zusammen*
berber dükkanı *Barbierladen*
açalım! *laß(t) uns aufmachen!*
demiş *er sagte*
tas *Schale*
tas tas *schalenweise*
hoşaf *Kompott (aus Trokkenfrüchten)*

3A

3A Text

Wolfgang ist in einem kleinen ***mezeci****, Delikatessenladen, um seinen elementaren Essensvorrat zusammenzustellen.*

mezeci *Delikatessenhändler, Delikatessengeschäft*
buyurun! *bitte schön!*
efendim! *meine Dame! / mein Herr!*
taze *frisch*
bir *ein(e), eins*
kaşar (peyniri) *harter Schafskäse*
beyaz peynir *»Weißkäse« (weicher Schafskäse, Feta)*
olsun *es soll sein*
yarım *ein(e) halbe(r/s)*
yüz *(ein)hundert*
gram (g.) *Gramm*
salam *Salami*
lazım *nötig*
başka bir arzunuz var mı? *haben Sie sonst noch einen Wunsch?*

Buyurun!

M: Buyurun, efendim!
W: Merhaba. Ekmek var mı?
M: Tabii, var. Taze ekmek var.
W: Bir ekmek. Biraz da peynir, lütfen.
M: Kaşar mı, beyaz mı olsun?
W: Yarım kilo beyaz peynir, yüz gram salam, iki yüz gram kaşar peyniri lazım.
M: Tamam. Başka bir arzunuz var mı?

W: Zeytin, lütfen. Şu siyah zeytinden üç yüz gram.
M: Biberli yeşil zeytin de var, çok güzel.
W: Öyle mi?
M: Buyurun, bir deneyin!
W: Evet, iki yüz gram da bundan, lütfen.
M: Hepsi bu kadar mı?
W: Evet, bu kadar. Ne tutuyor?
M: 440 bin lira, efendim.
W: Buyurun!
M: Sağ olun. Buyurun, 60 bin lira, paranızın üstü. Güle güle, efendim!
W: İyi akşamlar!

zeytin *Olive(n)*
şu *die/der/das da*
siyah *schwarz*
zeytinden *von den Oliven*
üç *drei*
biberli *mit Paprika*
yeşil *grün*
güzel *hier: lecker*
bir deneyin! *probieren Sie mal!*
bundan *von diesen/dieser/diesem hier*
bu kadar *soviel, das ist alles*
ne tutuyor? *wieviel macht es?*
paranızın üstü *Ihr Wechselgeld*
güle güle *auf Wiedersehen!*
iyi akşamlar *schönen Abend noch!*

3B Sprachgebrauch – Landeskunde

1. Den Ausdruck **buyurun** kennen Sie aus dem Telefongespräch 1G in der Bedeutung *ja, bitte?*: »Alo, buyurun?« Im obigen Dialog ist **buyurun** keine Frage, sondern eine Aufforderung: *Bitte sehr! Bedienen Sie sich!* Es kann aber auch bedeuten: *Kommen Sie herein!*

2. Auch das Wort **efendim** ist mehrdeutig: Als Frage mit dem Akzent und dem steigenden Ton auf der letzten Silbe heißt es *wie bitte?* Wenn der Akzent auf der zweiten Silbe liegt und der Ton am Ende abfällt, ist es entweder eine höfliche Anrede, *meine Dame! / mein Herr!*, oder die Antwort *ja!*, wenn man gerufen wurde.

3. So wie **efendim** gelten auch die Berufsbezeichnungen im allgemeinen für beide Geschlechter [1B].

4. Vielleicht ist Ihnen schon aufgefallen, daß zum Beispiel das Wort *Oliven* im Türkischen nicht in der Mehrzahl steht. Man kauft also »Olive« oder »200 Gramm

Olive«, ähnlich wie man auf Deutsch etwa Reis oder Zucker in der Einzahl kauft.
Wundern Sie sich nicht, wenn ein anderer Kunde »İyi bir zeytin, lütfen!« sagt. Er möchte natürlich nicht eine einzelne gute Olive, sondern eine gute Oliven*sorte*.

5. Sie kennen jetzt die Zahlen von 1 bis 3 und die Zahl 100: **bir**, **iki**, **üç**, **yüz**. Merken Sie sich, daß im Türkischen nie »bir yüz« gesagt wird, sondern nur »yüz«.

Gewürzstand im Mısır Çarşısı

3C Grammatik

Diese Lektion bringt keine neue Grammatikregeln, sondern einige Suffixe, die sehr häufig vorkommen und daher nützlich sind. Sie helfen die Vokalharmonieregeln aus den ersten beiden Lektionen zu festigen.

1. Das Suffix **+_dE** *auch, und* [1C4] und das Lokativsuffix **+DE** [2C2] sind sich auf den ersten Blick zum Verwechseln ähnlich. Es gibt aber folgende Unterschiede:
   a) Im Gegensatz zum Lokativsuffix hat das Suffix **+_dE** keinen Akzent. Der Akzent bleibt bei dem Wort, an das dieses Suffix herantritt.

b) Es wird immer mit **d** geschrieben, auch wenn nach stimmlosen Konsonanten durch die Angleichung ein **t** zu hören ist. Außerdem schreibt man diese Endung **de** bzw. **da** immer getrennt.

LOKATIV *»auch«*	bende ben de	*bei mir* *ich auch*	sokakta sokak da	*auf / in der Straße* *auch die Straße*

2. Die Mehrzahl wird mit dem Suffix **-ler** bzw. **-lar** gebildet:

PLURALSUFFIX
+lEr

kart**lar**, telefon**lar**, kutu**lar**
pastane**ler**, muhallebici**ler**, mösyö**ler**, Türk**ler**

Es wird keine Mehrzahl verwendet, wenn vor dem Substantiv eine Mengenangabe steht.

kaç mektup?	*wieviele Briefe?*
iki kart	*zwei Karten*
birkaç pul	*einige Briefmarken*
birçok jeton	*viele Telefonmünzen*

Gelegentlich wird auch ein Vorname in die Mehrzahl gesetzt. Es sind dann die engsten Verwandten oder Freunde einer Person gemeint.

Ali**ler** *Ali und seine Familie / Ali und seine Clique / Ali und Co.*

3. **Türkçe** heißt die Sprache, die Sie jetzt lernen. Die Sprache, die Sie schon beherrschen, heißt **Almanca**. Das Suffix **-ce**, **-ca** bzw. **-çe, -ça** macht aus dem Namen für ein Land oder seine Bewohner die Bezeichnung für deren Sprache.

WORTBILDUNGSSUFFIX
+CE

Çin	*China*	→ Çin**ce**	Alman	*Deutsche(r)*	→ Alman**ca**
Türk	*Türke/Türkin*	→ Türk**çe**	Rus	*Russe/Russin*	→ Rus**ça**

Beachten Sie, daß diese Bildungen nicht einfach chinesisch, deutsch ... schlechthin bedeuten, sondern nur die chinesische Sprache, die deutsche Sprache usw. Mit **Çince** können Sie also nicht *chinesisch* essen gehen oder einen *chinesischen* Freund besuchen.

Sie haben vielleicht schon bemerkt, daß auch bei diesem Suffix nach stimmlosen Konsonanten das stimmlose **ç** und nach anderen Konsonanten sowie nach Vokalen das stimmhafte **c** gesprochen und geschrieben wird [vgl. 2C3].

4. Das Suffix **-cı**, **-ci**, **-cu**, **-cü** bzw. **-çı**, **-çi**, **-çu**, **-çü** entspricht etwa dem deutschen Suffix **-er** bzw. **-erin**. Es bildet also Bezeichnungen für Vertreter eines Berufs (einer Beschäftigung, einer Tendenz usw.), aber auch – wie bei **muhallebici** – für den Betrieb, in dem dieser Beruf ausgeübt wird.

WORTBILDUNGSSUFFIX
+Cİ

posta**cı**	*Postbote*
meze**ci**	*Delikatessenhändler und -laden*
barış**çı**	*Pazifist* (barış = *Frieden*)
iş**çi**	*Arbeiter*

5. Aus Berufsbezeichnungen macht das Suffix **+lİk** abstrakte Begriffe für eine Beschäftigung:

WORTBILDUNGSSUFFIX
+lİk

postacı**lık**	*Beruf des Postboten*
mezeci**lik**	*Delikatessenhandel*
barışçı**lık**	*Pazifismus*
işçi**lik**	*Beruf des Arbeiters; Bearbeitungsqualität*

Das gleiche Suffix dient aber auch dazu, konkrete Substantive zu bilden, die oft ein *Behältnis für* oder einfach *Vorrichtung für etwas* sind:

sebze**lik**	*Gemüsefach (des Kühlschranks)*
tuz**luk**	*Salzstreuer*
kitap**lık**	*Bücherregal oder -schrank, Bücherei*

3D Übungen

1. *Vor dem Einkaufen stellen Sie fest, was noch alles* lazım, *nötig, ist:*

(beyaz peynir)
Beyaz peynir de lazım.

a) kaşar peyniri b) zeytin c) jeton d) telefon kartı e) su f) ayran g) sebze h) et i) meyva j) çay k) meyva suyu l) bira m) şarap

2. *Ergänzen Sie obige Übung durch Wörter aus der deutschen Sprache, z. B. auch durch Produktnamen.*

3. *Stellen Sie Ihre aktuelle Einkaufsliste für heute oder diese Woche zusammen.*

4. *Sagen Sie »auch/und«! Beachten Sie den Akzent und die Getrenntschreibung [3C1].*

(Ben Almanım.)
Ben de Almanım.

a) Ben Kölnlüyüm. – ben b) Biz yorgunuz. – onlar c) Gülsüm ev kadını. – Makbule d) Onlar sarhoş. – siz e) Çay içelim! – su f) Burada bir muhallebici var. – karşıda g) Bende jeton yok. – bende h) Şimdi burada yiyelim! – akşam i) Bundan yüz gram, lütfen! – şundan j) Ben bu akşam evdeyim. – biz k) Annem alışverişe çıktı. – babam

5. *Tragen Sie alle Substantive, die Sie bisher gelernt haben, in Familien zusammen, und bilden Sie die Pluralformen!*

(postane, jeton, mektup ...)
postaneler, jetonlar, mektuplar ...

a) pastane, büfe, muhallebici ...
b) ekmek, peynir, zeytin ...
c) su, ayran, çay ...
d) ev, park, sokak ...
e) işçi, hekim, büfeci ...

Wasserverkäufer vor der Yeni Cami

6. *Zwei Berufsbezeichnungen kennen Sie schon:* muhallebici *und* mezeci. *Bilden Sie andere:*

(meze)
mezeci *(=Delikatessenhändler / Delikatessenladen)*

a) posta *(=Postbote)* b) pasta *(=Konditor)* c) telefon *(=»Telefonmensch«)* d) jeton *(=Telefonmünzenverkäufer)* e) büfe *(=Imbißverkäufer)* f) otel *(=Hotelier)* g) gazete *(=Zeitungsverkäufer/Journalist)* *h)* su *(= »Wassermann«)* i) lokanta *(=Gastwirt)* j) benzin *(=Tankwart / Tankstelle)*

7. *Fast alle Sprachen der Welt können Sie jetzt zumindest benennen. Beginnen Sie mit denen, die in der Türkei und ihren Nachbarländern gesprochen werden:*

(Türk)
Türkçe

a) Arap b) Azeri c) Bulgar d) Çerkes e) Ermeni f) Fars *(=Persisch)* g) Gürcü *(=Georgisch)* h) Kürt i) Laz j) Rum *(=Griechisch)* k) Tarzan l) Yunan *(=Griechisch)*

Eine Sprache ist allen gemeinsam: Die unter k) *genannte Sprache des Kinohelden Tarzan. Dies ist die Sprache einer Verständigung »mit Händen und Füßen«. Sie ist legiti-*

mer, ja würdiger Bestandteil aller Kommunikation, vor allem dann, wenn die Wörter noch nicht reichen. Signalisieren Sie Ihrem Gesprächspartner früh genug, daß Sie diese Sprache beherrschen!

8. *Sie sind in einer Konditorei, treffen dort aber niemanden an. Erkundigen Sie sich beim Nachbarhändler nach dem Konditor.*

   (pastacı)
   Affedersiniz, pastacı nerede acaba? *oder:*
   Affedersiniz, pastacı burada mı acaba?

   Verwenden Sie Berufsbezeichnungen aus Übung 6, um die Frage für ähnliche Situationen abzuwandeln.

3E Erweiterung

1. Das Adjektiv ist unveränderlich und steht vor dem Substantiv:

   taze ekmek *frisches Brot, das frische Brot*

   Es gibt keinen bestimmten Artikel. Als unbestimmter Artikel wird das Zahlwort **bir** verwendet. Dieses steht zwischen Adjektiv und Substantiv:

   taze bir ekmek *ein frisches Brot*

   Das Fragewort **nasıl** bekommt die gleiche Stelle wie das Adjektiv:

   nasıl bir ekmek? *was für ein Brot?*

2. Gezielter fragen Sie mit dem Pronomen **hangi**:

   hangi ekmek? *welches Brot?*

   Wollen Sie auf eine solche Frage antworten, indem Sie mit dem Finger zeigen, haben Sie drei Möglichkeiten:

bu ekmek	*das Brot hier*	Der Gegenstand befindet sich unmittelbar in Ihrer Nähe, Sie können ihn sehen und darauf zeigen.
şu ekmek	*das Brot da (hinten, drüben)*	Der Gegenstand ist weiter entfernt, aber noch sichtbar.
o ekmek	*das Brot da drüben / jenes Brot*	Die Entfernung ist wie bei **şu** oder größer; der Gegenstand kann sichtbar oder unsichtbar sein.

3. Die Demonstrativpronomen **bu, şu** und **o** können auch für den Satzgegenstand stehen. In der Gesprächsituation muß klar sein, worauf dabei gezeigt wird:

Bu ne?	*Was ist das?*
Şu nasıl?	*Wie ist der/die/das da?*
O kim?	*Wer ist die/der?*

Das letzte Beispiel kann natürlich auch *Wer ist sie/er?* bedeuten, weil **o** ja gleichzeitig das Personalpronomen für die 3. Person Singular ist.

Beachten Sie die Endung bei der Frage *welche(r/s)*:

Hangisi taze?	*Welches (davon) ist frisch?*
Hangisi hekim?	*Welche/r (von ihnen) ist Ärztin/Arzt?*

3F Weitere Übungen

1. *Was brauchen Sie genau?*

(taze, ekmek)
Taze bir ekmek, lütfen!

a) soğuk, ayran b) peynirli, sandviç c) iyi, blucin d) neşeli, müzik e) biraz daha iyi, lokanta f) her zamanki gibi, oda g) sıcak, süt h) sakin, masa i) büyük, taksi j) yakın, büfe

soğuk *kalt*
blucin *Jeanshose*
müzik *Musik*
sıcak *warm, heiß*
süt *Milch*
sakin *ruhig*
masa *Tisch*
büyük *groß*
yakın *nah*

2. *Und wieviel brauchen Sie davon?*

(1 dilim, taze ekmek)
Bir dilim taze ekmek, lütfen!

a) 3 şişe, soğuk ayran b) 1 (tane), salamlı sandviç c) 100 (tane), iyi blucin d) biraz, neşeli müzik e) 200g. fıstıklı salam f) 2, sakin oda g) 2 bardak, sıcak süt h) 2, büyük masa i) birkaç, küçük jeton j) 1 kilo, yeşil zeytin

dilim *Scheibe*
şişe *Flasche*
salamlı *mit Salami belegt*
tane *Stück*
fıstıklı *mit Pistazien*
bardak *Glas, Becher*
birkaç *einige*
küçük *klein*
kilo *Kilo*
yeşil *grün*

3. *Stellen Sie uns Ihre Freunde vor. Soweit Sie können, verwenden Sie türkische Berufsbezeichnungen, sonst ruhig die deutschen in einem ansonsten türkischen Satz:*

(Renate, öğretmen)
Bu Renate. Renate Mannheim'da öğretmen.

4. Ordnen Sie den Fragen links die plausiblen Antworten aus der rechten Spalte zu.

a) Eczacı burada mı?
b) Şu Bey kim?
c) Hasta nasıl?
d) Bu ne?
e) Burada jeton var mı?
f) Görüşelim mi?
g) Ne yapalım?
h) Olur mu?
i) Şoför sarhoş mu?
j) Alman mı?

a) Bayağı daha iyi.
b) Var. Büyük mü, küçük mü?
c) Hayır. Evde, yemekte.
d) Bize gel, görüşelim!
e) Evet, Lübeckli.
f) Bir şey yiyelim!
g) Ali Kurnaz, eczacı.
h) Hayır, biraz hasta.
i) Ayran.
j) Okey!

3G Text 2

Die Lösungen zu den Rätseln finden Sie am Ende der Vokabelspalte.

Beş Bilmece

1. Dünyada her şey gerek
   Her şeye bir şey gerek

2. Bir küçücük fıçıcık
   İçi dolu turşucuk

3. Kırk parmak
   Kırk tırnak
   İki can
   Bir nefes

4. Çat burada çat şurada
   Çat kapı arkasında

5. Ev arkasında vay anam

Derleyen: Erdal Öz

beş *fünf*
bilmece *Rätsel*
dünya *Welt*
her *jede(r/s)*
şey *Sache, Ding*
gerek *nötig*
her şeye *für alles*
küçücük *winzig*
fıçıcık *Fäßlein*
içi *sein Inneres*
dolu *voll, voller*
turşu *Sauer-Eingemachtes, Mixpickles (in Essig eingelegte Gurken, Paprika usw.)*
turşucuk *(Verkleinerungsform zu* turşu*)*
kırk *vierzig*
parmak *Finger*
tırnak *Fingernagel*
can *Leben*
nefes *Atem*
çat! *zack!*
kapı arkasında *hinter der Tür*
ev arkasında *hinter dem Haus*
vay anam! *auweia!*
derleyen *gesammelt von*
çözüm *Lösung*
ad *Name*
limon *Zitrone*
gebe kadın *schwangere Frau*
süpürge *Besen*
ısırgan *Brennessel*

4A Text

Ein »Pudding Shop«, wie ein bestimmter Typ von Restaurant inzwischen unter den Türkeibesuchern heißt. Wolfgang legt eine türkische Zeitung und sein Taschenwörterbuch auf den Tisch und möchte gleich etwas zu essen bestellen.

Bakar mısınız?

W: Garson Bey, bakar mısınız?
G: Bir dakika, Beyim. Hemen geliyorum ... Buyurun!
W: Bana bir menemen, lütfen.
G: İçecek bir şey istiyor musunuz?
W: Evet. Soğuk, buzlu bir ayran.
...
G: Buyurun, menemeniniz! Dikkat, çok sıcak!
W: Teşekkür ederim.

bakar mısınız? *schauen Sie bitte her?*
bakmak *hinsehen*
bir dakika! *einen Moment!*
Beyim *mein Herr*
hemen *sofort*
gelmek *kommen*
bana *mir, für mich*
menemen *Rührei mit Tomaten*
lütfen *bitte*
içecek bir şey *etwas zu trinken*
içmek *trinken*
istemek *wünschen*
buzlu *mit Eis(stücken)*
dikkat! *Vorsicht!*
çok sıcak *sehr heiß*

G: Pardon, siz Alman mısınız?
W: Hayır, Avusturyalıyım.
G: Ama Türkçe biliyorsunuz!?
W: Ben çok az Türkçe biliyorum. Ben Türkçe öğreniyorum.
G: Bravo, doğrusu. Peki, ama Türkçe öğrenmek nereden aklınıza geldi?
W: Efendim? Anlamadım, bir daha söyler misiniz? Daha yavaş, tane tane.
G: Yani, niçin Türkçe öğreniyorsunuz? – Ee, zi varum türkiş lernen?
W: Oo, demek siz de Almanca biliyorsunuz. Ben Türkçe öğreniyorum, çünkü ...

Ergänzen Sie Wolfgangs Antwort. Verwenden Sie ruhig deutsche Vokabeln, da Ihr Gesprächspartner ja ein wenig Deutsch kann.

pardon! *entschuldigen Sie!*
bilmek *(Sprache) können*
az *wenig*
öğreniyorum *ich lerne*
öğrenmek *lernen*
bravo!
doğrusu *echt!, ehrlich gesagt!*
nereden aklınıza geldi? *wie kommen Sie darauf?*
efendim? *wie bitte?*
anlamadım *ich habe es nicht verstanden*
anlamak *verstehen*
bir daha *noch einmal*
söyler misiniz? *würden Sie es sagen?*
söylemek *sagen*
daha yavaş *langsamer*
tane tane *Stück für Stück*
niçin *warum*
ee... *äh...*
demek *also*
çünkü *denn, weil*

4B Sprachgebrauch – Landeskunde

1. Umgangssprachliche bzw. mundartlich gefärbte Formen:

geliyorum	→ geliyom
buyurun	→ buyrun
içecek	→ iççek, içicek
soğuk	→ sook
biliyorsunuz	→ biliyosunuz, biliyonuz
öğren-	→ öören-
bir daha	→ bidaa
söyler misiniz	→ söölermisiniz
ne yapıyorsun	→ naapıyosun

2. Nutzen Sie die Chance, daß Ihr Gesprächspartner etwas Deutsch, Englisch usw. kann, und greifen Sie ruhig auf die Wörter seiner Fremdsprache zurück. So signalisieren Sie Bereitschaft, die Verständigungsschwierigkeiten zu überwinden, und halten das Gespräch am Laufen.

3. Sie kennen bereits das Fragewort **ne**, das auch als Ausruf verwendet wird:

Ne iyi!	*Wie gut!*
Ne kadın!	*Was für eine Frau!*
Ne sürpriz!	*Welche Überraschung!*

4. Oft werden solche Ausdrücke durch Interjektionen verstärkt beziehungsweise ergänzt:

Aman ne iyi!	*Ach, wie gut!*
Ah, ne kadın!	*Ach, was für eine Frau!*
Vay, ne sürpriz!	*Oh, welche Überraschung!*
Of, ne zor!	*Uff, wie schwierig!*

5. »buzlu bir ayran«: Das Suffix **+lİ** *mit* bildet Adjektive aus Substantiven: **jeton – jetonlu** telefon, **biber – biberli** zeytin, **rüzgâr – rüzgârlı** hava usw. Achtung: nicht verwechseln mit dem Herkunftssuffix wie bei Münih**li** [1E4]!.

   Das Gegenstück dazu ist das Wortbildungssuffix **+sİz** *ohne*: **şekersiz** *ohne Zucker,* **tuzsuz** *ungesalzen,* **işsiz** *arbeitslos ...*

6. Aus diesen (und anderen) Adjektiven können Sie mit **+lİk** abstrakte Substantive bilden [vgl. 3C5]:

tuz**luluk**	*Salzigkeit (=Salzgehalt)*	hasta**lık**	*Krankheit*
iş**sizlik**	*Arbeitslosigkeit*	sıcak**lık**	*Wärme*

4C Grammatik

1. Normalerweise steht der unbestimmte Artikel **bir** zwischen dem Adjektiv und dem Substantiv [3E1]. Bilden ein Adjektiv und ein Substantiv zusammen einen stehenden Begriff, so wird **bir** dem Adjektiv vorangestellt:

bir sıcak şarap	*ein Glühwein (sıcak = heiß)*
bir sütlü kahve	*ein Milchkaffee (sütlü = mit Milch versehen)*

2. Der Infinitiv des Verbs besteht aus einem Stamm und dem Suffix **-mEk**.

   bak**mak**, iste**mek**, gel**mek**, öğren**mek**

4C

Der Verbstamm ist gleichzeitig der Imperativ der 2. Person Singular.

bak**mak**	→ (Sen) bak!	öğren**mek**	→ (Sen) öğren!

3. Das Präsens wird mit dem Suffix **-(İ)yor** gebildet.

YOR-PRÄSENS IM AUSSAGESATZ
-(İ)yor

Endet der Verbstamm auf einen Konsonanten, wird vor das Suffix **-yor** ein **ı**, **i**, **u** oder **ü** entsprechend der großen Vokalharmonie [1C1] eingefügt. Dabei ist der unmittelbar vorausgehende Vokal ausschlaggebend.

öğr**e**nmek	*lernen*	→ öğren**i**yor

4. Die so gebildete Verbform gilt für die 3. Person Singular – und zwar für *er, sie* und *es*:

(o) öğreniyor

Für die anderen Personen wird diese Grundform mit einer weiteren Endung versehen (siehe Tabelle). Das sind die Endungen für das Verb *sein* im Präsens [1C3]. Wörtlich übersetzt bedeutet **ben öğreniyorum** etwa *ich bin lernend.*

(ben)	öğren**iyorum**
(sen)	öğren**iyorsun**
(o)	öğren**iyor**
(siz)	öğren**iyorsunuz**
(onlar)	öğren**iyor**
	oder:
–	öğren**iyorlar**

5. Endet der Verbstamm auf Vokal (**a** oder **e**), so wird dieser entsprechend der großen Vokalharmonie durch **i**, **ı**, **ü** oder **u** ersetzt. Dabei ist wiederum der diesem **a** oder **e** vorausgehende Vokal ausschlaggebend.

yaş**a**mak	*leben*	→ (ben) yaş**ı**yorum
ist**e**mek	*wünschen*	→ (sen) ist**i**yorsun
oyn**a**mak	*spielen*	→ (o) oyn**u**yor
söyl**e**mek	*sagen*	→ (biz) söyl**ü**yoruz
tuzl**a**mak	*salzen*	→ (siz) tuzl**u**yorsunuz
üfl**e**mek	*blasen*	→ onlar üfl**ü**yor

Es gibt zwei einsilbige Stämme auf **e**, bei denen dieser Vokal zu **i** wird:

demek	*sagen*	→ diyor
yemek	*essen*	→ yiyoruz

Nach **u** oder **ü** als Endvokal eines Stammes kommt unmittelbar das Suffix **-yor**:

uy**u**mak	*schlafen*	→ uyuyorlar
üş**ü**yor	*frieren*	→ üşüyorum

6. Bei zwei Verbstämmen wird der Endkonsonant **t** erweicht:

gi**t**mek	*gehen*	→ gi**d**iyor
e**t**mek	*tun (Funktionsverb)*	→ e**d**iyor (telefon ediyor usw.)

4D Übungen

1. Legen Sie sich selbst Tabellen mit den Verben gelmek, yapmak, söylemek, okumak, istemek, oynamak *an und vergleichen Sie sie mit den Übersichten im Übungsschlüssel.*

2. Kim ne yapıyor? Nennen Sie die Namen einiger Ihrer Bekannten und erzählen Sie, was sie generell oder im Augenblick machen, zum Beispiel:

(çalışmak) – Ute çalışıyor.

a) Türkçe çalışmak b) üniversitede okumak c) gazete okumak d) uyumak e) şehirde gezmek f) staj yapmak g) spor yapmak h) gitar öğrenmek

3. Bilden Sie Sätze über sich selbst, z. B.:

Ben Almanya'da yaş(a)________, Münih'te otur________, üniversitede oku________, Postanede çalış________, Türkçe öğren________, İstanbul'da staj yap________. Türkiye'de gez________ ...

4. Sagen Sie genauer, was für einen Kaffee, eine Eiskrem usw. Sie möchten:

(çay: sıcak) – Bana sıcak bir çay, lütfen!
(oda: sakin) – Bize sakin bir oda, lütfen

a) çay: koyu, açık, taze, büyük
b) ayran: soğuk, az tuzlu, bol tuzlu, ılık
c) kahve: sade, az şekerli, orta şekerli, şekerli
d) oda: çift yataklı, bahçeye bakan, güneş gören, daha büyük, duşlu

yapmak *machen*
çalışmak 1. *arbeiten, jobben*; 2. *lernen (für die Schule, den Kurs...)*
okumak 1. *studieren*; 2. *lesen*
uyumak *schlafen*
gezmek *spazierengehen oder -fahren, einen Ausflug oder eine Reise machen*
staj yapmak *ein Praktikum machen*
spor yapmak *Sport treiben*
koyu *stark (Tee)*
açık *leicht (Tee)*
az tuzlu *leicht gesalzen*
bol tuzlu *reichlich gesalzen*
ılık *lauwarm*
kahve *Kaffee*
sade *ungezuckert (Kaffee)*
az şekerli *mit wenig Zucker, leicht gezuckert*
orta şekerli *mittel gezuckert*
şekerli *(stark) gezuckert*
çift yataklı *Doppelbett...*
yatak *Bett*
bahçeye bakan *mit Gartenblick*
bahçe *Garten*
güneş *Sonne*
güneş gören *sonnig*
daha büyük *größer*
duşlu *mit Dusche*

e) yer: sigara içilmeyen, cam kenarında, önlerde, ortalarda, arkalarda
f) masa: üç kişilik, terasta, manzaralı, akşam yemeği için, orkestraya yakın
g) sandviç: peynirli, sucuklu, salamlı, Rus (=Amerikan) salatalı

yer *Platz*
sigara içilmeyen *Nichtraucher-*
cam kenarında *Fenster-*
önlerde *eher vorne*
ortalarda *eher in der Mitte*
arkalarda *eher hinten*
üç kişilik *für drei Personen*
teras *Terrasse*
manzaralı *mit schöner Aussicht*
akşam yemeği için *fürs Abendessen*
orkestraya yakın *in Orchesternähe*
sucuklu *mit Knoblauchwurst*
Rus (*oder* Amerikan) salatalı *mit russischem Salat*

4E Erweiterung

1. Sie kennen bereits das Fragesuffix **+mİ** [2C1]. An das Präsenssuffix angehängt, bildet es die Frageformen:

   (o) öğreniyor **mu**?

   Beachten Sie, daß das Fragesuffix immer getrennt geschrieben wird.

YOR-PRÄSENS IM FRAGESATZ
yor mu

2. Die Personalsuffixe kommen erst nach dem Fragesuffix:

   (sen) öğreniyor mu**sun**?

   Ausnahme: Die Pluralendung **-ler/-lar**, die vor dem Fragesuffix steht.

   öğreniyor**lar** mı?

(ben)	öğren**iyor muyum**?
(sen)	öğren**iyor musun**?
(o)	öğren**iyor mu**?
(biz)	öğren**iyor muyuz**?
(siz)	öğren**iyor musunuz**?
onlar	öğren**iyor mu**?
–	öğren**iyorlar mı**?

3. Das Fragesuffix ändert nichts an der Betonung. Der Akzent liegt auch bei der Frageform auf der Silbe unmittelbar vor **-yor**:

   Öğreniyor musun? Bekliyor musunuz? Üşüyorlar mı?

4. Gilt die Frage einem anderen Satzglied als dem Verb, so steht das Fragesuffix unmittelbar hinter dem betreffenden (d.h. betonten) Satzglied:

Siz bir çay istiyorsunuz.	*Sie wünschen einen Tee.*
Siz **mi** bir çay istiyorsunuz?	*Wünschen* ***Sie*** *einen Tee (oder die Dame dort drüben)?*
Siz bir çay **mı** istiyorsunuz?	*Wünschen Sie einen* ***Tee*** *(oder etwas anderes)?*
Siz bir çay istiyor **mu**sunuz?	***Wünschen*** *Sie einen Tee (oder wünschen Sie nicht)?*

4F Weitere Übungen

1. *Lassen Sie Ihren Partner entscheiden: Kaffee oder Tee?*

(kahve, çay)
Kahve mi, çay mı?

a) ayran, kola b) sen, siz c) Türkçe, Almanca d) muhallebici, büfe e) okumak, çalışmak f) soğuk, sıcak g) var, yok h) sade, şekerli i) saat birde, saat ikide j) açık, koyu k) çok, az l) Ürgüplü, Kırşehirli m) kartlı, jetonlu n) Gül, Gönül o) sandviç, menemen

2. *Erkundigen Sie sich, was Ali jetzt so macht.*

(okumak)
Ali şimdi ne yapıyor? Okuyor mu?

a) hemen gelmek b) bir şey istemek c) dikkat etmek d) Almanca öğrenmek e) biraz çalışmak f) üniversitede okumak g) staj yapmak h) iyi yaşamak i) çok gezmek j) telefon etmek

3. *Stellen Sie die Fragen, zu denen untenstehende Sätze die Antworten sind. Die Fragen müssen das Fragesuffix enthalten – keine Fragepronomina.*

(Evet, Fachhochschule'de okuyorum.)
Okuyor musun?

a) Evet, bugün çalışıyorum. b) Evet, Türkçe öğreniyorum. c) Evet, gezmek istiyorum. d) Evet, Wolfgang staj yapıyor. e) Evet, garson hemen bakıyor. f) Evet, bu akşam telefon ediyoruz. g) Evet, biraz sonra geliyoruz. h) Evet, anlıyorlar. i) Evet, onlar da biliyor.

4. *Machen Sie aus Feststellungen Fragen, indem Sie mit dem Fragesuffix* **+_mİ** *gezielt nach den hervorgehobenen Wörtern (oder Wortgruppen) fragen.*

(Sen Almanca *biliyorsun.*)
Sen Almanca biliyor musun?

a) Sen bir çay *istiyorsun.* b) *Büyük bir çay* istiyorsun. c) *Siz* kahve istiyorsunuz. d) Onlar *Alman.* e) Burada büfe *var.* f) O *burada* çalışıyor. g) Siz *içecek bir şey* istiyorsunuz. h) Sizde ayran *yok.* i) Sen *Türksün.* j) Siz yarın *evdesiniz.*

5. *Bilden Sie Fragesätze, indem Sie entweder ein Fragepronomen oder die Endung* **+_mİ** *verwenden:*

(sen, *nerede*, oturmak)
Sen nerede oturuyorsun?

(sen, *İzmir'de*, oturmak)
Sen İzmir'de mi oturuyorsun?

a) biz, *bu akşam*, görüşmek b) Ali, *nerede*, çalışmak c) otobüs, *saat kaçta*, gelmek d) postane, *nerede* e) sen, *niçin,* üç kişilik bir masa, istemek f) lokanta bugün, *açık* g) bu otelde, duşlu oda, *var* h) siz, biraz Almanca, *bilmek* i) sen, bugün, *daha iyi*

Üsküdar

4G Text 2

Wolfgang will Emine treffen, kann sie aber nicht erreichen. Er hinterläßt eine Nachricht an der Wohnungstür.

Sevgili Emine!

7/8/1995, 15.30

Sevgili Emine!
Ben iki günden beri İstan-
bul'dayım. Seni arıyorum, ama
telefonun bozuk galiba: hep
meşgul çalıyor.
Üsküdar'da, Harem Oteli'nde
kalıyorum. Tel.:
0216/336 17 26, 409 no.lı
oda.
4–5 hafta daha buradayım.
Beni muhakkak ara,
görüşelim! Genellikle öğlene
kadar oteldeyim.
Yakup'la Sara'ya benden se-
lam söyle, olur mu? Onlarla da
görüşmek istiyorum. İstersen
hep beraber de bir şey yapa-
lım. Ama önce sen!

Hoşça kal! W.

Emine *Vorname, w.*
iki günden beri *seit zwei Tagen*
seni *dich*
aramak *anrufen, zu erreichen versuchen*
telefonun *dein Telefon*
bozuk *kaputt*
meşgul *besetzt*
çalmak *klingeln*
Üsküdar *Stadtteil Istanbuls*
Harem Oteli'nde *im Hotel H.*
[DE] kalmak *wohnen (vorübergehend)*
409 no.lı (numaralı) oda *Zimmer Nr. 409*
4-5 (dört, beş) *vier oder fünf*
hafta *Woche*
daha *noch, weiter*
beni *mich*
muhakkak *unbedingt*
genellikle *im allgemeinen*
öğlene kadar *bis mittags*
Yakup *Vorname, m.*
Sara *Vorname, w.*
Yakup'la Sara *Yakup und Sara*
benden *von mir*
selam söylemek *grüßen von*
onlarla *mit ihnen*
görüşmek *sich treffen*
hep beraber *alle zusammen*

5A

5A Text

Hier ist ein kurzes Selbstporträt der »deutschen« Türkin Ayşe Saatçi. Die Ausdrücke aus diesem Text sollen Ihnen helfen, die Lebensumstände einiger Menschen aus Ihrem Bekanntenkreis – oder Ihrer selbst – zu schildern.

Benim adım Ayşe

Benim adım Ayşe. Türk'üm. Almanya'da yaşıyorum. Hamburg'ta, Eimsbüttel'de oturuyorum; iki arkadaşla birlikte. Hamburg'ta, şey ... *Ausbildung* yapıyorum, *Sprechstundenhilfe* olarak; yani bu bir meslek eğitimi, muayenehane asistanı olmak için.
Bence *Studieren,* üniversitede okumak da çok zevkli. Ama önce bir meslek öğrenmek, kendi evimi kurmak, para kazanmak, yani bağımsız olmak daha güzel. İleride üniversiteye gitmek, tıp okumak istiyorum.

benim adım ... *mein Name ist ...*
[DE] oturmak *wohnen*
arkadaş *Freund/in*
[lE] birlikte *zusammen [mit]*
şey ... *äh ...*
[-] olarak *als*
meslek *Beruf*
meslek eğitimi *Berufsausbildung*
olmak için *um ... zu werden*
olmak *werden; sein*
bence *meiner Meinung nach*
üniversite *Universität*
zevkli *»spaßvoll« (vergnüglich, angenehm)*
kendi *eigene(r/s)*
evimi kurmak *meinen Haushalt gründen*
para *Geld*
kazanmak *verdienen*
bağımsız *unabhängig*
daha güzel *schöner*
ileride *in Zukunft, später*
üniversiteye gitmek *zur Uni gehen*
tıp *Medizin*

Nereli miyim? Doğrusu, pek bilmiyorum. Annem İstanbullu, babam Trabzonlu. Ama ben Türkiye'de ancak yazları birkaç hafta kalıyorum. Galiba ben daha çok Hamburgluyum. Adnan, erkek kardeşim, öyle değil. O, "Ben Trabzonluyum, Hamburglu filan değilim!" diyor. Şimdi *Abitur* yapıyor. Sonra, Trabzon'da evlenmek, dükkan açmak istiyor.
Annem-babam Buxtehude'de oturuyorlar. İkisi de bu yıl emekli oluyor. Bazan Almanya'da kalmak istiyorlar, bazan istemiyorlar. Yani kararsızlar.

nereli miyim? *wo ich zuhause bin?*
pek *sehr*
Türkiye *Türkei*
ancak *nur*
yazları *sommers*
[DE] kalmak *bleiben*
daha çok *eher*
kardeşim *mein Bruder/ meine Schwester*
erkek kardeşim *mein (jüngerer) Bruder*
filan *oder so (abwertend)*
sonra *danach, später*
evlenmek *heiraten*
açmak *eröffnen*
annem-babam *meine Eltern*
ikisi de *alle beide*
yıl *Jahr*
emekli olmak *in Rente/ Pension gehen*
bazan *manchmal*
Almanya *Deutschland*
kararsız *unentschlossen*

5B Sprachgebrauch – Landeskunde

1. Wenn Türken, die in Deutschland leben, Türkisch sprechen, bleibt es nicht aus, daß sie deutsche Versatzstücke verwenden. Das sind vor allem Begriffe, die das öffentliche Leben in Deutschland betreffen, Einrichtungen von »Bäckerei« bis »Arbeitsamt«, Tätigkeiten von »Antrag stellen« bis »Urlaub machen«, Eigenschaften von »schick« bis »doof« und Ausrufe von »Na?« bis »Tschüs!«.

2. Ayşes Frage **nereli miyim?** scheint der Regel zu widersprechen, daß eine Frage entweder mittels Fragewort (Ergänzungsfrage) oder mittels **mi**-Suffix (Entscheidungsfrage) gebildet wird. Ayşe macht damit aber keinen Fehler, sondern bildet eine besondere Art von Frage. Sie fragt damit zurück, ob sie unsere Frage »nereli« richtig verstanden hat: *Sie wollen wissen, woher ich komme?* Hierfür noch einige Beispiele:

Veli nasıl mı? Bilmiyorum.	*Wie es Veli geht? Ich weiß es nicht.*
Sıdıka nerede mi oturuyor? Ankara'da.	*Wo Sıdıka wohnt? In Ankara.*

3. Das Verb **bilmek** kam schon in der Bedeutung *eine Sprache können* vor [4A]: »Ama Türkçe biliyorsunuz!?« Es bedeutet auch *wissen*, und Sie können damit den so knappen wie nützlichen Ausdruck **bilmiyorum** *ich weiß es nicht* bilden.

Veli nasıl, bilmiyorum.	*Wie es Veli geht, weiß ich nicht.*
Biliyor musun, Sıdıka nerede oturuyor?	*Weißt du, wo Sıdıka wohnt?*

Solche einfachen, umgangssprachlichen Sätze lassen sich auch mit anderen Verben bilden.

Niçin öğreniyorsunuz, **anlamıyorum**.	*Warum Sie es lernen, verstehe ich nicht.*
Bakar mısınız, otobüs geliyor mu?	*Würden Sie bitte nachsehen, ob der Bus kommt?*

4. Das Verb **istemek** [4A] läßt sich auch in Verbindung mit dem Infinitiv verwenden:

İleride tıp oku**mak** istiyorum.	*Später will ich einmal Medizin studieren.*
Almanya'da kal**mak** istemiyorlar.	*Sie wollen nicht in Deutschland bleiben.*

5C Grammatik

NEGATIONSSUFFIX
-mE

1. Die Verben (außer den Endungsformen des Verbs *sein*) werden durch das Suffix **-mE** verneint, das auf den Verbstamm folgt. Bei einem so verneinten Verb hat der Akzent, der sich sonst auf die Suffixe verschiebt, den festen Platz auf der (letzten) Stammsilbe:

oynamak	*spielen*	→ oyna**ma**mak	*nicht spielen*
çalışmak	*arbeiten*	→ çalış**ma**mak	*nicht arbeiten*

gitmek	*gehen, fahren*	→ gitm**me**mek	*nicht gehen, nicht fahren*
telefon etmek	*anrufen*	→ telefon et**me**mek	*nicht anrufen*

2. Vom Verbstamm hieß es, daß er gleichzeitig der Imperativ der 2. Person Singular ist. Hier sind die Befehlsformen (= verneinten Verbstämme) zu den obigen Beispielen:

   (Sen) oy**na**ma! (Sen) çal**ış**ma!
   (Sen) gitme! (Sen) telefon etme!

3. Diese durch **-ma** oder **-me** erweiterten Stämme werden wie oben [4C] konjugiert. Dabei wird das **a** bzw. **e** des Verneinungssuffixes zu einem **ı**, **i**, **u** oder **ü** vor dem Präsenssuffix **-yor**.

YOR-PRÄSENS, VERNEINUNG

	Aussage -mIyor	*Frage* -mIyor mu?
(ben)	git**miyor**um	git**miyor mu**yum?
(sen)	git**miyor**sun	git**miyor mu**sun?
(o)	git**miyor**	git**miyor mu**?
(biz)	git**miyor**uz	git**miyor mu**yuz?
(siz)	git**miyor**sunuz	git**miyor mu**sunuz?
onlar	git**miyor**	git**miyor mu**? *oder:*
–	git**miyor**lar	git**miyor**lar **mı**?

4. Zwischen der bejahten und der verneinten Form gibt es oft nur einen sehr geringen Unterschied, wenn man sie geschrieben sieht, z. B. **geliyor** *er kommt,* und **gelmiyor**, *er kommt nicht.* Der Unterschied ist viel deutlicher, wenn die beiden Wörter mit dem richtigen Akzent gesprochen werden: geliyor – gelmiyor.

5D Übungen

1. Aktualisieren Sie Ihre Verbliste und sprechen Sie jeden Infinitiv einmal in der bejahten und einmal in der verneinten Form aus. Sprechen Sie die jeweils betonte Silbe überlaut, zum Beispiel:

isteMEK – isTEmemek

2. *Bilden Sie den Imperativ 2. Person Singular. Achten Sie darauf, daß der Akzent nicht auf der Silbe* **-me** *oder* **-ma** *liegt, sondern davor.*

(gelmek) (bakmak)
Gelme! Bakma!

a) görüşmek b) telefon etmek c) beklemek d) gezmek e) kalmak f) istemek g) yapmak h) içmek i) bilmek j) öğrenmek k) anlamak l) yaşamak m) oturmak n) okumak o) çalışmak

[DE] kalmak *bleiben; oder: (vorübergehend) wohnen*
[DE] oturmak *sitzen; oder: (ständig) wohnen*
beklemek *warten*

zaten *ohnehin*

3. *Antworten Sie auf die Befehlsformen in der obigen Übung (mit Partner):*

(Gelme!)
Ben de zaten gelmiyorum.
Ich komme ohnehin nicht.

4. *Erweitern Sie das obige Gespräch. Fragen Sie:*

(Ben de zaten gelmiyorum.)
Gelmiyor musun?
Kommst du nicht?
Niçin gelmiyorsun?
Warum kommst du nicht?

Trabzon – Dorfszene auf dem Weg nach Artvin

5. *Sie wissen, Sie verstehen, Sie möchten wissen ... – oder auch nicht:*

(Wolfgang, nerede, çalışmak – bilmemek)
Wolfgang nerede çalışıyor, bilmiyorum.

a) Wolfgang, nerede, spor yapmak – bilmek b) Ayşe, nerede, oturmak – öğrenmek istemek c) Bahar, niçin, çalışmak – anlamamak d) Sen, niçin, çalışmamak – anlamamak e) Siz, niçin, Türkçe öğrenmek – anlamak f) Annem-babam, nasıl – bilmek istemek g) Biz, ne, içmek – daha bilmemek h) Sen, ne, demek istemek – anlamak istemek

6. *Fassen Sie zusammen, was Ayşe alles will. Bilden Sie dann Sätze, mit denen Sie Ihre eigenen Wünsche und Pläne formulieren.*

Muayenehane asistanı olmak istiyorum. Para kazanmak istiyorum. ...
Şimdi okumak istemiyorum. Trabzon'da yaşamak istemiyorum. ...

5E Erweiterung

1. Sie haben schon einige Möglichkeiten kennengelernt, Sätze zu verbinden:

Pastane değil, postane.	*Keine Konditorei, sondern ein Postamt. [2A]*
Lokantada mı, yoksa büfede mi yiyelim?	*Wollen wir im Lokal oder in der Imbißbude essen? [2D]*
Kaşar mı, beyaz mı olsun?	*Soll es Kaşar- oder Weißkäse sein? [3A]*

Außerdem kennen Sie das Wort **ama**, das an den vorangegangenen Satz anschließt:

Hayır, burada (postane) yok. Ama köşede kutu var.	*Nein, hier ist keine Post. Aber an der Ecke gibt es einen Briefkasten. [2A]*

Aus den beiden letzten Einzelsätzen können wir eine Satzverbindung machen:

Hayır, burada postane yok, ama köşede kutu var.

2. All diesen Doppelsätzen gemeinsam ist die steigende Intonation an der Stelle, wo der erste Satz zu Ende geht: auf der letzten Silbe vor dem Komma. Im Deutschen wird ja auch an dieser Stelle der Ton angehoben, zum Beispiel *im Lokal oder in der Imbißbude ...* . Anders im Türkischen ist, daß die Konjunktion an dieser Stelle fehlen kann. So hat manche Konjunktion wie *sondern* keine türkische Entsprechung:

Bu pastane değil, postane.	*Dies ist keine Konditorei, sondern ein Postamt.*
Burada büfe yok, muhallebici var.	*Hier gibt es keinen Imbißstand, sondern einen Pudding-Shop.*
Ben İstanbul'da çalışmıyorum, geziyorum. *(oder kürzer:)*	
Ben İstanbul'da çalışmıyor, geziyorum.	*Ich arbeite in Istanbul nicht, sondern ich mache eine Reise / ich besichtige es.*

3. Für die Konjunktion *oder* wird nur manchmal **yoksa** verwendet, etwa wie *oder aber.* (**Yoksa** kann auch *sonst* bedeuten.)

Lokantada mı, büfede mi yiyelim?	*Sie können auch sagen:* Lokantada mı yiyelim, büfede mi?
Lokantada mı, **yoksa** büfede mi yiyelim?	*oder:* Lokantada mı yiyelim, **yoksa** büfede mi?

4. Wenn Sie nun *weder* im Lokal *noch* im Stehen etwas essen möchten, sagen Sie:

Bugün **ne** lokantada, **ne** büfede yiyelim!	*Laß(t) uns heute weder im Lokal noch am Imbißstand essen!*

(Beachten Sie weiterhin den steigenden Ton vor dem Komma.)

5. Angenommen, Sie haben dafür gleich zwei Vorschläge zu machen:

   Ya parkta, **ya** muhallebicide yiyelim. — *Laß(t) uns entweder im Park oder im Pudding-Shop essen!*

6. Aber es fällt Ihnen noch etwas ein: *Am besten ist es ...* Die Formel **en iyisi** können Sie immer Ihrem besten Vorschlag vorausschicken:

   En iyisi, eve gidelim! — *Am besten ist es, (wenn) wir nach Hause gehen.*

   Statt **en iyisi** können Sie hier auch Ausdrücke wie **bence, istersen ...** verwenden.

7. Die Entsprechung der deutschen Konjunktion *und* besteht oft nur darin, daß der Ton höher wird, z. B. unten auf der Silbe **-lim**. Damit vermitteln Sie jedesmal, daß der Satz an dieser Stelle nicht aufhört (fallender Ton), sondern weitergeht:

   Eve gidelim, balkonda yiyelim! — *Laß(t) uns nach Hause gehen und auf dem Balkon essen!*

   Oft steht hinter der hochtonigen Silbe noch das Bindeglied **+_DE**:

   Eve gidelim **de** balkonda yiyelim!

8. Sie haben sogar zwei Gründe für Ihre Vorschläge:

   Balkon **hem** güzel, **hem** rahat. — *Der Balkon ist (=auf dem Balkon ist es) sowohl schön als auch bequem.*

5F Weitere Übungen

1. *Ihrem Gegenüber ist eine Verwechslung unterlaufen, und Sie bemühen sich, es richtigzustellen. Beim Üben sollten Sie die Intonation ruhig etwas übertreiben:*

   (ben, Wolfgang, Klaus)
   Ben Wolfgang deĞİL, Klaus'um
   (biz, çalışmak, okumak)
   Biz çalışmıyoRUZ, okuyoruz. *oder:* Biz çalışmıYOR, okuyoruz.

   a) ben, Avusturyalı, Alman b) ben, Linz'te, Kiel'de oturmak c) ben, İstanbul'da, çalışmak, gezmek d) ben, Türkçe bilmek, öğrenmek e) ben, staj, spor yapmak f) biz, kahve, çay istemek g) biz, bira, ayran içmek h) biz, otobüs beklemek, dinlenmek

2. *Stellen Sie Fragen, für die Sie im Deutschen ein* oder *gebrauchen.*

(okumak, çalışmak)
Sen okuyor musun, çalışıyor musun?
(staj yapmak, Türkçe öğrenmek)
Sen staj mı yapıyorsun, Türkçe mi öğreniyorsun?

a) oturmak, gezmek b) spor yapmak, çalışmak c) telefon etmek, gazete okumak d) kahve istemek, çay istemek e) beklemek, gitmek f) bilmek, öğrenmek g) gelmek, gitmek h) ayran içmek, meyva suyu içmek

3. *Was möchte Ayşe nicht ... sondern / weder ... noch / sowohl ... als auch?*

(çalışmak, okumak)
Ayşe hem çalışmak, hem okumak istiyor.

a) Trabzon'da yaşamak, Hamburg'ta yaşamak b) Buxtehude'de oturmak, şimdi üniversiteye gitmek c) meslek öğrenmek, bağımsız olmak d) arkadaşlarla oturmak, kendi evini kurmak e) okumak, para kazanmak f) Buxtehude'de oturmak, hemen evlenmek

4. *Und wie haben Sie Ihre Entscheidungen getroffen? Bilden Sie Sätze über sich selbst. Beispiel:*

Ben de hem okumak, hem çalışmak istiyorum.
Ben kendi evimi kurmak değil, eczacı olmak istiyorum.
Ben de hemen ne evlenmek, ne üniversiteye gitmek istiyorum.

5G Text

Doğru Sorun'un Altını Çizin

Olmak ya da olmamak
Bilmek ya da bilmemek
Sevmek ya da sevmemek
Anlamak ya da anlamamak
Gülmek ya da gülmemek
Ölmek ya da ölmemek
Alışmak ya da alışmamak

doğru *richtig*
sorun'un altını çizin *unterstreichen Sie das Problem*
ya da *oder*
bilmek *wissen*
sevmek *lieben*
gülmek *lachen*
ölmek *sterben*
alışmak *sich gewöhnen*

6A/6B

6A Text

Wolfgang und Emine treffen sich am Schiffsanleger in Beşiktaş, unterhalten sich ein wenig und brechen dann zu einem Spaziergang auf.

Biraz yürüyelim mi?

E: Demek İstanbul'dasın, ha?
W: Evet, burada staj yapıyorum. İşyerim Taksim'de.
E: Nasıl gelip gidiyorsun?
W: Otelden Üsküdar'a yürüyorum. Oradan vapurla Beşiktaş'a geçiyorum. Beşiktaş'tan da dolmuşla Taksim'e çıkıyorum.
E: Otelde kalmak çok pahalı değil mi?
W: Hem de nasıl! Onun için, ev arıyorum. Haberin olsun!
E: Tamam, etrafa bir sorayım. Sonra?
W: Acele etme, anlatırım. Ama istersen şimdi biraz yürüyelim, olur mu?
E: Aa, tabii. Nereye gidelim?
W: Boğaz'a gidelim mi?
E: Gidelim ya! Şu otobüse binelim, Arnavutköy'e kadar gidelim, sonra da Emirgan'a kadar yürüyelim.
W: Orada çay içer miyiz?
E: İstersen nargile bile içeriz!

staj *Praktikum*
işyeri *Arbeitsstelle*
[DEn, E] gelip gitmek *hin- und herfahren*
vapur *Dampfer*
[DEn, E] geçmek *übersetzen, hinüberfahren*
dolmuş *Sammeltaxi*
pahalı *teuer*
hem de nasıl! *und wie!*
onun için *deshalb*
aramak *suchen*
haberin olsun *damit du es weißt*
[E] sormak *fragen*
etrafa sormak *herumfragen, sich umhören*
etraf *Umgebung; Bekanntenkreis*
acele etme! *nur keine Eile!*
anlatırım *ich werde es schon erzählen*
[DEn, E] yürümek *zu Fuß gehen*
[DEn, E] gitmek *gehen, fahren*
Boğaz(içi) *Bosporus*
otobüs *Omnibus*
[E] kadar *bis*
içer miyiz? *würden wir trinken?*
içeriz *wir würden trinken/rauchen*
nargile *Wasserpfeife*
[-] bile *sogar*

6B Sprachgebrauch – Landeskunde

1. Im Türkischen gibt es nur ein Verb für *gehen*, *fahren* und *fliegen*. Wenn es auf die genaue Art der Fortbewegung ankommt, wird dem Verb **gitmek** ein präzisierendes Wort vorangestellt:

gehen: *(= zu Fuß)*	yürüyerek gitmek, yaya gitmek
fahren: *(= mit dem Fahrrad, Dampfer, Bus...)*	bisikletle, vapurla, otobüsle ... gitmek
fliegen: *(= mit dem Flugzeug)*	uçakla gitmek

2. Die Formen **anlatırım**, **içer miyiz** und **içeriz** müssen Sie zunächst einmal als Vokabeln lernen. Es handelt sich dabei um eine Verbform, die ein mögliches Geschehen in der Zukunft ausdrückt. So waren auch die Bitten Wolfgangs an den Kellner formuliert: »Bak**ar** mısınız?« »Bir daha söyl**er** misiniz« [4A].

3. Hier sind einige sehr gebräuchliche Ausdrücke in dieser Form aufgeführt. Entdekken Sie weitere, indem Sie sich von Ihrem frischgewonnenen Türkischgefühl leiten lassen. Wie es mit diesen Bildungen genau geht, erfahren Sie später.

Çay ist**er** misin(iz)?	*Möchtest du/Möchten Sie Tee?*
Bekl**er**im.	*Komm(t)/Kommen Sie vorbei! »Ich erwarte dich/euch/Sie.«*
Ne yap**ar**sın?	*Was willst du da schon machen?*
Ben sana telefon ed**er**im.	*Ich ruf' dich an.*
Benimle evlen**ir** misin?	*Willst du mich heiraten?*

6C Grammatik

1. »Görüşelim mi?« »Görüşelim!« Das sind die typischen Formen, etwas vorzuschlagen und Vorschläge zu erwidern: *Wollen wir ...?* und *Laß(t) uns ...!*

   Diese Form, der Optativ, wird heute nur noch in der 1. Person Singular und Plural verwendet.

	OPTATIV *Aufforderung*	*Frage*
(ben)	-(y)Eyİm	-(y)Eyİm mİ
(biz)	-(y)Elİm	-(y)Elİm mİ
(ben)	iç**eyim**	iç**eyim mi**?
(biz)	iç**elim**	iç**elim mi**?

Çay iç**elim**! — *Laß(t) uns Tee trinken!*
Biraz yürü**yelim**! — *Laufen wir ein bißchen!*
Burada kal**alım** mı? — *Wollen wir hier bleiben?*

2. In der 1. Person Singular ist der Optativ die Erklärung einer Absicht:

   Sorayım.
   Ich will mich mal umhören.
   Hemen telefon edeyim!
   Ich rufe gleich an!
   Ben bir çay yapayım!
   Ich mache mal einen Tee!
   Biraz okuyayım!
   Ich will mal was lesen!

   In der Frageform entspricht es meist dem Deutschen *sollen*:

   Sorayım mı?
   Soll ich mich umhören?
   Nereye geleyim?
   Wo soll ich hinkommen?

Der Schiffsanleger von Kadıköy

3. Die beiden einsilbigen Stämme haben auch im Optativ ein **i** statt ein **e** [4C5]:

d**e**mek	*sagen*	→ d**i**yelim
y**e**mek	*essen*	→ y**i**yeyim

Wie beim yor-Präsens wird bei zwei Verbstämmen das **t** zu **d** erweicht [4C6]:

e**t**mek	*tun (Funktionsverb)*	→ telefon e**d**elim
gi**t**mek	*gehen*	→ gi**d**eyim

4. Der Ablativ (»Abwendungsfall«) antwortet auf die Fragen **nereden?** *woher?, von wo aus?*, **kimden?** *von wem?* und **neden?** *woraus?*. Vor allem wird der Ablativ in Verbindung mit den Verben verwendet, die eine Bewegung ausdrücken (gehen, kommen, fallen, nehmen ...).

ABLATIV
+DEn
ev**den**, otobüs**ten**
lokanta**dan**,
İstanbul'**dan**

5. Das Gegenstück zum Ablativ bildet der Dativ, der auf die Fragen **nereye?** *wohin?*, **kime?** *zu wem?* und **neye?** *wozu?* antwortet. Neben den Verben der Bewegung sind es die Verben des Sagens, die diesen Fall am häufigsten verlangen (erzählen, erklären, fragen ...).

DATIV
+(y)E
otobüs**e**, Türkiye'**ye**
Wolfgang'**a**, lokanta**ya**

Fischerdorf am Bosporus

6D Übungen

1. *Bu akşam ne yapalım?*

   (müzik dinlemek)
   Müzik dinleyelim!

   a) film seyretmek b) pingpong oynamak c) Türkçe çalışmak d) çay içmek e) dinlenmek f) dans etmek g) birkaç arkadaş çağırmak h) erken yatmak i) yemek pişirmek ...

   Schlagen Sie mit Hilfe eines Wörterbuchs oder einer Verbliste vor, was Sie heute Abend machen möchten.

2. *Kurze Begegnung auf der Straße. Fragen Sie und antworten Sie im Vorübergehen:*

   A: Nereden böyle?
   B: Postaneden.
   A: Peki, şimdi nereye?
   B: Muhallebiciye.

   Verwenden Sie Wörter aus der Vokabelspalte wie yemek, tiyatro *usw.*

3. *Lassen Sie Ihren Partner entscheiden, ob er mit Ihnen ins Kino oder ins Konzert gehen will:*

   Sinemaya mı gidelim, konsere mi?

   Verwenden Sie auch Namen von Stadtteilen, Eigennamen und Personalpronomina.

4. *Lassen Sie Ihren Partner entscheiden, was er mit Ihnen unternehmen will:*

   Sinemaya mı gidelim, evde mi oturalım?

5. *Beschreiben Sie Ihren täglichen Weg, wenn Sie von der Wohnung zur Arbeit, zur Schule usw. gehen oder fahren. Beispiel:*

   Ben evden saat onda çıkıyorum. Südostbahnhof'a kadar yürüyorum. Oradan banliyöye biniyorum. Hauptbahnhof'ta trenden tramvaya aktarma ediyorum. Gänsemarkt'ta iniyor, büroya beş dakika yürüyorum.

dinlemek *hören*
film *Film*
seyretmek *ansehen*
dinlenmek *sich ausruhen*
dans etmek *tanzen*
çağırmak *einladen*
erken *früh*
yatmak *zu Bett gehen*
yemek *Essen, Gericht*
pişirmek *kochen*
tiyatro *Theater*
kurs *Kurs*
kahve(hane) *Café*
sinema *Kino*
konser *Konzert*
okul *Schule*
piknik *Picknick*
gezme *Spaziergang*
kitaplık *Bücherei*
televizyon seyretmek *fernsehen*
alışveriş yapmak *einkaufen*
müze *Museum*
gezmek *besichtigen*
[DEn, E] binmek *einsteigen*
taksi tutmak *ein Taxi nehmen*
yürüyerek *zu Fuß*
yemeğe gitmek *essen gehen*
[DEn] çıkmak *hinausgehen [aus]*
[DEn] inmek *aussteigen*
[DEn, E] aktarma etmek *umsteigen*
bisiklet *Fahrrad*
metro *Untergrundbahn*
banliyö (treni) *Nahverkehrszug, S-Bahn*
tramvay *Straßenbahn*
durak *Haltestelle*
uçakla *mit dem Flugzeug*
vapurla *mit dem Dampfer*
sadece *nur*
otobüsle *mit dem Bus*
[-] üzerinden *über, via*
[DEn, E] dönmek *zurückkehren*

6. *Sie haben eine Reise in die Türkei gebucht und schildern die Route (*+DE, +E *oder* +DEn *sind einzusetzen):*

Önce uçakla İstanbul'________ gidiyoruz. İstanbul'________ iki hafta kalıyoruz. Sonra ora______ vapurla Bandırma'________ geçiyoruz. Bandırma'________ trenle İzmir'________ gidiyoruz. İzmir'________ sadece bir gece kalıyoruz, ertesi gün otobüsle Efes, Didim, Gökova üzerinden Bodrum'________ gidiyoruz. Bodrum'________ iki hafta Türkçe kursu var. Sonra Dalaman'________ uçakla Almanya'________ dönüyoruz.

Uhr am Bahnhof von Haydarpaşa

6E Erweiterung

1. Die Zahlen

0	sıfır				
1	bir	10	on	100	yüz
2	iki	20	yirmi	200	iki yüz
3	üç	30	otuz	1.000	bin
4	dört	40	kırk	3.000	üç bin
5	beş	50	elli	10.000	on bin
6	altı	60	altmış	40.000	kırk bin
7	yedi	70	yetmiş	100.000	yüz bin
8	sekiz	80	seksen		
9	dokuz	90	doksan		

0,1	sıfır virgül bir	1.000.000	bir milyon
3/4	üç bölü dört	1.000.000.000	bir milyar

2. Beispiele für Kombinationen:

11	on bir	43	kırk üç
123	yüz yirmi üç	257	ikiyüz elli yedi
1994	bin dokuzyüz doksan dört *(auch als Jahreszahl)*	2687	ikibin altıyüz seksen yedi

3. Beim Datum werden nicht die Ordnungs-, sondern die Grundzahlen verwendet. Beachten Sie die steigende Intonation und die Pause zwischen Tag, Monat und Jahr:

22/12/1994 [yirmi‿iki ↗ / on‿iki ↗ / bin‿dokuzyüz‿doksandört]

4. Die offiziellen Uhrzeiten werden mit einer Pause zwischen Stunde und Minuten gesprochen:

saat kaç?	*wieviel Uhr ist es?*
saat 14.25 (on‿dört/yirmi‿beş)	*es ist 14.25*
saat kaçta?	*um wieviel Uhr?*
saat 14.25'te (on‿dört/yirmi‿beşte)	*um 14.25 Uhr.*

6F Weitere Übungen

1. *Gehen Sie Ihre Verbliste durch und bilden Sie die Formen für Imperativ 2. Person Singular und Optativ 1. Person Plural:*

(gitmek)
– Haydi, sen şimdi git!
– Gel, beraber gidelim!

2. *Machen Sie Vorschläge! Sie selbst möchten:*

(Musik hören)
Ne dersiniz, müzik dinleyelim mi?

a) einen Film sehen b) Pingpong spielen c) Türkisch lernen (= çalışmak!) d) Tee trinken e) sich ausruhen f) tanzen g) einige Freunde einladen h) Ayşe anrufen i) Essen kochen j) picknicken

3. *Sie möchten es schon, aber mit Bedingungen – wiederholen Sie die Vorschläge aus der Übung 2 und erwidern Sie sie mit folgenden Ergänzungen:*

(Ne dersiniz, müzik dinleyelim mi? – diskoteğe gitmemek)
Dinleyelim, ama diskoteğe gitmeyelim!

zu a) yakındaki bir sinemaya gitmek b) çok hızlı oynamamak c) önce bir film seyretmek d) önce çay pişirmek e) uyumamak f) sonra hemen çıkmak g) kimi çağırmak h) çok konuşmamak i) salata da yapmak j) saat 7'de dönmek

4. *»Wollen wir nicht zuerst...« – Antworten Sie auf die gleichen Fragen jeweils mit einer verneinten Frage:*

(Ne dersiniz, müzik dinleyelim mi?)
Dinleyelim, ama önce film seyretmeyelim mi?

5. *Setzen Sie das heutige Datum in Worten ein und sprechen Sie es:*

Bugün ...., ..., ...

6. *Setzen Sie Ihr Geburtsdatum ein und sprechen Sie es:*

Ben ...., ..., ...'DE doğdum.

Rumeli Hisarı

7A

7A Text

Wenn es darum geht, Vorschläge zu machen und darauf zu antworten, werden neben den Wunschformen [Optativ, 6C] die Befehlsformen (Imperativ) nützlich sein:

Başka eksik var mı?

A: Piknik yapalım mı?
B: Yapalım ya! Wolfgang da gelsin mi?
A: İyi olur, gelsin! Ben telefon edeyim.
B: Söyle, biraz ekmek getirsin.
A: Tamam, sen de bakkaldan içecek al!
B: Bence, hiç şişe taşımayalım. Orada çay yaparız.
A: Doğru! O zaman unutmayalım, ocak filan götürelim!
B: Biraz beyaz peynir de alayım mı?
A: Evet! Evde domates var mı?
B: Yok. Domates de alalım!

[DEn, E] getirmek *mitbringen, holen*
bakkal *Lebensmittelladen, Krämer*
içecek *Getränk*
[I, DEn] almak *kaufen*
hiç *überhaupt*
taşımak *tragen, schleppen*
unutmak *vergessen*
ocak *Kocher, Herd*
[DEn, E] götürmek *hin-, wegbringen*
domates *Tomate*

A: Dur, bir bakalım, başka eksik var mı?
B: Evde hiç meyva yok, ama yollarda kavun, karpuz satıyorlar.
A: Bugün çok pratiksin. O zaman hazırız, demektir!
B: İyi! Saat 11'den önce yola çıkalım!

bir *einmal*
başka *ander-, sonst*
eksik *etwas Fehlendes*
kavun *Honigmelone*
karpuz *Wassermelone*
yol *Strecke, Weg, Straße*
satmak *verkaufen*
pratik *praktisch*
demektir *das bedeutet*
[DEn] önce *vor (zeitlich)*

Ali telefoniert jetzt mit Wolfgang, der den Vorschlag mit Begeisterung annimmt:

W: Alo, buyurun?
A: Ben Ali, Wolfgang!
W: Selam! Ne var, ne yok?
A: Biz bugün pikniğe gidiyoruz. Sen de gelir misin?
W: Aa, tabii, çok güzel olur. Sağ olun. Nereye gidiyorsunuz?
A: Sürpriz!
W: Ben ne getireyim?
A: Yalnız ekmek getir! Ama istersen, börek çörek gibi bir şey de getir, olmaz mı?

ne var, ne yok? *was gibt's Neues?*
gelir misin? *würdest du mitkommen?*
sürpriz *Überraschung*
ama *aber*
börek *Teigtasche, Pastete*
çörek *eine Art salziges Gebäck*
olmaz mı? *»geht es nicht?«; in Ordnung?*

7B Sprachgebrauch – Landeskunde

1. Beim Optativ sind die Konjugationsformen für die 2. und die 3. Person ungebräuchlich geworden, und der Imperativ hat keine 1. Person. So ergänzen sich diese beiden Reihen gegenseitig, zumal beide mit dem Vorschlagen zu tun haben:

Ben telefon edeyim, sen içecek al, Wolfgang ekmek getirsin!	*Ich will telefonieren, kauf du Getränke, und Wolfgang soll Brot mitbringen!*

2. Wer fährt ins Grüne? Ali und Bahar. Häufiger als das arabische Lehnwort **ve** findet sich in der Umgangssprache für *und* die Form: Ali **ile** Bahar, meist als Suffixform +(y)lE: **Ali'yle Bahar**. Das eingeklammerte **y** tritt als Nachklang des **i** der Wortform

nach Vokalen auf. Umgekehrt heißt es nämlich: **Bahar'la Ali**. Beachten Sie, daß dieses Wort bzw. Suffix nur dann *und* bedeutet, wenn es zwischen zwei Substantiven steht. Adjektive können also nicht durch +(y)lE verbunden werden!

Otel **güzel ve iyi**. / Otel **güzel, iyi**.	*Das Hotel ist schön und gut. [vgl. 5E]*
İyi güzel, ama niçin telefon etmiyorsun?	*Das ist schön und gut, aber warum rufst du nicht an?* (»iyi güzel« *ist eine Redewendung)*

3. Steht **ile** bzw. **+(y)lE** nicht zwischen zwei Substantiven, sondern ist es einem Substantiv nachgestellt, bedeutet es *mit*:

   – Bahar'la Ali bugün pikniğe gidiyorlar.
   – Yalnız mı gidiyorlar?
   – Hayır, Wolfgang'**la** (gidiyorlar).

7C Grammatik

1. Die Befehlsform für die 2. Person Singular ist der Verbstamm selbst [4C2]: (sen) gel, yap, söyle, telefon et, getir, al!

   Die Verneinung wird mit **-mE** gebildet [5C2]: (sen) gel**me**, yap**ma**, telefon et**me**

   Für *sein* wird das Verb **olmak** verwendet:

Saat beşte hazır ol!	*Sei um fünf Uhr bereit!*
Yarın burada ol!	*Sei morgen hier!*
Çabuk ol!	*Mach schnell! »Sei schnell!«*

   Zu beachten ist, daß **olmak** auch *werden* bedeutet:

Hasta olma!	*Sei nicht krank! / Werde nicht krank!*

2. Die 2. Person Plural ist gleichzeitig die Höflichkeitsform: (siz) gelin, yapmayın, söyleyin, telefon edin, telefon etmeyin!

   Gelin! bedeutet also *Kommt!* und *Kommen Sie!* zugleich. Es gibt eine weitere, allerdings eher schriftsprachliche Endung nur für die Höflichkeitsform:

Çimenlere basma**yınız**!	*Bitte den Rasen nicht betreten!*
Şoförle konuşma**yınız**!	*Bitte mit dem Fahrer nicht sprechen!*
Buradan aç**ınız**!	*Bitte hier öffnen!*

3. Es gibt auch eine Befehlsform für die 3. Person Singular und Plural. Im Deutschen werden diese Imperative mit dem Modalverb *sollen* gebildet: (o) gel**sin**, yap**sın**, getirme**sin**, söyle**sin** ... *er/sie soll kommen, machen, nicht mitbringen*, ... oder: *laß(t) ihn/sie kommen, machen, nicht mitbringen* ...

   Die 3. Person Plural hat – wie beim Präsens – zwei Formen, je nachdem, ob im Satz ein Subjekt ausdrücklich erwähnt wird: onlar gel**sin**, telefon et**sin** ... oder: gel**sinler**, telefon et**sinler**

4. Mit dem Imperativ 3. Person Singular und Plural können Frageformen gebildet werden:

   Gelsin mi? *Soll er/sie kommen? Darf er/sie kommen?*
   Yapmasın mı? *Soll er/sie (das) nicht machen? Darf er/sie (das) nicht machen?*

	IMPERATIV *Aufforderung*	*Frage*
(sen)	gel	–
(o)	gelsin	gelsin mi
(siz)	gelin/geliniz	–
onlar	gelsin	gelsin mi
–	gelsinler	gelsinler mi

5. Der Optativ/Imperativ bringt in Verbindung mit **diye** eine Begründung zum Ausdruck, und entspricht in dieser (ausgesprochenen umgangssprachlichen) Verwendung deutschen *damit-* oder *um-zu-Sätzen*.

Necati'ye hemen, gelsin diye telefon ediyoruz.	*Wir rufen gleich Necati an, damit er kommt.*
Müzeyi görelim diye Ankara'ya gidiyoruz.	*Wir fahren nach Ankara, um das Museum zu besichtigen.*

   Steht **diye** nicht hinter einem Verb, sondern hinter einem Substantiv, bedeutet es einfach ... *genannt, namens* ... :

Telefonda Müller diye bir adam seni soruyor.	*Am Telefon fragt ein Mann namens Müller nach dir.*

7D Übungen

1. *Sie schreiben Ihrem türkischen Bekannten einen kleinen Zettel – »Bitte ...«:*

   (ruf mich an!)
   Lütfen bana telefon et!

   a) komm ins Hotel! b) kauf ein! c) nimm ein Taxi! d) geh in die Stadt! e) such dort ein

   şehir *Stadt*
   aramak *suchen*

Hotel! f) steig in den nächsten Bus ein! g) kauf Karten! h) bring Brot mit! i) warte im Restaurant! j) geh schon mal voraus! k) sei vorsichtig! l) grüß Ali von mir!

ilk *nächst-*
kart(postal) *(Post)Karte*
önden yürümek *(schon mal) vorausgehen*
dikkatli *vorsichtig*

2. *Beim Telefongespräch in Text 7A stellt sich heraus, daß Emine bei Wolfgang ist und auch mitkommen möchte. Ali erklärt nun den beiden den Weg zum Treffpunkt:*

(Üsküdar'a gelmek)
Üsküdar'a gelin!

a) vapura binmek b) Beşiktaş'a geçmek c) durağa gitmek d) Bebek otobüsüne binmek e) Bebek'te inmek f) 100 metre yürümek g) sola sapmak h) köşedeki kahveye oturmak i) orada beklemek

Bebek otobüsü *Bus nach Bebek*
metre *Meter*
sola *nach links*
sapmak *abbiegen*

3. *Sie lassen Ihrem türkischen Bekannten ausrichten, er solle ... Verwenden Sie die Befehlsformen aus Übung 1 in der 3. Person:*

(ruf mich an)
Bana telefon etsin!

4. *Sie lassen weiter ausrichten, Ihr türkischer Bekannter solle bloß ... !*

(sich nicht verspäten)
Sakın gecikmesin!

a) keine Souvenirs kaufen b) nicht so viel trinken c) nicht rauchen d) im Bus nichts (= nicht etwas) vergessen e) sich keine Sorgen machen f) nicht vor 11 Uhr kommen g) kein anderes Hotel suchen h) sich nicht stören lassen i) nicht schnell laufen j) nicht früh schlafen gehen

[E] gecikmek *sich verspäten, zu spät kommen*
hediyelik eşya *Geschenkartikel, Souvenirs*
o kadar çok *so viel*
[sigara] içmek *[Zigaretten] rauchen*
rahatsız olmak *sich stören lassen*
o kadar hızlı *so schnell*

5. *Derjenige, der das alles ausrichten soll, fragt zurück, ob er richtig verstanden hat: »So? Soll er nicht ...?« Nehmen Sie die Sätze aus Übung 4:*

(Sakın gecikmesin!)
Öyle mi, gecikmesin mi?

7E Erweiterung

Sie haben die Übung 7D2 gemacht und Ihre Sätze mit denen im Lösungsschlüssel verglichen. Der folgende Text gibt diesen Teil des Telefongesprächs so wieder, daß die einzelnen Schritte der Wegbeschreibung nicht als losgelöste Sätze im Raum stehen, sondern mit »und« zu Satzreihen verbunden sind. Achten Sie auf die Endungen ***-ıp****,* ***-ip****,* ***-üp*** *und* ***-up****. Ali spricht mit Emine:*

Çay içip bekleyin!

A: Emine, selam! Sen de oradasın demek; ne iyi! Haydi, beraber gelin pikniğe!

E: Selam, Ali! Tamam, geliyorum. Nerede buluşuyoruz?

A: Bak, siz şimdi Harem'desiniz, değil mi? Otelden çıkıp bir taksiye binin. Üsküdar'a gelip, vapura binip Beşiktaş'a geçin. Boğaz otobüsüne atlayıp Bebek'te inin. Yüz metre kadar yürüyüp sola sapın. Köşede bir kahve var. Orada oturup bizi bekleyin.

E: Ali, Ali! Ne kadar dalgınsın! Ben Emine'yim, Wolfgang değil. Kısaca, "Manolyalı Kahve'ye gelin!" desene!

A: Sahi! Doğru! Evet, Manolyalı Kahve'de buluşalım, bir saat sonra. Tamam mı?

E: Oldu. Eyvallah!

A: Görüşmek üzere!

selam! *hallo!*
[1E] buluşmak *sich treffen*
[E] atlamak (*salopp für* binmek) *springen*
Boğaz otobüsü *Bus zum Bosporus*
[-] kadar *etwa, ungefähr*
ne kadar *wie sehr*
dalgın *zerstreut*
kısaca *kurz (und bündig)*
Manolyalı Kahve *Café Magnolie*
desene! *sag doch gleich!*
sahi! *tatsächlich!*
eyvallah! *tschüs!*

7E

1. Für *und* kamen bisher folgende Entsprechungen vor:

Ya sen nasılsın?	→ *Nur am Beginn eines Fragesatzes* [1A]
Eve gidelim, balkonda yiyelim!	→ *Durch Intonation* [5E]
Otel güzel, iyi.	→ *Durch Intonation* [5E, 7B]

Zwei parallele Sätze werden mit dem Suffix **-(y)İp** verbunden, das auf den Stamm des ersten Verbs folgt:

Eve gidelim, balkonda yiyelim!	→ Eve gid**ip** balkonda yiyelim!
Otelden çıkın! Bir taksiye binin!	→ Otelden çık**ıp** bir taksiye binin!

2. Sätze, die mit **-(y)İp** verbunden werden, haben dasselbe Subjekt:

KONVERB
-(y)İp

Siz taksiye binin! Siz Üsküdar'a gelin!
→ Siz taksiye binip Üsküdar'a gelin.

In beiden Sätzen stimmen außerdem Tempus und Modus (Imperativ, Optativ usw.) überein.

Vapura biniyorsunuz. Beşiktaş'a geçiyorsunuz. → Vapura binip Beşiktaş'a geçiyorsunuz.	*Ihr nehmt das Schiff und setzt nach Beşiktaş über.*

Diese Regeln für die Einheit des Subjekts und des Tempus gelten auch dann, wenn für *und* das Wort **ve** verwendet wird.

3. Das Suffix **-(y)İp** wird nur dann verwendet, wenn die beiden Handlungen unmittelbar aufeinander folgen:

Kahveye oturup bizi bekleyin!	*Setzt euch ins Café und wartet auf uns!*

oder parallel verlaufen:

Çay içip bizi bekleyin!	*Trinkt Tee und wartet auf uns!*

4. Reihungen von mehr als drei **-(y)İp** sind nicht üblich. Folgen mehrere Handlungen aufeinander, so werden sie meist in Zweiergruppen zusammengefaßt, die durch steigende Intonation miteinander verbunden sind:

Kahveye gelip oturun ↗, çay içip bizi bekleyin!

5. Nach dem Konverb auf **-(y)İp** wird kein Komma gesetzt, es sei denn, wir haben gleich zwei solche Formen:

Üsküdar'a gelip, vapura binip Beşiktaş'a geçin!	*Kommt nach Üsküdar, nehmt den Dampfer und fahrt nach Beşiktaş herüber!*

7F Weitere Übungen

1. *Schlagen Sie vor, was Sie morgen machen möchten. Wählen Sie aus den Tätigkeiten immer zwei oder drei, die zeitlich eng zusammenliegen, und verbinden Sie sie mit* -(y)İp*:*

   Erken kalkıp şehri gezelim! *oder:*
   Erken kalkıp, kahvaltı edip şehri gezelim!

   a) erken/geç kalkmak b) kahvaltı etmek c) otelden çıkmak d) otelde kalmak e) şehri gezmek f) dinlenmek g) müzeye gitmek h) mektup yazmak i) alışveriş yapmak j) televizyon seyretmek k) yemek pişirmek l) lokantaya gitmek

2. *Sagen Sie jetzt zuerst das, was Sie nicht wollen, in der Verneinung – und dann das, was Sie vorschlagen. Nehmen Sie die Vorgaben der letzten Übung:*

   Erken kalkmayıp dinlenelim!

3. *Sie wollen weder das eine noch das andere ... Sie verneinen das letzte Verb und damit auch alle* -(y)İp*-Formen:*

   Erken kalkıp kahvaltı etmeyelim! *oder:*
   Geç kalkıp, otelde kalıp televizyon seyretmeyelim!

7G Text 2

Sie werden der Befehlsform oft genug auf Hinweistafeln an öffentlichen Plätzen, auf Verpackungen oder Gebrauchsanleitungen begegnen. Wie die kleine Auswahl auf der nächsten Seite zeigt, wird bei solchen Anlässen die Variante auf ***-(y)İnİz*** *bevorzugt, weil die Form* ***-(y)İn*** *eher mündlich, d.h. vertraulich, wirkt. In Klammern sind Alternativformen angegeben, die ebenso häufig sind.*

7G

Lütfen ...

Çimenlere basmayınız

Sigara içmeyiniz
(Sigara içilmez)

Şoförle konuşmayınız
(Şoförle konuşmak yasaktır)

Sağa dönüşte yayaya yol ver

Ayakkabılarınızı çıkarın

Sıraya girin

Buradan açınız
(Buradan açılır)

Prospektüsü dikkatle okuyunuz

İlaçları çocuklardan uzak tutunuz

Tren istasyonda dururken apteshaneyi kullanmayınız

Çöp atmayın

Durunz (Dur/Stop)

Yüksek sesle konuşmayın

Ateşle yaklaşma
(Ateşle yaklaşmayınız)

Hayvanlara yem vermeyiniz

Ormanları koruyun

Girmeyiniz (Girilmez/Girilmemesi rica olunur)

çimen *Rasen(fläche)*
[ℓE] konuşmak *sprechen*
sağa dönüş *Rechtsabbiegen*
yaya *Fußgänger*
[E] yol vermek *vorlassen*
yasaktır *es ist verboten*
durmak *anhalten*
ateş *Feuer*
[E] yaklaşmak *sich nähern*
prospektüs *Beipackzettel*
dikkatle *aufmerksam (Adverb)*
ilaç *Medikament*
uzak *fern*
tutmak *halten*
tren *Zug*
dururken *während ... hält*
apteshane *Toilette*
çöp *Müll, Abfall*
yüksek sesle *laut (Adverb)*
çıkarmak *ausziehen*
sıraya girmek *sich anstellen*
sıra *Reihe, Warteschlange*
hayvan *Tier*
yem *Futter*
orman *Wald*
korumak *schützen*
[E] vermek *geben*
[E] girmek *eintreten*
rica olunur *es wird gebeten*

8A Text

*Wolfgang merkt, daß er ein paar Kleidungsstücke für den Sommer braucht, und betritt ein Bekleidungsgeschäft. (S = **satıcı**, Verkäufer/in)*

Ne arzu edersiniz?

S: Buyrun efendim, ne arzu edersiniz?
W: Kısa kollu bir gömlek istiyorum.
S: Spor gömleklerimiz burada. Yüzde yüz pamuklu. Hangi renkleri tercih edersiniz?
W: Açık bir renk olsun. Beyaz, gri, veya uçuk mavi olabilir.
S: Hayhay! Düz renk, çizgili, kareli, desenli çeşitlerimiz var. Bakın!

ne arzu edersiniz? *Sie wünschen?*
kısa kollu *kurzärmelig*
gömlek *Hemd*
istemek *wollen, mögen*
spor *sportlich*
yüzde yüz *hundert Prozent*
pamuklu *aus Baumwolle*
tercih edersiniz *Sie würden bevorzugen*
açık *hell (Farbe)*
beyaz *weiß*
gri *grau*
veya *oder*
uçuk *pastell*
mavi *blau*
olabilir *könnte sein*
hayhay! *sehr gern!*
düz renk *unifarben*
çizgili *liniert*
kareli *kariert*
desenli *gemustert*
çeşit *Sorte, Variante*

W: Şu toz pembe gömlek ne kadar?
S: Bütün gömlekler aynı fiyata: sadece dört yüz bin lira.
W: Bir de pantolon bakabilir miyim?
S: Başüstüne! Benimle alt kata gelin, lütfen! ... Blucinler şurda. Burada da çok güzel, hafif, yazlık pantolonlarımız var.
W: Şu yeşil pantolonu giyebilir miyim?
S: O pantolon 38 beden, size biraz küçük gelir. Şu 40 bedeni deneyin. Buyurun, kabin tam karşıda.
W: Teşekkür ederim.

tozpembe *hellrosa*
ne kadar? *für wieviel, wie teuer?*
bütün *alle*
aynı fiyata *zum selben Preis*
bir de *und, dazu noch*
pantolon *Hose*
bakabilir miyim? *darf ich sehen?*
başüstüne! *wie Sie wünschen!*
ben(im)le *mit mir*
alt kat *Untergeschoß*
hafif *leicht*
yazlık *(etwas) für den Sommer*
giyebilir miyim? *darf ich mir anziehen (=anprobieren)*
38 beden *Größe 38*
küçük gelir *wäre zu klein*
[İ] denemek *versuchen, probieren*
tam *genau*

8B Sprachgebrauch – Landeskunde

1. Das Einkaufen bietet eine recht überschaubare Situation, auf die Sie sich vorbereiten können. Es macht Ihnen Menschen zum Gesprächspartner, die Sie nicht kennen und vielleicht auch nie wieder sehen werden. Dies ist eine gute Gelegenheit, ein Stück »Lampenfieber« abzulegen.

Sie können mit folgenden Begrüßungsformeln beginnen:

Merhaba!	*Tag!*
Selam!	*Hallo (verkürzt aus* Selamünaleyküm*)*
Selamünaleyküm!	*Gott zum Gruß... Dies würde Sie als glaubensfesten Muslim ausweisen und bei Ihrem Gegenüber den Gegengruß hervorlocken:* Aleykümselam!
Kolay gelsin!	*Frohes Schaffen! – Wenn Sie jemanden bei einer Tätigkeit antreffen. Die Antwort lautet:* Sağ ol(un)! *oder* Hoş geldin!

2. Der Umgangston ist in der Regel sehr höflich. Sie werden angesprochen mit:

beyefendi, beyim	*mein Herr*
hanımefendi, bayan	*gnädige Frau*

Es kann aber auch vorkommen, daß man einen kollegialen Ton anschlägt und Sie als ältere (d.h. verehrungswürdigere) Schwester, als Onkel usw. anspricht:

abla	*(ältere) Schwester*
kardeş, kardeşim, birader	*Bruder*
ağabey, abi	*(älterer) Bruder*
teyze, yenge	*Tante*
amca	*Onkel*

Typische »Verkäuferanreden« (zum Beispiel auf den offenen Märkten) sind:

hanım abla — hanım teyze, hanım yenge — bey amca

3. Ausdrücke, mit denen man nach einer Ware fragt, kommen in den Texten 3A und 8A vor. Fragen Sie auch nach Alternativen:

Başka ... var mı?	*Haben Sie ein... ander... ...?*
Daha iyi (ucuz, sağlam, büyük, küçük ...) ... var mı?	*Haben Sie ein... besser... (billiger..., stabiler..., größer..., kleiner...) ...?*
Arada ne fark var?	*Was gibt es für einen Unterschied dazwischen?*

4. Gerade dort, wo viele Kunden sind, wird oft die Reihenfolge nicht beachtet. Sie können aber auf Vordrängler aufmerksam machen:

Sıraya girelim lütfen!	*Stellen wir uns bitte an!*
Sırada ben varım.	*Ich bin jetzt an der Reihe.*

5. Und zum Abschied:

iyi günler	*schönen Tag noch!*
Allaha ısmarladık	*auf Wiedersehen! Gott sei mit Ihnen! – Auf diese Abschiedsformel antwortet der, der bleibt, mit:*
güle güle	*»gehen Sie lachend!« (auf Wiedersehen!)*
eyvallah	*ist vertraulicher als »Tschüs«, ja geradezu salopp*

8C

8C Grammatik

1. Zahlreiche Verben werden mit einem Objekt im Akkusativ verwendet. Dieser ist jedoch identisch mit dem Nominativ, wenn der Gegenstand unbestimmt ist:

[İ] yapmak	*machen*
Hep beraber **bir şey** yapalım.	*Laßt uns zusammen etwas machen.*
Ne yapalım?	*Was wollen wir machen?*
Yürüyüş yapalım mı?	*Wollen wir (einen) Spaziergang machen?*

2. Wenn der Gegenstand bestimmt ist, wird ihm das Suffix **+(y)İ** angehängt:

   Yürüyüşü yarın yapalım. Şimdi **çayı** bitirelim, **Ali'yi** arayalım!
   Laß(t) uns den Spaziergang morgen machen. Laß(t) uns jetzt den Tee austrinken und Ali anrufen!

> AKKUSATIV
> +(y)İ
>
> gömleği, blucini, şoförü, köprüyü Carl'ı, satıcıyı, pantalonu, bunu

3. Bestimmt ist in der Regel:

   a) das, was kurz vorher erwähnt bzw. worauf gezeigt wurde, zum Beispiel:

Bir gömlek, bir de pantolon alalım.	*Laß(t) uns ein Hemd und eine Hose kaufen.*
Gömleği pazardan, **pantolonu** mağazadan alalım.	***Das** Hemd wollen wir auf dem Markt und **die** Hose im Geschäft kaufen.*

   b) das Substantiv mit einem Demonstrativpronomen davor:

Bu pantolonu alıyorum, **şu pantolonu** bırakıyorum.	*Ich nehme **die** Hose **hier**, und lasse **die** Hose **da** sein.*

   c) das, was relativ am Anfang eines Satzes (und nicht unmittelbar vor dem Verb) gesagt wird:

Türkçe'yi nerede öğreniyorsunuz? (= Nerede Türkçe öğreniyorsunuz?)	*Wo lernen Sie das Türkische? (= Wo lernen Sie Türkisch?)*

   d) Pronomina [siehe unten 4.]. Dazu gehören auch Wörter wie herkes**i** *jeden, alle,* hepsi**ni** *alles, ihrer alle,* biri(si)**ni** *eine, einen, eines; jemanden*:

Bugün pazarda **herkesi** görüyoruz.	*Heute sehen wir alle auf dem Markt.*
Hepsini yoldan alalım!	*Kaufen wir alles unterwegs!*
Burada çok güzel üç pantolon var, **biri(si)ni** alayım!	*Hier sind drei sehr schöne Hosen, ich will mal eine davon kaufen!*

e) Substantive mit Attributen:

Hangi renkleri tercih edersiniz?	*Welche Farben ziehen Sie vor?*
Yeşil pantolonu giyebilir miyim?	*Darf ich die grüne Hose anprobieren?*

f) Eigennamen:

Pikniğe **Fatma'yı** çağıralım mı?	*Wollen wir Fatma zum Picknick einladen?*

4. Das Personalpronomen **o** hat als Bindekonsonanten ein **n** (wie beim Dativ).

kim**i**?	*wen?*	→ ben**i**, sen**i**, o**nu** – biz**i**, siz**i**, onlar**ı**

Ebenso die Demonstrativpronomina [3E2]:

ne**yi**?	*was?*	→ bu**nu**, şu**nu**, o**nu**

Die drei »Lokalpronomina« [2E3–4] bilden dagegen regelmäßige Akkusativformen.

nere**yi**?	*welchen Ort?*	→ bura**yı**, şura**yı**, ora**yı**

Auch folgende Pronomina haben ein **n**:

hangisi?	*welche(r/s)?*	→ hangisi**ni**?
biri(si)	*eine(r/s); jemand*	→ biri(si)**ni**
hepsi	*all das, all die*	→ hepsi**ni**

8D Übungen

1. Wen kennst du hier? Beantworten Sie diese Frage mit folgenden Eigennamen!

Burada kimi tanıyorsun? (Ali)
Ali'yi tanıyorum.

a) Musa b) Cemile c) Orhan
d) Gönül e) Benno f) Aslı
g) Jörg h) Rosemarie i) Haldun
j) Kerstin k) herkes

8D

Auslage im Bücherbasar

2. *Warum kaufst du ... ? Sie müssen genau erklären, was Sie wofür kaufen!*

(şeker, çay)
A: Niçin şeker alıyorsun?
B: Şekeri çay için alıyorum.

a) soğan, salata b) beyaz peynir, börek c) zeytin, kahvaltı d) bayat ekmek, köfte e) patlıcan, dolma f) şeker, pasta g) maydanoz, sigara böreği pişirmek h) hazır dolma, piknik i) yoğurt, ayran yapmak j) bira, Wolfgang k) pirinç, pilav l) böbrek, kızartmak m) yumurta, haşlamak n) şarap, akşam yemeği

soğan *Zwiebel*
salata *Salat*
kahvaltı *Frühstück*
bayat *alt (Lebensmittel)*
köfte *Frikadelle*
patlıcan *Aubergine*
dolma *Gefülltes*
pasta *Torte, Kuchen*
maydanoz *Petersilie*
sigara böreği *»Zigarren«-Börek*
[İ] pişirmek *backen*
hazır *Fertig-*
yoğurt *Joghurt*
pirinç *Reis*
pilav *Reisgericht*
böbrek *Niere*
[İ] kızartmak *braten*
yumurta *Ei*
[İ] haşlamak *kochen, sieden*

3. *Sie sind in einer neuen Umgebung und erkundigen sich, wie man dort manches macht.*

(çay)
Siz burada çayı nasıl yapıyorsunuz?

a) salata b) börek c) kahvaltı d) köfte e) dolma f) pasta g) ayran h) likör i) pilav j) piknik

4. *Es hat Ihnen gefallen. Genau das wollen Sie nehmen.*

(bu kısa kollu gömlek)
Bu kısa kollu gömleği beğendim, alıyorum.

a) bu spor gömlek b) şu renk c) şu mavi ceket d) bu e) şu pantalon f) şu g) şunlar h) çoraplar i) siyah ayakkabılar j) uzun yağmurluk k) bunlar

[İ] beğendim ... *hat mir (gut) gefallen*
ceket *Jacke*
çorap *Strumpf, Socke*
ayakkabı *Schuh*
uzun *lang*
yağmurluk *Regenmantel*

8E Erweiterung

1. Der Verkäufer in Text 3A fragte: »Başka bir arzunuz var mı?«, und im Text 8A hieß es: »Düz renk, çizgili, kareli, desenli çeşitlerimiz var.« Wörtlich übersetzt bedeutet dies: *Ist ein anderer Wunsch von Ihnen vorhanden?* bzw. *Unsere unifarbenen, linierten, karierten und gemusterten Sorten sind vorhanden.* Da das Türkische keine direkte Entsprechung für das deutsche *haben* kennt, wird der gleiche Sachverhalt durch eine Kombination besitzanzeigender Endungen mit dem Wort **var** *existent* bzw. **yok** *nichtexistent* umschrieben.

Genitiv	Possessiv, auf Konsonant	Possessiv, auf Vokal	
(benim)	jeton**um**	para**m**	+(İ)m
(bizim)	tatil**imiz**	kahve**miz**	+(İ)mİz
(sizin)	otobüs**ünüz**	komş**unuz**	+(İ)nİz

2. In diesem Abschnitt werden vorläufig nur die 1. Person Singular und Plural sowie die 2. Person Plural behandelt. Beachten Sie, daß die Personalpronomina – die in vielen Fällen auch wegfallen können – mit den Genitivsuffixen versehen werden. Die Possessivsuffixe werden mit einem İ-Vokal angeschlossen, wenn das Wort mit einem Konsonanten endet.

ben	(Ben**im**) jeton**um** yok.	*Ich habe keine Telefonmünze.*
	(Ben**im**) çok para**m** da yok.	*Ich habe auch nicht viel Geld.*
biz	(Biz**im**) üç hafta daha tatil**imiz** var.	*Wir haben noch drei Wochen Ferien.*
	(Biz**im**) Türk kahve**miz** yok.	*Wir haben keinen türkischen Kaffee.*
siz	(Siz**in**) Antakya'ya otobüs**ünüz** var mı?	*Haben Sie einen Bus nach Antakya?*
	(Siz**in**) bugün çok iş**iniz** var, değil mi?	*Ihr habt heute viel zu tun, nicht wahr?*

3. *Zeit haben* – der Infinitiv zu diesem Sachverhalt wird so gebildet:

   zamanı olmak (*Verneinung:* zamanı olmamak)

4. Wenn Sie jetzt zu dem folgenden absurden Dialog übergehen, beachten Sie, daß das Wort **saat** zu den Ausnahmen der Vokalharmonie gehört und mit hellem **i** dekliniert wird [siehe das Wortschatzverzeichnis im Übungsschlüssel]. Außerdem bedeutet **saat** zweierlei: *Uhr* und *Uhrzeit.*

8E

Saatiniz var mı?

A: Pardon, saatiniz var mı acaba?
B: Evet, var. Niçin?
A: Benim saatim yok da...
B: Vah vah! Ama üzülmeyin, belki bir gün sizin de saatiniz olur.
A: İnşallah! Acaba size sorabilir miyim?
B: Tabii, buyurun, sorun!
A: Saatiniz kaç, acaba?
B: Burada bir tane. Ama evde iki saatim daha var.

saat *Uhr; Uhrzeit*
... da *und deshalb ...*
vah vah! *ach wie schade!*
[E] üzülmek *traurig sein*
belki *vielleicht*
bir gün *eines Tages*
inşallah! *hoffentlich!*
saatiniz olur *Sie werden eine Uhr haben/bekommen*
sorabilir miyim? *darf ich fragen?*
saatiniz kaç? *wieviel Uhr ist es bei Ihnen?*

A: Hayır, yani, şimdi saat kaç, demek istiyorum.
B: Ha, öyle mi? Durun, bakayım.
A: Biraz karanlık, değil mi?
B: Fazla karanlık. Kibritiniz var mı?
A: Kibritim yok, ama çakmağım var. Olur mu?
B: Olur, olur! Daha iyi.
A: Bozulana kadar. Ben çakmağımı yakayım.

saat kaç? *wie spät ist es?*
karanlık *dunkel*
fazla *zu, überaus*
kibrit *Streichholz*
çakmak *Feuerzeug*
bozulana kadar *bis es kaputtgeht*
[İ] yakmak *anzünden*

B: Ben de saatime bakayım. Ooo! Çok geç olmuş, çok! Haydi eyvallah!
A: Durun, saati söyleyin bana, ne olur!
B: Benim şimdi çok, çok acelem var, siz onu lütfen başka birine sorun, olur mu?

geç *spät*
olmuş *es ist ja ... geworden*
ne olur! *bitte!*
acelem var *ich habe es eilig*
acele *Eile*

8F Weitere Übungen

1. Ich habe heute ... – Bilden Sie Sätze nach dem Muster:

(zaman)
Bugün zamanım var.

a) çok iş b) ders c) iki bilet d) size sorular e) biraz endişe f) iki yüz mark g) şans h) çok misafir i) acele j) iyi haberler

zaman *Zeit*
işi olmak *zu tun haben*
ders *Unterricht; Hausaufgaben*
endişe *Sorge*
şans *Glück*
misafir *Gast*

2. Fragen Sie und antworten Sie wie im Text:

(kibrit, çakmak)

A: Kibritiniz var mı?
B: Kibritim yok, ama çakmağım var.

a) zaman, telesekreter b) kalem, diktafon c) araba, şoför d) bisiklet, uçak e) ev, ada f) para, zaman g) bilet, girişte arkadaş h) jeton, telefon kartı i) saat, takvim

telesekreter *Anrufbeantworter*
kalem *Stift*
diktafon *Diktiergerät*
araba *Wagen, Auto*
uçak *Flugzeug*
ada *Insel*
giriş *Eingang*
takvim *Kalender*

3. Das Wort lazım *bedeutet »nötig« und kommt in der Umgangssprache sehr häufig vor, weil zum Beispiel der Begriff »brauchen« damit formuliert wird. Fragen Sie jetzt nach den untenstehenden Gegenständen und Ihr Partner antwortet: »Ich brauche ... selber.«*

(kalem)

A: Kalemin var mı?
B: Kalemim bana lazım.

a) saat b) çakmak c) sözlük d) para e) ceket f) ocak g) sigara h) bisiklet i) kitap j) jeton k) gözlük l) mendil

sözlük *Wörterbuch*
gözlük *Brille*
mendil *Taschentuch*

8G Text 2

Yutturmaca Oyunu

Senin malın,
Benim malım.
Benim malım,
Gene benim malım.
Senin paran,
Benim kesem;
Benim işim,
Senin gücün;
Benim kanım,
Senin canın;
Senin karın,
Benim malım.

Yutmadı oyunu Mehmet, yutmadı!

Gönül Başaranoğlu

yutturmaca oyunu *Hereinlegespiel*
mal *Eigentum*
gene *wieder*
kese *(Geld-)Beutel*
iş *Arbeit, Geschäft*
güç *Kraft*
kan *Blut*
karı *Frau*
[İ] yutmak *schlucken, hereinfallen*
Mehmet *symbolischer Name für den (ländlichen) Türken*

9A Text

*Diese Übersicht über die Feiertage in der Türkei hilft Ihnen vielleicht bei der Reiseplanung. Die Feiertage gelten für alle Behörden, Banken und andere öffentliche Einrichtungen; Lebensmittelläden (**bakkal**) sind aber meist geöffnet.*

Tatil Günleri

Hafta tatili: pazar

Millî Bayramlar
23 nisan – Çocuk Bayramı,
19 mayıs – Gençlik ve Spor Bayramı,
30 ağustos – Zafer Bayramı,
29 ekim – Cumhuriyet Bayramı:
1'er günlük resmî tatil

23 nisan

19 mayıs

30 ağustos

29 ekim

tatil *Ferien, Urlaub*
pazar *Sonntag*
millî *national*
bayram *Fest*
nisan *April*
mayıs *Mai*
gençlik *Jugend*
zafer *Sieg*
ekim *Oktober*
Cumhuriyet *Republik*
1'er (birer) *je 1*
günlük *-tägig*

Halk Bayramları
1 ocak – yılbaşı: 1 günlük resmî tatil
Nevruz – yöresel halk bayramı: resmî tatil yok
1 mayıs: 1981'den beri resmî bayram değil

1 ocak

1 mayıs

halk *Volk*
ocak *Januar*
baş *Anfang*
nevruz *Neujahr*
yöresel *regional*
[DEn] beri *seit*

Dinî Bayramlar
Şeker (veya Ramazan) Bayramı – ay takvimine göre, Ramazan ayından hemen sonra: 3 günlük resmî tatil
Kurban Bayramı – ay takvimine göre, Şeker Bayramı'ndan 40 gün sonra: 4 günlük resmî tatil

dinî *religiös*
ay *Mond*
[E] göre *nach, gemäß*
[DEn] sonra *nach (zeitlich)*
kurban *Opfer*

9B Sprachgebrauch – Landeskunde

1. **İyi bayramlar!** lautet die Formel, mit der man sich gute Festtage wünscht. Die Mehrzahl brauchen Sie nicht wörtlich zu nehmen. Sie wird immer verwendet, wenn man jemandem *einen* schönen Tag, *eine* gute Nacht, *ein* schönes Jahr usw. wünscht.

iyi günler!	*einen schönen Tag noch! – selten auch: guten Tag!*
iyi geceler!	*gute Nacht!*
iyi yıllar!	*ein gutes neues Jahr!*
iyi tatiller!	*schöne Ferien! / schönen Urlaub!*
iyi hafta sonları!	*ein schönes Wochenende!*

Formeller sind die Festtagswünsche: Bayramınız kutlu olsun! Yeni yılınız kutlu olsun!

Sie bedeuten wörtlich *Ihr/Euer Fest (bzw. neues Jahr) sei gesegnet!* Im allgemeinen ist jedoch bei diesem Ausdruck der religiöse Hintergrund nicht mehr gegenwärtig.

2. Den ersten Bayram-Tag wollen die meisten »zu Hause« verbringen – in einem Land, wo fast ein Zehntel der Bevölkerung inzwischen im Großraum İstanbul und über 60% in Städten leben. Das bedeutet einen immensen Verkehrsstrom hin zu den Heimat-, aber auch zu den Ferienorten in der Provinz.

Nicht erst am **birinci bayram günü**, dem *ersten Festtag,* sondern schon am **arefe günü**, dem *Vortag,* können die Busse, Bahnen und Flugzeuge voll, die Hotels ausgebucht sein. Oft bedeutet der **üçüncü**, *dritte,* oder **dördüncü**, der *vierte* Festtag keineswegs ein Ende der »großen Wanderung«. Besonders dann, wenn es sich um verlängerte Ferien handelt, geht es **bayram ertesi**, *nach dem Fest,* weiter.

ORDNUNGSZAHLEN
+(İ)ncİ

9C Grammatik

1. Zusammengesetzte Substantive sind im Deutschen durch die Zusammenschreibung und den Artikel leicht zu erkennen.

   Im Türkischen werden zwei Substantive, die in irgendeiner Hinsicht aufeinander bezogen sind, oft getrennt geschrieben. Sie sind mit dem Possessivsuffix der 3. Person zusammengefügt:

tatil gün**ü**	*Ferien + Tag (= Feiertag)*
hafta tatil**i**	*Woche + Feiertag (= Wochenfeiertag)*
Çocuk Bayram**ı**	*Kind + Fest (= Kinderfest)*
Cumhuriyet Bayram**ı**	*Republik + Fest (= Tag der Republik)*
yılbaş**ı**	*Jahr + Beginn (= Jahresbeginn, Neujahr)*
ay takvim**i**	*Mond + Kalender (= Mondkalender)*

2. Das Possessivsuffix tritt an das zweite Substantiv heran, das im Singular oder Plural stehen kann (tatil gün**ü** – tatil günler**i**). Das Possessivsuffix funktioniert etwa wie ein »Fugen-s«: *Neujahrsfest*, *Jahresbeginn*, oder wie ein Bindestrich bei bestimmten Zusammensetzungen: *Sesam(–)Straße* Susam Sokağ**ı**, *Palast(–)Hotel* Saray Otel**i**.

POSSESSIV, 3. PERSON	
Singular	*Plural*
+(s)İ	+lErİ

3. Zusammenschreibung ist üblich, wenn sich die Bedeutung der Zusammensetzung aus den beiden Substantiven nicht unmittelbar ergibt. Zum Beispiel wird **yılbaşı** zusammengeschrieben, weil dies nicht der »Kopf« oder auch nur »Anfang« des Jahres

bedeutet, sondern auch ein bestimmtes Fest mit besonderen Bräuchen (Silvester). Was die Zusammen- oder Getrenntschreibung betrifft, sollten Sie aber keine Einheitlichkeit erwarten.

4. Nach dem Possessivsuffix kommt immer der »Stützkonsonant« **n**, bevor eine andere Kasusendung angeschlossen wird:

Lokativ	Tatil günleri**n**de ne yapıyorsunuz?	*Was macht ihr an den freien Tagen?*
Ablativ	Çocuk Bayramı'**n**dan iki gün önce yola çıkalım!	*Laß uns zwei Tage vor dem Kinderfest aufbrechen!*
Dativ	Cumhuriyet Bayramı'**n**a kadar İstanbul'dayız.	*Wir sind bis zum Republikfest in Istanbul.*
Akkusativ	Yılbaşı'**n**ı nasıl kutluyorsunuz?	*Wie feiert ihr (das) Neujahr?*
Genitiv	Ay takvimi**n**in bir ayında 28 gün var. [8E2]	*Ein Monat des Mondkalenders hat 28 Tage.*

5. Oben [9C1] wurde vereinfachend von zwei Substantiven gesprochen. Im Grunde handelt es sich um zwei *Elemente,* die wiederum jeweils aus mehreren Wörtern bestehen können:

I	II	
yıl	başı	*Jahresbeginn, Neujahr*
yılbaşı	hediyesi	*Neujahrgeschenk*
yılbaşı	hediye paketi	*Neujahrsgeschenkpaket*

9D Übungen

1. *Bisher kamen in den Texten und Übungen einzelne Zusammensetzungen vor. Wiederholen Sie diese und bilden Sie daraus neue Begriffe, zum Beispiel:*

(benzin istasyonu)
çakmak benzini, tren istasyonu, istasyon saati...

a) ev kadını b) otobüs durağı c) taksi durağı d) telefon kartı e) kaşar peyniri f) meyva suyu

2. *Ne zaman buluşalım? Antworten Sie mit Wochentagen und fügen Sie eine Tageszeit hinzu:*

(pazartesi, akşamı)
Pazartesi akşamı buluşalım mı?

a) pazar, günü b) cuma, gece c) salı, sabah d) çarşamba, sabah e) perşembe, akşam f) cumartesi, akşam g) bayram, sabah h) yılbaşı, gece i) Noel, akşam

pazartesi *Montag*
salı *Dienstag*
çarşamba *Mittwoch*
perşembe *Donnerstag*
cuma *Freitag*
cumartesi *Samstag*
pazar *Sonntag*
pazar günü *(am) Sonntag*
sabah *(am) Morgen*
akşam *(am) Abend*
gece *(in der) Nacht*
Noel *Weihnachten*

3. *Es gibt unzählige Möglichkeiten für solche Zusammensetzungen. Wenn Sie sich für die Lücken Substantive aus der rechten Spalte aussuchen, können Sie selbst welche bilden.*

(otobüs ________ü / şoför)
otobüs şoförü

a) ev ________ı	jeton
b) telefon ________u	masa
c) uçak ________i	rapor
d) güneş ________i	yağ
e) iş ________ü	gün
f) daire ________sı	kadın
g) çay ________ı	örtü
h) patlıcan ________sı	son
i) Türkçe ________ı	durak
j) yemek ________sı	yemek
k) tramvay ________ı	kapı
l) hava________u	kitap
m) akşam ________i	bilet
n) zeytin ________ı	krem
o) masa ________sü	bardak
p) hafta ________u	dolma

güneş *Sonne*
daire *Wohnung, Apparte-ment*
rapor *Bericht*
yağ *Öl*
örtü *Decke*
son *Ende*
kitap *Buch*
krem *Krem*

4. *Die einzelnen Substantive kennen Sie schon. Wie lauten wohl die zusammengesetzten Wörter?*

(Deutschlehrer)
Almanca öğretmeni

a) Briefkasten b) Telefonkarte c) Zimmernummer d) Stadtpark e) Hotelzimmer f) Bosporusdampfer g) Kinokarte h) Mittagessen i) Straßenverkäufer/in j) Wasserglas k) Büroarbeit l) Mittagsschlaf m) 13-Uhr-Bus n) Weihnachtsferien o) Volksfest p) Arbeitstag

9D

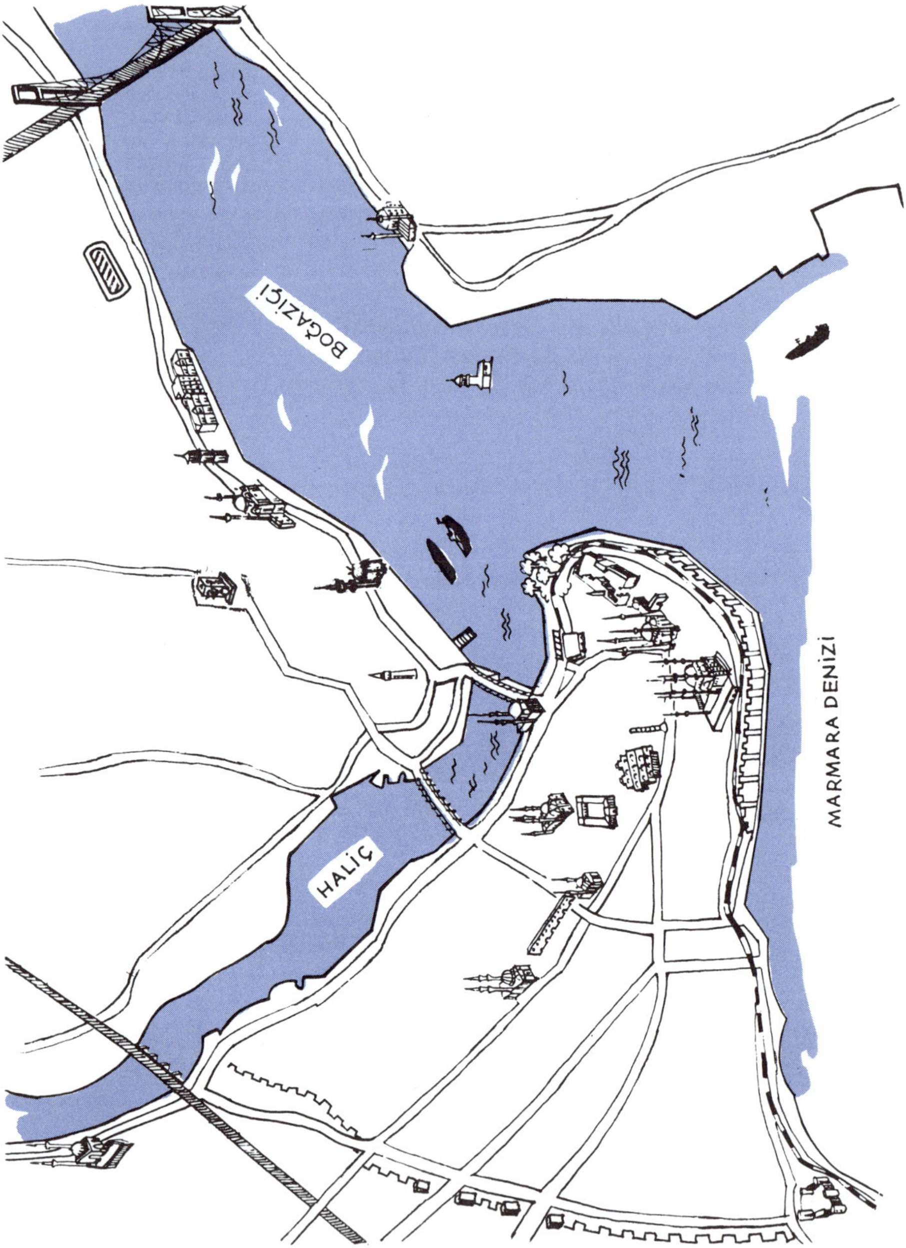

5. *Ein Blick in den Istanbuler Stadtplan wird Ihnen bestätigen, was Sie an Straßennamen und anderen Ortsbezeichnungen gebildet haben:*

(Galata + Köprü)
Galata Köprüsü

a) Atatürk + Bulvar b) Kennedy + Cadde c) Kürkçüler + Pazar d) Gülhane + Park e) Atmeydanı + Sokak f) Rüstempaşa + Mahalle g) Çakmakçılar + Yokuş h) Sirkeci + Gar i) Eminönü + Meydan j) Feribot + İskele k) Kumkapı + İstasyon l) Medrese + Çıkmaz m) Süleymaniye + Cami n) Hoca + Han o) Alman + Çeşme p) Mısır + Çarşı q) Beyazıt + Kule r) Topkapı + Saray s) Türk ve İslam Eserleri + Müze t) Haydarpaşa + Liman

6. *Folgende Begriffe sind im Türkischen ein wenig anders konstruiert als im Deutschen. Fügen Sie das Possessivsuffix hinzu und raten Sie, worum es sich handelt:*

(benzin + istasyon)
benzin istasyonu, Tankstelle

a) sokak + kapı b) yatak + oda c) buz + dolap d) iş + yer e) portakal + su f) pazar + çanta g) uçak + bilet h) hava + alan i) yaz + son + indirim

bulvar *Boulevard*
cadde *(Haupt)straße*
sokak *Straße, Gasse*
mahalle *Stadtviertel*
yokuş *steile Straße*
gar *Hauptbahnhof*
meydan *Platz*
feribot *Autofähre*
çıkmaz (sokak) *Sackgasse*
cami *Moschee*
han *Karawanserei; Geschäftshaus*
çeşme *Brunnen*
Mısır *Ägypten*
çarşı *Einkaufsstraße, -viertel*
kule *Turm*
saray *Serail, Palast*
liman *Hafen*

kapı *Tor*
yatak *Bett*
oda *Zimmer*
buz *Eis*
portakal *Orange*
çanta *Tasche*
hava *Luft*
alan *Platz*
indirim *Ermäßigung*

9E Erweiterung

1. Vergleichen Sie folgende Wortzusammensetzungen:

Bildungen mit zwei Substantiven werden durch das Possessivsuffix zusammengehalten. Dagegen kommen die Zusammensetzungen von einem Adjektiv und einem Substantiv ohne dieses Suffix aus.

beyaz peynir	*Weißkäse (Schafskäse, Feta)*
kaşar peynir**i**	*Kaşar-Käse (harter Schafskäse)*
Rokfor peynir**i**	*Rocquefort-Käse*
siyah zeytin / yeşil zeytin	*grüne Oliven / schwarze Oliven*
Kalamata zeytin**i**	*Kalamata-Oliven*

2. In einem solchen Paar sind Adjektiv und Substantiv fest zusammengefügt, so daß sie zusammen einen Begriff bilden (etwa eine bestimmte Käsesorte). Hier kann das Adjektiv beispielsweise nicht gesteigert werden (*nicht:* *daha beyaz peynir), und die Attribute stehen nicht vor dem Substantiv, sondern vor der ganzen Bildung (*nicht:* beyaz çok peynir, *sondern:* çok beyaz peynir).

3. Es gibt auch Fügungen von zwei Substantiven, die kein Possessivsuffix haben. Das Suffix ist entweder durch Schleifung weggefallen:

başörtü	*Kopftuch (oft auch:* başörtüsü)

   oder bei Neuschöpfungen gar nicht erst gesetzt worden:

otoyol	*Autobahn* (*nicht* otoyolu)

   oder aber beide Teile der Zusammensetzung können auch einzeln genommen für denselben Gegenstand stehen:

öğrenci arkadaş	*»Student-Freund«, Kommilitone (ein- und dieselbe Person ist sowohl* öğrenci *als auch* arkadaş*)*
kız kardeş	*»Mädchen-Geschwister«, Schwester*

4. Adjektive, die eine Nationalität bezeichnen, werden im Türkischen sehr eingeschränkt verwendet, nämlich nur in Bezug auf Menschen:

Yarın Münih'ten **Alman bir arkadaş** geliyor.	*Morgen kommt ein deutscher Freund aus München.*

   Bei substantivischer Verwendung ändert sich die Satzstellung:

Yarın Münih'ten **bir Alman arkadaş** geliyor.	*Morgen kommt ein deutscher Freund aus München.*

   Diese Konstruktion gleicht einer Substantivverbindung, jedoch hat das zweite Wort hier kein Possessivsuffix, weil es sich um einen Menschen handelt, der sowohl *Deutsche(r)* als auch *Freund(in)* ist [siehe oben 3.]

5. Bezieht sich die Herkunftsbezeichnung auf Dinge, also nicht auf Menschen, ist ohnehin nur der substantivische Gebrauch (innerhalb einer Substantivverbindung) möglich:

Alman birası	*deutsches Bier*
İtalyan lokantası	*italienisches Restaurant*
Fransız gemisi	*französisches Schiff*

6. Beachten Sie auch folgende Verwendungen der Substantivverbindung:

Ankara treni	*der Zug nach Ankara* oder auch: *der Zug aus Ankara*

Türkiye Cumhuriyeti	*Republik Türkei, Türkische Republik*
»Cumhuriyet« gazetesi	*die Zeitung »Cumhuriyet«*
Cemal Nadir Sokağı	*Cemal-Nadir-Straße*

7. Das Possessivsuffix wird nie verdoppelt. Das **-(s)İ** am Ende einer Zusammensetzung fällt weg, wenn ein besitzanzeigendes Possessivsuffix hinzugefügt wird:

bilet para**sı**	→ Benim bilet para**m** yok.	*Ich habe kein Geld fürs Ticket.*

9F Weitere Übungen

1. Sehr häufig sind geographische Namen aus einem Adjektiv und einem Substantiv zusammengesetzt. Die älteren Wörter ak, kızıl *und* kara *kommen sogar fast nur noch in solchen festen Fügungen vor. Kennen Sie folgende Namen?*

a) Karadeniz b) Akdeniz c) Kızıldeniz d) Karaormanlar e) Yukarı Karabağ f) Uzakdoğu g) Yeşilırmak h) Yakındoğu i) Önasya j) Ortaasya k) Ege Denizi l) Baltık Denizi m) Ruhr Havzası n) Konstanz Gölü o) Alp Dağları p) Ren Nehri q) Tuna Nehri r) İstanbul Boğazı s) Marmara Denizi t) Çanakkale Boğazı

kara *schwarz*
kızıl *rot*
ak *weiß*
yukarı *Ober-*
ırmak *Fluß*
ön *Vorder-*
havza *Gebiet (geogr.)*
göl *der See*
dağ *Berg*
nehir *Fluß*
boğaz *Meerenge*

2. Manche Begriffe können Sie direkt aus dem Deutschen übersetzen. Bilden Sie die türkischen Entsprechungen:

a) Rotwein b) Weißwein c) Kurzwelle d) Papiertaschentuch e) Ess(ens)tisch f) Nordsee g) Türkischkurs h) Deutschlehrer i) Popmusik j) Eisschrank k) Stadt(verwaltungs)bus l) (Vor-)Stadtbahn

kısa *kurz*
dalga *Welle*
kağıt *Papier*

3. In dem Geschäft scheint es alles zu geben – trotzdem fragen Sie vorher, ob Sie ... finden.

(masa lambası)
Masa lambanız var mı?

a) kaşar peyniri b) çocuk arabası c) akşam gazetesi d) Türk kahvesi e) müşteri tuvaleti

lamba *Lampe*
çocuk *Kind*
müşteri *Kunde*

f) şarap bardağı g) makina yağı h) baş örtüsü i) pazar çantası j) spor ayakkabısı k) video kaseti l) fotoğraf makinası

makina *Maschine, Apparat*
video *Video*
kaset *Kassette*
fotoğraf *Fotografie*

9G Text 2

Die solide bürokratische Tradition der Türkei wird von Ihnen nicht nur das Ausfüllen von Formularen verlangen, sondern auch mindestens drei Paßbilder und jede Menge Geduld, sobald Sie sich in den Alltag außerhalb des rein Touristischen wagen.

Formalite Formüleri

Adınız

....

Soyadınız

....

Doğum tarihiniz

....

Doğum yeriniz

....

Babanızın adı

....

Uyruğunuz

....

Türkiye adresiniz

....

Memleket adresiniz

....

Pasaport no.nız

....

Ayakkabı no.nız

....

Varsa, uğurlu sayınız

....

formalite *Formalität*
formüler *Formular*
ad *Vorname*
soyadı *Familienname*
doğum *Geburt*
tarih *Datum*
yer *Ort*
uyruk(luk) *Staatsangehörigkeit*
memleket *Heimat(land)*
pasaport *Paß*
no. (numara) *Nummer*
varsa *gegebenenfalls*
uğurlu *glückbringend*
sayı *Zahl*

En merak ettiğiniz soru

....

Başka bir derdiniz

....

Die Überschrift und einige der Fragen werden Sie natürlich in keinem Formblatt wiederfinden ...

[İ] merak etmek *neugierig sein auf, sich interessieren für*
en (en çok) *am meisten*
merak ettiğiniz ..., *die Sie wissen möchten*
soru *Frage*
başka bir dert? *sonst noch Wehwehchen?*

10A

10A Text

Die Arbeitskollegen erzählen Wolfgang, daß bald das viertägige Opferfest gefeiert wird, und der Staat die restlichen Arbeitstage der Woche für schul- und dienstfrei erklärt hat. Viele nichtstaatliche Unternehmen haben sich dieser Regelung angeschlossen. Es gilt nun, Reisepläne für eine neuntägige Arbeitspause zu machen.

Tatilde ne yapıyorsun?

A: Ee, Wolfgang, tatilde ne yapıyorsun?
W: Hangi tatilde? Ne tatili?
B: Aa, sen bilmiyor musun? Önümüzdeki hafta tatil.
W: Nasıl, bütün hafta mı?
A: Tabii, ya! Salı günü Kurban Bayramı başlıyor: dört gün çalışmak yok!
B: Pazartesi günü de tatil ilan edildi.
W: Desenize, bu cuma akşamı büyük tatil başlıyor. O zaman, bir yerlere gitmeli!
A: Biz cumartesi sabahı arabayla Bolu Dağları'na gideceğiz.
B: Biz bir yere gitmiyoruz. İstanbul'da kalıp dinleneceğiz. Tam bir holiday at home, yani!

ee *na?*
ne tatili? *was für Ferien?*
aa! *was? nanu?*
önümüzdeki *nächste, kommende*
tatil *arbeitsfrei*
salı günü *(der/am) Dienstag*
[-] başlamak *beginnen*
tatil ilan edildi *arbeitsfrei erklärt*
desenize! *das heißt ja ...*
cuma akşamı *(der/am) Freitagabend*
bir yerler *irgendwo*
gitmeli *man sollte fahren*
cumartesi sabahı *(der/am) Samstagmorgen*
Bolu Dağları *Bolu-Gebirge*

W: Öyleyse, ben de belki bir köye gideceğim. Orada kimse İngilizce konuşmuyor. Biraz Türkçe öğreneceğim.
A: İyi olur! Biz Türkçe'de "belki gideceğim" değil, "belki giderim" diyoruz: "Belki giderim, Türkçe öğrenirim".
W: Ya sen Bolu Dağları'nda ne öğreneceksin?
A: Çadır kurmayı.

kimse *niemand*
İngilizce *Englisch*
iyi olur! *das wäre gut!*
çadır *Zelt*
[I] kurmak *aufschlagen*

10B Sprachgebrauch – Landeskunde

1. Wolfgang wird von seiner Kollegin geneckt, weil er die bestimmte Zukunftsform verwendet **(gideceğim)**, obwohl seine Pläne noch »unbestimmt« sind: Er hat sie ja gerade eben gefaßt und wird sie »vielleicht« verwirklichen. Seine Gesprächspartner jedoch haben schon feste Pläne und können daher die bestimmten Zukunftsformen mit -**(y)EcEk** verwenden.

2. Im Türkischen gibt es zwischen Verbformen, die auf der gleichen Zeitebene liegen, einen Unterschied der Sichtweise, des »Aspekts«. Damit ist die Haltung des Sprechers zum Verbgeschehen gemeint, die im Deutschen nur bei Bedarf und mit anderen Mitteln, zum Beispiel Adverbien wie *bestimmt* und Modalpartikeln wie *wohl*, wiedergegeben wird.

3. »Orada kimse İngilizce konuşmuyor.« Das Pronomen **kimse** *jemand* kommt fast nur in Frage- und Verneinungssätzen vor. In Verbindung mit der Verneinung bedeutet es *niemand*:

Orada kimse var mı?	*Ist dort jemand?*
Hayır, burada kimse yok.	*Nein, hier ist niemand.*
Efendim, orada kimse yok mu?	*Wie bitte, ist dort niemand?*

4. Aus dem Text 9A kennen Sie den Ausdruck **1'er gün** *je 1 Tag*. Mit dem Suffix im Kästchen können Sie jetzt andere Zahlen bilden: iki**şer**, üç**er**, dörd**er**,

DISTRIBUTIVZAHLEN
+(ş)Er

be**şer**, altı**şar** ... Durch Verdoppelung werden aus solchen Zahlen Adverbien gebildet:

Herkes birer birer tatile çıkıyor.	*Alle gehen einer nach dem anderen (= nacheinander) in Urlaub.*
Herkes üçer üçer tatile çıkıyor.	*Alle gehen immer zu dritt in Urlaub.*

10C Grammatik

1. Das Präsens auf **-(İ)yor** kann nicht nur für die Gegenwart, sondern auch für die unmittelbar bevorstehende Zukunft verwendet werden. Es meint einen Sachverhalt, den der Sprecher als einen bestimmten, entschiedenen einschätzt, und nicht als einen, der in Zukunft seiner Meinung nach nur *vielleicht* eintritt [10B1]. (Wird das zukünftige Geschehen vom Sprecher eher als vage empfunden, so greift er zum Tempus »r-Präsens«, das später [15C] eingeführt wird.)

2. Das eigentliche Tempus für die bestimmte, entschiedene Zukunft ist das Futur. Es wird in dieser Funktion sehr viel konsequenter verwendet als im Deutschen.

	FUTUR	
	Aussage -(y)EcEk	*Frage* -(y)EcEk mİ
(ben)	gid**eceğ**im	gid**ecek mi**yim?
(sen)	gid**ecek**sin	gid**ecek mi**sin?
(o)	gid**ecek**	gid**ecek mi**?
(biz)	gid**eceğ**iz	gid**ecek mi**yiz?
(siz)	gid**ecek**siniz	gid**ecek mi**siniz?
onlar	gid**ecek**	gid**ecek mi**?
–	gid**ecek**ler	gid**ecek**ler **mi**?

3. Die Verneinungsformen werden, wie schon beim yor-Präsens, beim Perfekt und beim Imperfekt, aufgrund des verneinten Verbstamms gebildet, also: **gitmeyeceğim**, **gitmeyecek miyim?** usw. Achten Sie darauf, daß der Akzent bei der Verneinung nicht auf die Tempusendung wandert, sondern auf der Stammsilbe bleibt: **gideceğim – gitmeyeceğim**.

4. Das Futur kann einen Befehl ausdrücken:

Öldürmeyeceksin!	*Du sollst nicht töten!*

5. Das Verb *sein* hat keine eigene Futurform. Dazu wird das Hilfsverb **olmak** eingesetzt:

Saat dokuzda istasyonda**yım**.	*Um neun Uhr bin ich am Bahnhof.*
Saat dokuzda istasyonda ol**acağım**.	*Um neun Uhr werde ich am Bahnhof sein.*

6. Die Form **olacak** bzw. **olacaklar** (3. Person) kann eine Vermutung ausdrücken:

Sözlük mü? Masada olacak.	*Das Wörterbuch? Es wird auf dem Tisch sein.*

7. Davon, was *heute* im Futur steht, also planmäßig noch geschehen soll, erzählen wir *morgen* in einer Vergangenheitsform.

Ali bugün tatile çıkacak.	*Ali wird heute in Urlaub fahren.*
Ali dün tatile çıkacak**tı**.	*Ali wollte (sollte) gestern in Urlaub fahren.*

Eine solche Aussage steht meistens nicht allein:

Ali dün tatile çıkacaktı, onun için işe gitmedi.	*Ali wollte gestern in Urlaub fahren – darum ging er nicht zur Arbeit.*
Ali dün tatile çıkacaktı, ama hasta oldu.	*Ali wollte gestern in Urlaub fahren – aber er wurde krank.*

Dieses aus dem Futur des Vollverbs und dem Perfekt von *sein* »zusammengesetzte Tempus« heißt **geçmiş zamanın hikayesi** *Erzählung des Futurs.*

Erzählform des Futurs

	Aussage -(y)EcEktİ	*Frage* -(y)EcEk mİydİ
(ben)	gid**ecekti**m	gid**ecek miydi**m?
(sen)	gid**ecekti**n	gid**ecek miydi**n?
(o)	gid**ecekti**	gid**ecek miydi**?
(biz)	gid**ecekti**k	gid**ecek miydi**k?
(siz)	gid**ecekti**niz	gid**ecek miydi**niz?
onlar	gid**ecekti**	gid**ecek miydi**?
–	gid**ecek**ler**di**	gid**ecek**ler **miydi**?

8. So wie das (einfache) Futur auch zum Ausdruck eines Befehls verwendet werden kann, läßt sich die Erzählform des Futurs zusätzlich für hypothetische Aussagen verwenden:

Öldürmeyecektin!	*Du hättest nicht töten sollen/dürfen!*

İyi olmadı; Ömer'i de çağıracaktık!	*Das war nicht gut; wir hätten Ömer auch einladen müssen!*
Bu kadar geç kalmayacaktık!	*Wir hätten uns nicht so sehr verspäten dürfen!*

9. Auch die Form **olacaktı** (bzw. **olacaklardı**) kann eine Vermutung ausdrücken:

Sözlük mü? Masada olacaktı.	*Das Wörterbuch? Es sollte (müßte, dürfte) auf dem Tisch sein.*

10. Die Wörter **var** und **yok** werden durch das Hilfsverb **olmak** ersetzt, wenn das Verb *sein* im Futur (bzw. in der Erzählform des Futurs) steht:

Dün çok işim vardı.	*Gestern hatte ich viel zu tun.*
Bugün çok işim var.	*Heute habe ich viel zu tun.*
Yarın çok işim **olacak**.	*Morgen werde ich viel zu tun haben.*
Dün çok işim **olacaktı**, ama olmadı.	*Gestern sollte ich (eigentlich) viel zu tun haben/bekommen – es kam aber nicht so.*

10D Übungen

1. *Erzählen Sie, was für heute abend, morgen, fürs Wochenende, nächste Woche usw. ansteht. Füllen Sie zunächst die Lücken in den Übungssätzen mit der passenden Verbform im Futur aus:*

a) Ben bu akşam sinemaya gid________. b) Sinemadan sonra bir arkadaşımla buluş________. c) Biz daha sonra beraber yemek yi________. d) Ben yarın saat 5'e kadar çalış________. e) İşten sonra alışveriş yap________. f) Akşam misafir gel________. g) Sen hafta sonu bana telefon ed________, değil mi? h) Ben gelecek hafta tatile çık________. i) İki ay sonra kardeşim Türkiye'den dön________. j) Siz ne zaman yola çık________?

yemek yemek *essen*
gelecek *nächst-, kommend-*
tatile çıkmak *in Urlaub gehen*

Gehen Sie nun die Zeitangaben dieser Übung durch und sagen Sie, was bei Ihnen heute abend, danach *usw. geschieht. (Sie können dazu ein Wörterbuch benutzen.)*

2. *Ergänzen Sie die Sätze, die alle mit Zeitadverbien beginnen, durch Tätigkeiten aus der zweiten Spalte. Sie können aber auch Tätigkeiten angeben, die für Sie zutreffen.*

a) Ben yarın sabah	A. daha yolda olmak
b) Ben yarın öğlene doğru	B. saat kaçta yatmak?
c) Sen yarın öğlen	C. büroya telefon etmek
d) Biz yarın öğleden sonra	D. arkadaşımla buluşmak
e) Onlar yarın akşama doğru	E. yola çıkmak
f) Siz yarın akşam	F. nerede yemek yemek?
g) Sen yarın gece	G. evde olmak
h) Biz yarın geceyarısı	H. doktora gitmek

öğlen, öğle *Mittag*
[E] doğru *gegen (zeitlich)*
geceyarısı *Mitternacht*

3. *»Wirklich?« – Sie fragen, ob Ihr Gesprächspartner das, was er geplant hat, tatsächlich auch machen will:*

(sen, araba kiralamak)
Gerçekten, araba kiralayacak mısın?

a) sen, bana şehri gezdirmek b) biz, bir Alman lokantasında yemeğe gitmek c) sen, benimle Türkçe çalışmak d) sen, bana mektup yazmak e) biz, bir Karadeniz turu yapmak f) biz, Ağrı Dağı'na çıkmak g) sen, bir fes almak h) sen, benimle Almanya'ya gelmek i) biz, başka bir otel aramak j) sen, beni bir düğüne götürmek k) sen, Almanca öğrenmek l) sen, beni ailenle tanıştırmak

[İ] kiralamak *mieten*
[E, İ] gezdirmek *jemanden führen durch*
benimle *mit mir*
[E, İ] yazmak *schreiben*
tur *Rundfahrt*
Ağrı Dağı *Berg Ararat*
[DEn, E] çıkmak *steigen*
fes *Fez*
düğün *Hochzeit*
aile *Familie*
[İ, lE] tanıştırmak *jemanden bekanntmachen mit*

4. *Nach einiger Zeit bekommen Sie das Gefühl, Ihren Partner an seine Vorhaben erinnern zu müssen. Verwenden Sie die Sätze obiger Übung:*

(sen, araba kiralamak)
Araba kiralayacaktın.

Wenn Sie Ihrer Bemerkung einen leicht vorwurfsvollen bzw. fragend-ermahnenden Unterton geben wollen, müssen Sie mit dem Wort hani »(wo) ... denn?«, »... doch«, »... eigentlich« *anfangen:*

Hani araba kiralayacaktın?

hani? *wo (bleibt) eigentlich? (Modalpartikel)*

5. *Es kam doch nicht so, wie Sie es geplant hatten. Füllen Sie aus:*

a) Ben bu sabah erken kalk________, ama saat çalmadı. b) Banyo yap________, su yoktu. c) Arkadaşım kahvaltıya gel________, ama nedense gelmedi. d) Biz müzeye gid________, ama müze kapalıydı. e) Sonra denize gir________, ama çok yağmur yağdı. f) Ben öğleden sonra Fatma'yla buluş________, ama unuttum.

Der Strand von Kilyos am Schwarzen Meer

10E Erweiterung

1. Für den Vergleich, der beim Deutschen mit *so ... wie* gemacht wird, hat das Türkische zwei Wörter: **gibi** für qualitative und **kadar** für quantitative Ähnlichkeit.

Su buz **gibi** soğuktu.	*Das Wasser war kalt wie Eis (d. h. so, wie Eis ja auch kalt ist); das Wasser war eiskalt.*
Su buz **kadar** soğuktu.	*Das Wasser war so kalt wie Eis. (d. h. das Wasser hatte die gleiche Temperatur wie Eis)*
Ali Martha **gibi** iyi yüzüyor.	*Ali schwimmt gut, ebenso wie Martha (... wie Martha ja auch gut schwimmt).*
Ali Martha **kadar** iyi yüzüyor.	*Ali schwimmt so gut wie Martha (Die meßbaren Leistungen sind ähnlich).*

2. Manche einsilbigen Pronomina stehen vor **gibi** und **kadar** im Genitiv:

kim**in** gibi?	*wie wer? – aber:* ne gibi? *wie was?*
ben**im**, sen**in**, **onun**, biz**im**, siz**in** gibi	*wie ich, du, er/sie/es, wir, ihr*
bu**nun**, ş**unun**, **onun** gibi	*wie das hier, das da, das da drüben*

3. Der Komparativ wird im Türkischen mit dem Ablativ und dem Wort **daha** vor dem Adjektiv gebildet.

Bugün hava dün**den daha** sıcak.	*Heute ist das Wetter wärmer als gestern.*

Das Wort **daha** ist weglaßbar: Bugün hava dün**den** sıcak.

Der Komparativ läßt sich durch Zusätze genauer bestimmen:

Bugün hava dünden **biraz/oldukça/ çok/kat kat** daha sıcak.	*Heute ist es ein wenig/ziemlich/viel/ um ein Vielfaches wärmer als gestern.*

4. Beim Superlativ steht das Wort **en** vor dem Adjektiv:

Bugün **en uzun** gün.	*Heute ist der längste Tag.*

10F Weitere Übungen

1. Was macht denn Wolfgang in İstanbul so? Sie vergleichen zunächst mit Hilfe von gibi *und ohne Adjektive:*

(turist, gezmemek, çalışmak)
Wolfgang turist gibi gezmiyor, çalışıyor.

a) turist, otelde kalmak b) İstanbullular, pazarlık etmek c) Emine, okumamak, staj yapmak d) Yusuf, futbol oynamamak, tavla oynamak e) sen, evde oturmamak, gezmek f) biz, bira içmemek, su içmek

pazarlık etmek *feilschen*
tavla *Backgammon*

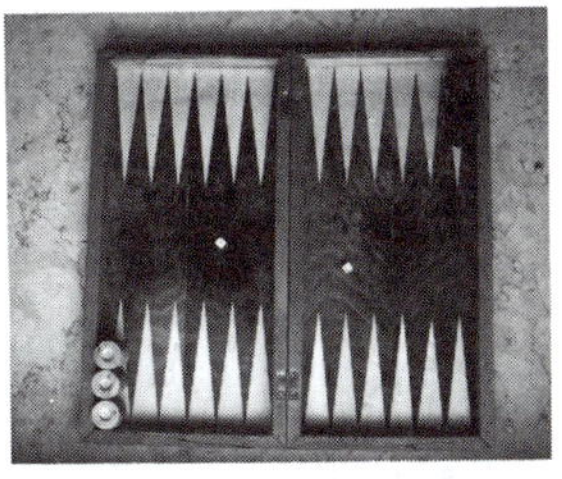

2. In der türkischen Kultur sind Tieren Eigenschaften oder typische Verhaltensweisen zugeordnet, die manchmal von den Vorstellungen im deutschen Sprachraum abweichen. Versuchen Sie, die gängigen Vergleiche herauszufinden:

(tilki – kurnaz)
tilki gibi kurnaz

a) kedi	A. akılsız
b) tavuk	B. erken yatmak
c) eşek	C. kötü
d) aslan	D. yemek
e) at	E. korkak
f) köpek	F. hafif
g) domuz	G. sessiz
h) kuş	H. koşmak
i) yılan	I. sinsi
j) tavşan	J. çalışmak
k) arı	K. sadık
l) fil	L. kuvvetli
m) ayı	M. çalışkan

3. *Sie träumen, Sie seien in der Welt der Superlative und können genauso wie ...*

(Methusalem, çok yaşamak)
Methusalem kadar çok yaşıyorum.

a) Büyük İskender, güçlü b) Kleopatra, akıllı c) Varyemez Amca, cimri d) Herkül, kuvvetli e) Rockefeller, param var f) Hanibal, cüretli g) Çiçero, iyi konuşmak

4. *Sie sind im Gemüseladen und stellen Vermutungen an ... Formulieren Sie diese als* değil mi-*Fragen:*

(elma, armut – ekşi)
Elma armuttan (daha) ekşi, değil mi?

a) fasulya, kabak – taze b) kavun, karpuz – tatlı c) patates – burada, ora – pahalı d) nane, dereotu – çok satılıyor e) domates, patlıcan – besleyici f) yeşil salata – bugün, dün – küçük g) manavlık, kasaplık – zor h) müşteriler – bugün, her zaman – sabırsız

kedi *Katze*
akılsız *dumm*
tavuk *Huhn*
eşek *Esel*
aslan *Löwe*
at *Pferd*
korkak *feige*
köpek *Hund*
domuz *Schwein*
sessiz *still*
kuş *Vogel*
yılan *Schlange*
sinsi *hinterhältig*
tavşan *Hase*
[E] yalvarmak *flehen*
kaba *grob*
ayı *Bär*
sadık *treu*
fil *Elefant*
kuvvetli *stark, kräftig*
çok yaşamak *lange leben*

Büyük İskender *Alexander der Große*
güçlü *mächtig*
akıllı *klug*
Varyemez Amca *Onkel Dagobert*
cimri *geizig*
cüretli *kühn, tapfer*
konuşmak *reden*

elma *Apfel*
armut *Birne*
ekşi *sauer*
fasulya *Bohne*
kabak *Kürbis*
tatlı *süß*
patates *Kartoffel*
nane *Pfefferminze*
dereotu *Dill*
satılıyor *wird verkauft*
besleyici *nahrhaft*
yeşil salata *Kopfsalat*
manav *Gemüsehändler*
kasaplık *Fleischer, Metzger*
zor *schwierig*
her zaman *immer*
sabırsız *ungeduldig*

10G Text 2

Sen Büyüyünce – Ben Büyüyünce

Küçük Yaşar babasına sordu: "Baba, sen büyüyünce ne olacaksın?"
Babası, "Ben büyüyünce, sen de büyüyeceksin", dedi.
"Evet!" diye atıldı Yaşar, "Ben büyüyünce evleneceğim." "Kiminle?"
"Öğretmenimle. Dört çocuğumuz olacak. – Ee, sonra?"
"Hım. Biz büyüyünce, sen evleneceksin, çocukların olacak. Yani benim de torunlarım olacak. Sonra ben emekli olacağım."
"Ekmekli ne demek?"
"Ekmekli değil, emekli. Yani yaşlı olacağım, artık çalışmayacağım."
"Para kazanmayacak mısın?"
"Kazanacağım. Kırk yıl çalıştım ya! Onun için her ay para verecekler. Ama işe gitmeyip evde oturacağım. Çok zamanım olacak."
"O zaman benimle daha çok oynayacaksın, değil mi?"
"Neden olmasın? Ama bakalım, senin zamanın olacak mı? Benimle oynamak isteyecek misin?" "Hımm... Peki, sonra?"
"Sonra siz, yani sen, eşin, çocukların, bize geleceksiniz. Ben torunlarımı alıp çarşıya gideceğim. ... Geçenlerde bir model tren gördük ya, onu alacağız. Senin şimdiki odan boşalmış olacak; oraya rayları kuracağız, bütün gün oynayacağız." "Ya ben?"
"Sen kızacaksın, 'Haydi, çocuklar!' diyeceksin, 'Biraz ders çalışın artık!'"

Yaşar *Vorname, m.*
büyüyünce *wenn jemand groß (geworden) ist*
olmak *werden*
»...« diye *mit den Worten »...«*
[E] atılmak *einwerfen*
kiminle = kimle, kim ile
e, sonra? *ja, und dann?*
torun *Enkel*
emekli *Rentner(in), Pensionist(in)*
... ne demek? *was bedeutet ... ?*
yaşlanmış *gealtert*
artık (+ Verneinung) *nicht mehr*
[İ] kazanmak *verdienen*
ya! *doch (Modalpartikel)*
benimle = benle
neden olmasın? *warum nicht?*
bakalım? *ob ... überhaupt? (Modalpartikel)*
peki, *na gut! (Modalpartikel)*
[E] gelmek *besuchen*
hani ... ya *doch (Modalpartikel)*
model tren *Modelleisenbahn*
işte *genau (Modalpartikel)*
şimdiki *jetzig*
boşalmış *leergeworden*
ray *Gleis*
[İ, E] kurmak *aufstellen*
[E] kızmak *böse sein*
haydi! *los!*
artık *endlich, nunmehr*

11A

11A Text

Wolfgang muß zum Arzt, zum ***doktor****. Er geht zur Ambulanz des nächsten* ***hastane*** *und hat Glück, weil er nicht allzu lange warten muß.*

Ne şikayetiniz var?

D: Buyrun, hoş geldiniz! Geçmiş olsun, ne şikayetiniz var?

W: Hoş bulduk, Doktor Bey. Dün akşamdan beri pek iyi değilim. Çok halsizim, ateşim var.

D: Halsizlikten başka? Baş ağrısı var mı?

W: Evet, başım ağrıyor. Hiçbir şey yiyemiyorum.

D: İshal veya kusma var mı?

W: Hem o, hem o var. İştahım da hiç yok.

D: Vücudunuzun başka bir yerinde ağrı?

W: Evet, sırtım, kollarım, bacaklarım ağrıyor.

D: Önce bir tansiyonunuza bakalım. Bir de kan tahlili yapalım.

ne şikayetiniz var? *was fehlt Ihnen?*
hoş geldiniz! *herzlich willkommen!*
geçmiş olsun! *gute Besserung! / hoffentlich nichts Schlimmes!*
hoş bulduk! *(Entgegnung auf* hoş geldiniz*)*
halsiz *schwach, matt*
ateşim var *ich habe Fieber*
[DEn] başka *außer*
baş *Kopf*
ağrı *Schmerz*
[I] yiyememek *nicht essen können*
ishal *Durchfall*
kusma *Erbrechen*
iştah *Appetit*
vücut *Körper*
yer *Stelle*
sırt *Rücken*
kol *Arm*
bacak *Bein*
tansiyon *Blutdruck*
[E] bakmak *prüfen*
kan tahlili *Blutuntersuchung*

W: Zehirlenme olabilir mi acaba?
D: Zehirlenmeden çok gribe benziyor.

(Muayeneden sonra:)

D: Şiddetli bir grip geçiriyorsunuz. Bir hafta yatak istirahati şart. Tatilde misiniz?
W: Hayır, çalışıyorum.
D: O zaman size bir rapor yazayım. Şu da reçeteniz. Bir ishal kesici veriyorum, günde dört kere ikişer tane alın.
W: İlaç olmasa olmaz mı? Ben pek ilaç kullanmıyorum da ...
D: Siz bilirsiniz tabii. Ama çok bitkin düşersiniz. ... Biraz pirinç lapası yiyin. En önemlisi: bol su içmelisiniz ve mutlaka yatmalısınız.

zehirlenme *Vergiftung*
[DEn] çok *eher als ...*
[E] benzemek *ähneln*
muayene *Untersuchung*
şiddetli *stark, heftig*
[İ] geçirmek *durchmachen*
yatak istirahati *Bettruhe*
şart *unbedingt nötig*
tatil *Ferien, Urlaub*
rapor *Attest*
reçete *Rezept*
ishal kesici *Mittel gegen Durchfall*
kere *Mal*
olmasa olmaz *unbedingt notwendig*
kullanmak *(gewöhnlich) nehmen*
siz bilirsiniz *das müssen Sie selber wissen*
çok bitkin düşersiniz *Sie wären sehr ermattet*
pirinç lapası *Reisbrei*
en önemlisi *am wichtigsten*
bol *reichlich*
içmelisiniz *Sie müssen trinken*
mutlaka *unbedingt*
yatmalısınız *Sie müssen das Bett hüten*

11B Sprachgebrauch – Landeskunde

1. Körperteile werden im Türkischen immer in einem Besitzverhältnis genannt – also nicht: *der Kopf tut (mir) weh,* sondern: *mein Kopf tut weh.* Dies gilt auch für Verwandtschaftsbezeichnungen – also *mein Großvater wohnt allein* statt *(der) Großvater wohnt allein.*

11B

2. Die vielen Vokabeln, die dieser Abschnitt bringt, werden zum Teil in den Übungen wiederholt. Sie sind nicht in erster Linie zum Auswendiglernen, sondern zum Nachschlagen bestimmt. Stellen Sie sich eine Liste zusammen, die Sie auswendig lernen wollen.

Beschwerden und Körperteile:

başım ağrıyor	*ich habe Kopfschmerzen*
dişim ağrıyor	*ich habe Zahnschmerzen*
sırtım ağrıyor	*ich habe Rückenschmerzen*
karnım ağrıyor	*ich habe Bauchschmerzen*
ayaklarım ağrıyor	*meine Füße tun weh*
eklemlerim ağrıyor	*ich habe Gelenkschmerzen*
sağ kulağım ağrıyor	*mein rechtes Ohr tut weh*
sol omuzum ağrıyor	*meine linke Schulter tut weh*
dizim tutuluyor	*ich bekomme ein steifes Knie* (diz: *Knie*)
boynum tutuluyor	*ich habe einen steifen Hals* (boyun: *äußerer Hals, Nacken*)
ateşim var	*ich habe Fieber*
ağrım var	*ich habe Schmerzen*
sancım var	*ich habe stechende Schmerzen*
kanamam var	*ich habe eine Blutung*
çarpıntım var	*ich habe Herzklopfen*
burnum akıyor	*meine Nase läuft*
boğazım kaşınıyor	*mein Hals juckt; ich spüre ein Kratzen im Hals* (boğaz: *innerer Hals, Schlund*)
midem bulanıyor	*mir ist übel* (mide: *Magen*)
başım dönüyor	*mir ist schwindlig*
gözlerim kararıyor	*mir wird schwarz vor Augen* (göz: *Auge*)
ayağım burkuldu	*mein Fuß ist umgeknickt*
ayak bileğim incindi	*mein Fußgelenk ist verstaucht* (ayak bileği: *Fußgelenk*)
kolum kırıldı	*mein Arm ist gebrochen* (kol: *Arm*)
bileğim çıktı	*mein Handgelenk ist ausgekugelt* (bilek: *Handgelenk*)
bacağım tutuldu	*ich habe ein steifes Bein* (bacak: *Bein*)

In der letzten Gruppe kommen Vergangenheitsformen vor, die später erläutert werden [12C]: Die Beschwerden beruhen auf einem Geschehen in der Vergangenheit.

3. Ausdrücke wie **başım dönüyor** finden Sie im Wörterbuch unter **baş** in der Form »baş**ı** dönmek« bzw. »~**ı** dönmek«, wobei die Endung **-ı** für den Possessiv 3. Person Singular steht. (Je nach Satzzusammenhang muß dafür das Possessivsuffix der entsprechenden Person eingesetzt werden.)

11C Grammatik

1. Der Verkäufer im Bekleidungsgeschäft fragte: »Başka bir arzunuz var mı?« [8A, 8E] und ließ dabei das Personalpronomen weg, das zu **arzunuz** gehört. Hätte er sich einem anderen Kunden zugewandt, um sich nach dessen Wünschen zu erkundigen, hätte er sich mit dem betonten Personalpronomen folgendermaßen ausgedrückt:

   Sizin başka bir arzunuz var mı? *(Und Sie?) Haben* ***Sie*** *sonst noch einen Wunsch?*

2. Wer oder was etwas besitzt, wird mit dem Genitivsuffix **+(n)İN** gekennzeichnet und dem Besitzgegenstand vorangestellt. Dieser hat das Possessivsuffix **+(s)İ**:

   Yaşar'**ın** babası *Yaşars Vater* Fatma'**nın** torunu *Fatmas Enkel*

3. Die Bindekonsonanten sind **n** und **s** bei vokalischem Auslaut, es gibt jedoch zwei Ausnahmen: die Wörter **su** *Wasser* und **ne** *was* haben ein **y** im Genitiv und im Possessiv:

   su**y**un faydası *der Nutzen des Wassers* şehrin su**y**u *das Wasser der Stadt*
   ne**y**in faydası *der Nutzen von was?* şehrin ne**y**i? *(aber auch:* nes**i**?*) was von der Stadt?*

4. Beachten Sie bei der Genitivkonstruktion auch die Konsonantenerweichung:

   kitap *Buch* + kapak *Deckel* → kita**b**ın kapa**ğı** *der Deckel des Buches*
   sandık *Truhe* + kilit *Schloß* → sandı**ğ**ın kili**d**i *das Schloß der Truhe*
   ağaç *Baum* + kurt *Wurm* → ağa**c**ın kur**d**u *der Wurm des Baumes*

Genitiv	Possessiv, auf Konsonant	Possessiv, auf Vokal	
(ben**im**)	baş**ım**	ağrı**m**	+(İ)m
(sen**in**)	sırt**ın**	pirinç lapa**n**	+(İ)n
(o**nun**)	ateş**i**	muayene**si**	+(s)İ
(biz**im**)	hekim**imiz**	hastane**miz**	+(İ)mİz
(siz**in**)	şikayet**iniz**	reçete**niz**	+(İ)nİz
onlar**ın**	hastalı**ğı**	soru**su**	+(s)İ
–	hastalık**ları**	soru**ları**	+lErİ

5. Nach dem Besitzer oder der Zugehörigkeit einer Sache wird gefragt, indem die Fragepronomina **ne** *was*, **kim** *wer* und **nere** *welcher Ort* mit dem Genitiv- bzw. Possessivsuffix versehen werden:

ne**yin** kapağı?	*der Deckel von was? / wessen Deckel? / wovon der Deckel?*
kitabın ne**yi** *(oder:* ne**si**?*)*	*was vom Buch? / welcher Teil des Buches?*
kim**in** kedisi?	*wessen Katze?*
Ayşe'nin kim**i**?	*wer (= was für ein Angehöriger) von Ayşe?*
nere**nin** haritası?	*die Landkarte von wo?*
Türkiye'nin nere**si**?	*welcher Ort (welche Ortschaft/Gegend) der Türkei?*

6. Die Verbindung von Genitiv und Possessiv ist auch die Grundlage für die Umschreibung des deutschen Verbs *haben*, das das Türkische als solches nicht kennt [8E]:

(sizin) ateşiniz **var**	*Sie haben Fieber (»Ihr Fieber ist vorhanden«)*
(sizin) ateşiniz **yok**	*Sie haben kein Fieber (»Ihr Fieber ist nicht vorhanden«)*

In der dritten Person können Sie dieses Muster nicht nur mit Personalpronomina, sondern auch mit Substantiven verwenden:

Wolfgang'ın ateşi **var.**	*Wolfgang hat Fieber.*
Çocukların ağrısı **yok mu**?	*Haben die Kinder keine Schmerzen?*

7. Beachten Sie, daß solche Sätze stets die 3. Person zum Subjekt haben. Gleichgültig, ob *ich habe, du hast, sie hat* ..., im türkischen Satz *ist* immer eine Sache *vorhanden* – meine, deine, ihre usw. Beachten Sie auch die Behandlung des Plurals: Mahmut'un kardeş**leri** var.

11D Übungen

1. *Ordnen Sie den Körperteilen (links) die Beschwerden (rechts) zu. Beispiel:*

(baş, ağrımak)
Başım ağrıyor.

a) sırt
b) eklem(ler)
c) kulak
d) göz
e) baş
f) mide
g) karın (-rnı)
h) kalp

A. sıkışmak
B. tutulmak
C. bulanmak
D. dönmek
E. sancımak
F. kararmak
G. uğuldamak
H. ağrımak

burun (*Genitiv* burnu) *Nase*
karın (*Genitiv* karnı) *Bauch*
kalp *Herz*
sıkışmak *sich verkrampfen*
sancımak *stechend schmerzen*
kararmak *schwarz werden*
uğuldamak *rauschen*
akmak *laufen (rinnen, fließen)*

2. *Fragen Sie, ob Ihr Gegenüber solche Beschwerden hat. Beispiel:*

(baş, ağrımak)
Başın ağrıyor mu?

3. *Der Arzt bittet Sie, tief einzuatmen, ein wenig zu warten ... usw. Wiederholen Sie die Befehlsformen [7C2]:*

(derin nefes almak)
Derin nefes alın!

a) biraz beklemek b) şuraya yatmak c) eğilmek d) ışığa bakmak e) yüzükoyun yatmak f) sırtüstü yatmak g) ayağa kalkmak h) soyunmak i) giyinmek j) »aaa!« demek

derin *tief*
nefes almak *einatmen*
[E] yatmak *sich legen*
[E] eğilmek *sich bücken*
ışık *Licht*
yüzükoyun *auf dem Bauch*
sırtüstü *auf dem Rücken*

4. *Der Arzt bittet Sie, Ihre Jacke auszuziehen, den Ärmel hochzukrempeln ... usw. Beachten Sie die Possessivformen:*

(ceket, çıkarmak)
Ceketinizi çıkarın, lütfen!

a) kol, sıyırmak b) ağız (-ğzı), açmak c) gömlek, çıkarmak d) dil, çıkarmak e) kalça, açmak f) nefes, tutmak g) nefes, bırakmak h) kendi, rahat bırakmak i) yumruk, sıkmak j) yumruk, açmak

kol *Ärmel*
[İ] sıyırmak *aufkrempeln*
ağız (*Genitiv* ağzı) *Mund*
[İ] demek *sagen*
dil *Zunge*
[İ] çıkarmak *ausstrecken*
kalça *Oberschenkel*
[İ] bırakmak *loslassen*
kendi(si) *selbst, eigene Person*
kendiniz *Sie selbst*
rahat *locker*
yumruk *Faust*
[İ] sıkmak *spannen, drücken*

5. *Fragen Sie, ob es in der Nähe ... gibt, und lassen Sie Ihren Partner antworten:*

(hastane)
Affedersiniz, yakında hastane var mı?

a) doktor b) diş hekimi c) eczane d) röntgen uzmanı e) çocuk doktoru f) doğumevi g) ebe h) poliklinik i) sağlık merkezi j) ortopedist

eczane *Apotheke*
ebe *Hebamme*
uzman *Spezialist*
doğumevi *Geburtenstation*
sağlık merkezi *Klinik (in kleineren Orten)*
orthopedist *Orthopäde*

6. *»Haben Sie ... ?«*

(anestezi uzmanı)
Anestezi uzmanınız var mı?

a) ateş b) kolesterol c) tansiyon d) ağrı e) sancı f) ilaç g) antibiyotik h) ağrı kesici i) ateş düşürücü j) serum

7. *»Haben Sie kein- ... ?«*

(ebe)
Ebeniz yok mu?

a) flaster b) sargı bezi c) pamuk d) oksijenli su e) reçete f) sigorta g) rapor h) ambulans i) doğum servisi j) muayenehane

anestezi *Anästhesie*
antibiyotik *Antibiotikum*
ağrı kesici *Schmerzmittel*
[I, DEn, E] düşürmek *senken*
flaster *Pflaster*
sargı bezi *Verbandstuch*
pamuk *Watte, »Baumwolle«*
oksijenli su *Wasserstoffsuperoxyd*
sigorta *Versicherung*
ambulans *Krankenwagen*
muayenehane *(Privat-) Praxis*

11E Erweiterung

1. In den bisherigen Texten kamen kleine Funktionswörter vor, die nicht eingehend erläutert wurden. Es handelt sich dabei um *Postpositionen*; das sind (Verhältnis-) Wörter, die einem Substantiv oder Pronomen nachgestellt sind.

Bahar **ile**	*mit Bahar* [7B] – *oder:* Bahar'**la** [siehe unten 2.]
ben **de**	*ich auch* [1A] – *oder (veraltet):* ben **dahi** [siehe unten 4.]
dün**den beri**	*seit gestern* [1D]
1981'**den beri**	*seit 1981* [9A]
her zamanki **gibi**	*wie immer* [1D]
mektup atmak **için**	*um Briefe einzuwerfen, »fürs Briefe-Einwerfen«* [2A]
telefon **için**	*zum Telefonieren, »fürs Telefonat«* [2A]
Arnavutköy'**e kadar**	*bis nach Arnavutköy* [6A]
saat 11'**den önce**	*vor 11 Uhr* [7A]
ay takvimin**e göre**	*nach dem Mondkalender* [9A]
Ramazan ayın**dan sonra**	*nach dem Monat Ramadan* [9A]
nargile **bile**	*sogar Wasserpfeife* [6A]
öğlen**e doğru**	*gegen Mittag* [10D]

2. Die Postpositionen **ile** und **dahi** werden heute häufiger in ihren Endungsformen verwendet: **+(y)lE** und **+_dE**. Beide folgen auf Substantive im Nominativ.

   Das **y** in Klammern taucht nach vokalischem Auslaut auf, es ist ein Überbleibsel des **i** von **ile**: Sara'**yla** (heute seltener: Sara **ile**).

3. Als Postposition bedeutet **ile** *»mit«*:

Wolfgang yemeğe Emine ile gidiyor.	*Wolfgang geht mit Emine zum Essen.*

   Sie kennen bereits die gleichlautende Konjunktion, die *»und«* bedeutet, aber nur zwischen zwei Substantiven vorkommen kann [7B].

Romeo ile Jülyet, Romeo'yla Jülyet	*Romeo und Julia*

4. Das Wort **dahi** ist heute auch seltener geworden. Die Endungsform **+_dE** wird immer getrennt geschrieben [3C1]. Auch dieses Suffix hat eine zweite Bedeutung als Konjunktion: Nach dem ersten Satzglied gesprochen ist es ein *»und«*, mit dem man im Deutschen einen Satz beginnt.

Sonra da Beşiktaş'a geçiyor.	*Und dann setzt er nach Beşiktaş über.*

5. Beachten Sie die in eckigen Klammern angegebenen Vorzeichen der Postpositionen! Mit verschiedenen Kasus sind meist verschiedene Bedeutungen verknüpft:

[E] kadar	*bis*	Üsküdar'**a kadar** yürüyor	*er geht bis Üsküdar zu Fuß*
[-] kadar	*soviel wie (etwa)*	yol bir saat **kadar** sürüyor	*der Weg dauert etwa eine Stunde*
[DEn] sonra	*nach*	vapur**dan sonra** dolmuşa biniyor	*nach dem Dampfer nimmt er ein Sammeltaxi*
- sonra	*später, danach*	**sonra** büroya yürüyor	*danach geht er zu Fuß ins Büro*
[DEn] önce	*vor*	iş**ten önce** biraz gazete okuyor	*vor der Arbeit liest er ein wenig Zeitung*
- önce	*vorher, davor, zuerst*	ama **önce** bir çay içiyor	*zuerst trinkt er aber einen Tee*

6. Die Postpositionen **önce** und **sonra** lassen sich mit zusätzlichen Bestimmungen genauer fassen:

Yemekten **on dakika** önce buluşalım!	*Laß(t) uns uns zehn Minuten vor dem Essen treffen! (Treffen wir uns ...!)*
Film haberlerden **hemen** sonra başlıyor.	*Der Film fängt gleich nach den Nachrichten an.*

11F Weitere Übungen

1. *Verbinden Sie die Personen mit dem Suffix* **-(y)lE** *(=und)*

(Romeo, Jülyet)
Romeo'yla Jülyet

a) Ali, Ayşe b) Bonny, Clyde c) Karagöz, Hacivat d) Laurel, Hardy e) Leyla, Mecnun f) Jül, Jim g) Ferhat, Şirin h) Hänsel, Gretel i) Gargantua, Pantagruel j) Kelile, Dimne

2. *Wer kommt mit wem? – Sie haben die jeweils erstgenannten Personen oben eingeladen; sie alle kommen und bringen ihren Partner mit:*

(Romeo, Jülyet)
Romeo Jülyet'le geliyor.

3. *Was machen Sie täglich, und wann?*

(kahvaltı, önce, jimnastik yapmak)
Her gün kahvaltıdan önce jimnastik yapıyorum.

a) kahvaltı, önce, gazete okumak b) kahvaltı, sonra, radyo dinlemek c) saat 11, kadar, çalışmak d) yemek, kadar, kitap okumak e) saat 13, doğru, yemek yemek f) yemek, sonra, yatmak g) uyku, sonra, yürüyüş yapmak h) öğle, sonra, kahve içmek i) akşam, doğru, çay içmek j) geceyarısı, kadar, kitap okumak

her gün *jeden Tag*
jimnastik yapmak *turnen*
jimnastik *Gymnastik*
uyku *Schlaf*
yürüyüş *Spaziergang, Wanderung*

4. *Erzählen Sie in ähnlicher Weise von Ihrem eigenen Tagesablauf!*

5. *Erzählen Sie jetzt, was Sie an Ihrem Tagesablauf lieber anders gestaltet hätten:*

(Her gün kahvaltıdan önce jimnastik yapıyorum.)
Kahvaltıdan önce şarkı söylemek isterdim.

şarkı söylemek *singen*
şarkı *Lied*
isterdim *ich würde gern*

6. *Setzen Sie die passende Postposition ein!*

Bu parçayı Elise <u>için</u> yazıyorum.

İki haftadan ________ İstanbul'dayız, ama Adalar'ı daha bilmiyoruz. Yarın sabah 7'ye ________ *(= gegen)* yola çıkalım. Kahvaltıdan ________ *(= vor)* Üsküdar'a ________ *(= bis)* gidelim. Oradan otobüs________ Bostancı'ya geçelim. Hatice'________ Selami orada oturuyor. Onlar________ buluşalım, kahvaltı edelim. Onlar ________ *(= auch)* Adalar'ı gezmek istiyor. Kahvaltıdan ________ *(= nach)* hep beraber vapura binelim, Büyükada'ya gidelim. Adalar'da motorlu taşıt yok, gezmek ________ bisiklet kiralayalım.

parça *Stück*
Adalar *die Prinzeninseln*
Büyükada *Prinkipo, eine der Prinzeninseln*
motorlu *motorisiert*
taşıt *Fahrzeug*
[I] gezmek *bereisen, besichtigen*

11G

11G Text 2

Die Umgangssprache macht reichlich Gebrauch von der Stilfigur des Hendiadyoin, die einen Begriff durch zwei Wörter darstellt, wie »Haus und Hof« und »Hab und Gut«. So steht zum Beispiel ***dere tepe*** *für Landschaft überhaupt.*

Bedava

Bedava yaşıyoruz, bedava;
Hava bedava, bulut bedava;
Dere tepe bedava;
Yağmur çamur bedava;
Otomobillerin dışı,
Sinamaların kapısı,
Camekânlar bedava;
Peynir ekmek değil ama
Acı su bedava;
Kelle fiyatına hürriyet,
Esirlik bedava;
Bedava yaşıyoruz, bedava.

Orhan Veli Kanık

bedava *gratis*
bulut *Wolke*
dere tepe *Berg und Tal*
yağmur çamur *Regen und Matsch*
otomobil *Automobil*
dış *das Äußere*
sinama = sinema
camekan *Schaufenster*
peynir ekmek *einfachstes Essen*
acı su *Brunnenwasser*
kelle *Kopf, Schädel (verächtlich)*
[-] fiyatına *zum Preis von*
hürriyet *Freiheit*
esirlik *Gefangenschaft*

12A Text

Emine unterhält sich mit Wolfgang darüber, was er seit der letzten Begegnung gemacht hat.

Ne yazık!

W: Bugün trafik az, çabuk geldik Emirgan'a.

E: Evet, iyi oldu. Sen buraya daha önce gelmiştin, değil mi?

W: Gelmiştim, ama geceydi. Etrafı pek görmedim. Çok güzel bir yer.

E: Evet, ama karşıdaki yapılaşmaya hiç bakmayacaksın! O zaman güzel bir yer.

W: Evet, İstanbul o bakımdan çok kötü. – Buraya Eminönü'nden vapur da çalışıyor, değil mi?

E: Eskiden çalışıyordu, ama çoğunu kaldırdılar. Şimdi daha çok turistik vapurlar var, Boğaz'da.

W: Ne yazık!

E: Öyle, ya! Peki, sen Boğaz'ın nerelerini biliyorsun?

W: Birkaç kere Ortaköy'deki bitpazarına gittim, bir kere Kanlıca'da arkadaşlarla yoğurt yedik.

E: Balık yemeye gitmedin mi hiç?

W: Hayır, ama geçen pazar tekne kiraladık, gezdik, akşam da teknede balık pişirdik.

E: Biliyor musun, ben daha hiç tekne gezintisi yapmadım, Boğaz'da.

W: İstersen, üç hafta sonra gene bir gezi var, bize katılabilirsin.

E: Aa, harika olur! Nereye gidiyorsunuz?

ne yazık! *wie schade!*
trafik *Verkehr*
çabuk *schnell, rasch*
Emirgan *(Stadtteil am westlichen Bosporusufer)*
etraf *Umgebung*
pek *recht*
güzel *schön*
yapılaşma *Verbauung*
o bakımdan *in dieser Hinsicht*
[-] çalışmak *verkehren [Verkehrsmittel]*
eskiden *früher*
çoğu *die meisten*
[I] kaldırmak *abschaffen*
öyle, ya! *ja, stimmt!*
peki *nun (am Satzanfang)*
[I] bilmek *kennen*
birkaç *einige*
Ortaköy *(Stadtteil am westlichen Bosporusufer)*
bitpazarı *Flohmarkt*
Kanlıca *(Stadtteil am östlichen Bosporusufer)*
balık *Fisch*
yemeye gitmek *etwas essen gehen*
hiç *überhaupt, je*
hiç *(+ Verneinung) nie*
tekne *Boot*
gezinti *Ausflug*
gezi *Ausflug, Reise*
üç hafta sonra *in drei Wochen*
katılabilirsin *du kannst dich uns anschließen*
[E] katılmak *an etwas teilnehmen, sich jemandem anschließen*
harika olur *das wäre herrlich*

12A

W: Geçen sefer Boğaz'ın sonuna kadar gittik. Orada bir koy var ...
E: Poyrazköy koyu mu?
W: Evet! O gün Türk arkadaşlar suyu biraz soğuk buldu, ama ben denize bile girdim.

koy *Bucht*
o gün *an jenem Tag*
[İ] bulmak *finden*
denize girmek *im Meer baden*

12B Sprachgebrauch – Landeskunde

1. Erlebte und erzählte Vergangenheit: Bei einer Erzählung über Vergangenes wird im Türkischen vor allem unterschieden, ob die sprechende Person den Sachverhalt, von dem sie spricht, selbst (und bewußt) erlebt hat. Die Vergangenheitsformen auf -Dİ [12C] haben alle diesen Charakter eines Augenzeugenberichts gemeinsam.

   Sie lernen später noch eine Verbform kennen, die beim Berichten vom Hörensagen oder bei der Feststellung eines Geschehens im Nachhinein [20C] verwendet wird.

2. Was über **kimse** gesagt wurde [10B3], gilt auch für **hiç**: Es kommt in Fragesätzen in der Bedeutung *überhaupt* vor, in verneinten Aussage- und Fragesätzen bedeutet es *überhaupt nicht.* In bejahten Aussagesätzen taucht es nicht auf (ausgenommen die Wendung **ya hep, ya hiç** *alles oder nichts*).

Sen Türkiye'ye **hiç** gittin **mi?**	*Bist du jemals in die Türkei gefahren?*
Hayır, daha **hiç** git**me**dim.	*Nein, ich war noch nie da.*

3. Verbalnomen auf **-(y)EcEk:** Das Suffix **-(y)EcEk** bildet nicht nur das Futur der 3. Person Singular, sondern es ist auch ein Wortbildungssuffix. Es macht aus Verbstämmen Nomina, d.h. Wörter, die sowohl als Adjektiv wie auch als Substantiv verwendbar sind, zum Beispiel **içecek**:

ADJEKTIV:	Burada içecek bir şey var mı?	*Gibt es hier etwas zu trinken (= eine zu trinkende Sache)?*
SUBSTANTIV:	İçecekleri nereye koydunuz?	*Wo habt ihr die Getränke hingestellt?*

   Solche Adjektive können praktisch von jedem Verbstamm ad hoc gebildet werden. So können Sie bei Bedarf etwa folgende Formen bilden:

Burada **yapacak** çok iş var.	*Hier gibt es viel zu tun (= viel zu verrichtende Arbeit)*
Kalacak bir yer arıyoruz.	*Wir suchen einen Platz zum Übernachten.*
Yazacak bir şeyiniz var mı?	*Haben Sie etwas zum Schreiben da?*

   Die Substantive dagegen sind lexikalisiert. Ihre Bedeutung ist festgelegt, und sie müssen wie jede andere Vokabel gelernt werden. Vergleichen Sie:

açacak	*(Kronkorken-)Öffner*	yakacak	*Brennstoff*
giyecek	*Kleidung*	yiyecek	*Nahrung, etwas zum Essen*

12C Grammatik

1. Die Grundform für vergangenes Geschehen ist die Vergangenheit auf **-Dİ**, auch »Perfekt« genannt, weil sie sich immer auf eine abgeschlossene Handlung bezieht.
   Das Geschehen gehört auch dann der Vergangenheit an, wenn es erst vor wenigen Sekunden abgeschlossen wurde:

Acık**tım**.	*Ich habe Hunger (bekommen).*
Susa**dım**.	*Ich habe Durst (bekommen).*
Hatırla**dım**.	*Ich erinnere mich.* *(= Es ist mir eingefallen.)*

	Perfekt	
	Aussage -Dİ	*Frage* -Dİ mİ
(ben)	çalış**tım**	çalış**tım mı**?
(sen)	çalış**tın**	çalış**tın mı**?
(o)	çalış**tı**	çalış**tı mı**?
(biz)	çalış**tık**	çalış**tık mı**?
(siz)	çalış**tınız**	çalış**tınız mı**?
onlar	çalış**tı**	çalış**tı mı**?
–	çalış**tı**lar	çalış**tı**lar **mı**?

2. Das türkische Imperfekt auf **-(İ)yordu** dagegen wird am häufigsten für Rahmenerzählungen eingesetzt. Es vermittelt, was *gerade dabei war* zu geschehen. Vergleichen Sie:

   Dün parkta yürü**yordum**, Ali'yi gör**düm**.

   Gestern ging ich im Park (das Gehen ist noch nicht vollendet) – *(da) sah ich Ali* (das Sehen, Erblicken ist vollendet).

   Die Kombination **-(İ)yordu** setzt dasjenige Geschehen in die Vergangenheit, wovon in der Gegenwart mit **-(İ)yor** berichtet wurde. Da diese Verbform aus einer Gegenwart, **şimdiki zaman**, etwas Erzähltes, **hikaye**, macht, lautet die türkische Bezeichnung »şimdiki zamanın hikayesi«, *Erzählung des yor-Präsens* [vgl. 10C7].

	Imperfekt	
	Aussage -(İ)yordu	*Frage* -(İ)yor muydu
(ben)	gez**iyordu**m	gez**iyor muydu**m?
(sen)	gez**iyordu**n	gez**iyor muydu**n?
(o)	gez**iyordu**	gez**iyor muydu**?
(biz)	gez**iyordu**k	gez**iyor muydu**k?
(siz)	gez**iyordu**nuz	gez**iyor muydu**nuz?
onlar	gez**iyordu**	gez**iyor muydu**?
–	gez**iyor**lar**dı**	gez**iyor**lar **mıydı**?

3. Bei der Verneinung folgt im Perfekt zuerst das Suffix **-mE** auf den Verbstamm. (Der Akzent bleibt auf dem Stamm!)

Ali'yi gördüm, Ayşe'yi gör**me**dim.	*Ich habe Ali gesehen, aber Ayşe nicht.*

Die Verneinung des Imperfekts ist wie beim Präsens. (Der Akzent bleibt auf dem Stamm!)

Parkta otur**mu**yordum, yürüyordum.	*Ich habe im Park gerade nicht gesessen, sondern bin herumgelaufen(, als ... geschah).*

4. Das Fragesuffix **+_mİ** wird beim Perfekt erst nach der Personalendung angeschlossen.

Sen dün çalıştın **mı**, çalışmadın **mı**?	*Hast du gestern gearbeitet oder nicht?*

Beim Imperfekt ist die Frageform wie beim Präsens:

Parkta geziyor **mu**ydun? Ali de geziyor **mu**ydu?	*Bist du gerade im Park herumgelaufen? Ali auch?*

5. Für das Verb *sein* besteht die Unterscheidung »vollendet / unvollendet« nicht. Hier gibt es eine Wort- und eine Endungsform, wobei die letztere häufiger ist.

(ben) dün evde **idim**
= (ben) dün evde**ydim**
ich war gestern zu Hause

Beachten Sie das **y**, das nach Vokalen eingeschoben wird.

Perfekt und Imperfekt

	Aussage +(y)Dİ	*Frage* +_mİydİ
(ben)	evde**ydim**	evde **miydim**?
(sen)	evde**ydin**	evde **miydin**?
(o)	evde**ydi**	evde **miydi**?
(biz)	evde**ydik**	evde **miydik**?
(siz)	evde**ydiniz**	evde **miydiniz**?
onlar	evde**ydi**	evde **miydi**?
–	evde**ydiler**	evde **miydiler**?
oder:	evdeler**di**	evdeler **miydi**?

6. Die Verneinungsform setzt sich aus **değil**, **di** und einer Personalendung wie bei der Bejahung zusammen (siehe 5.).

Ben dün evde idim, alışverişte **değil idim**.
Ben dün evdeydim, alışverişte **değildim**.

12D Übungen

1. *Füllen Sie die Lücken aus:*

Ben, Ahmet Yüksel, 1953'te Fındıklı'nın Tatlısu köyünde doğ________. 1960'ta köyümüzde ilkokula başla________. 1965–68 arası ilçedeki ortaokula, 68'den 71'e kadar da Rize'deki liseye git________. Sonra Trabzon'da makina mühendisliği oku________. Öğrenimden sonra askerlik yap________ ve İstanbul'da bir şirkette işe gir________. Ertesi yıl evlen________.

Fındıklı'nın *des Landkreises Fındıklı*
Tatlısu köyü *das Dorf Tatlısu*
[-] doğmak *geboren werden*
ilkokul *Grundschule (1.–5. Klasse)*
[E] başlamak *beginnen*
ilçe *Landkreis*
ortaokul *Mittelschule (6.–8. Klasse)*
Rize, Trabzon *Provinzhauptstädte am östlichen Schwarzen Meer*
lise *Oberschule (9.–11. Klasse)*
mühendislik *Ingenieurwissenschaft, -technik*
öğrenim *Studium*
askerlik *Militärdienst*
şirket *Firma*
işe girmek *eine Stelle antreten*
ertesi yıl *im folgenden Jahr, im Jahr darauf*

2. *Schreiben Sie Ihren Lebenslauf in Kurzform auf. Verwenden Sie die deutschen Bezeichnungen für Schulen, Berufe usw.*

3. *Erzählen Sie, was Sie gestern gemacht haben. Nehmen Sie folgenden Text zum Ausgangspunkt:*

a) Ben dün saat sekiz buçukta kalk________. b) Önce simit al________. c) Sonra kahvaltı et________. d) Kahvaltıda radyo dinle________. e) Sonra evden çık________, işe git________. f) Saat ...'e kadar çalış________. g) İşten sonra çarşıya uğra________. h) Biraz alışveriş yap________. i) Akşam bir arkadaşımı çağır________. j) Beraber biraz sohbet et________. k) Sonra Türkçe çalış________. l) Saat ...'de o git________. m) Ben televizyonda bir film seyret________. n) Saat ...'de yat________.

[DEn] kalkmak *aufstehen*
... buçuk *... und einhalb*
simit *Sesamkringel*
[E] uğramak *vorbeischauen*
[IE] sohbet etmek *sich unterhalten*

4. *Sie waren gerade bei einer Tätigkeit, Beispiel:*

(kahvaltı etmek):
Kahvaltı ediyordum ...,

– da geschah etwas, Beispiel:

(telefon, çalmak):
... telefon çaldı.

[-] çalmak *klingeln*
ayağa kalkmak *aufstehen*
[-] kesilmek *ausgehen, abgestellt werden*

Bilden Sie jeweils zwei Sätze:

a) ayağa kalkmak – başım dönmek b) elimi, yüzümü yıkamak – su, kesilmek c) kahvaltı etmek – tamirciler, gelmek d) radyo dinlemek – gürültü, başlamak e) evden çıkmak – yağmur, başlamak f) çalışmak – acıkmak g) çarşıya gitmek – Ali'ye rastlamak h) alışveriş yapmak – cüzdanımı kaybetmek i) bir arkadaşla telefonlaşmak – kapı, çalınmak j) sohbet etmek – susamak k) Türkçe çalışmak – saat 11, olmak l) arkadaş, tam, gitmek – bir film, başlamak m) film seyretmek, uykum gelmek

tamirci *Reparaturfachmann*
gürültü *Lärm*
[-] acıkmak *Hunger bekommen*
[E] rastlamak *begegnen*
[İ] kaybetmek *verlieren*
[lE] telefonlaşmak *telefonieren*
[kapı] çalınmak *(unpersönlich:) klingeln*
[-] susamak *Durst bekommen*
uykusu gelmek *(unpersönlich:) müde werden*

5. *»Ich hoffe, du warst (ihr wart) nicht gerade ...« Sie haben das Gefühl, gestört zu haben und fragen:*

(uyumak)
Umarım, uyumuyordun(uz).

a) dinlenmek b) evden çıkmak c) yemek yemek d) çalışmak e) banyo yapmak

6. *Fragen Sie, wo Ihr Gegenüber war:*

– Dün sabah evde miydin? (iş)
– Hayır, işteydim.

a) Dün öğlen işte miydin? (alışveriş) b) Dün öğleden sonra okulda mıydın? (sinema) c) Dün akşam kahvede miydin? (konser) d) Dün gece Ayşe'de miydin? (ev) e) İki gün önce tatilde miydin? (iş) f) Geçen hafta burada mıydın? (gezi) g) Önceki ay izinde miydin? (hastane) h) Geçen yıl İstanbul'da mıydın? (Van) i) Üç yıl önce aynı şirkette miydin? (başka bir şirket)

dün *gestern*
öğleden sonra *Nachmittag*
geçen *vergangen, letzt-*
önceki *vorletzt-*
izin *Urlaub*
aynı *selb-, gleich-*

12E Erweiterung

Emine könnte nach dem Spaziergang am Bosporus folgendes in ihr Tagebuch geschrieben haben:

Emine'nin günlüğünden

Geçenlerde Wolfgang eve not bırakmıştı. (Telefonum halâ bozuk!). Dün ben onu otelden aradım. Akşamüzeri Beşiktaş iskelesinde buluştuk. Çocuğu yıllardır görmemiştim. Bir zamanlar mektuplaşıyorduk, ama nedense, geçen yazdan beri yazışmadık.
Çok sevindim. Çok da heyecanlandım, doğrusu.
Biraz Boğaz'da yürüdük, sonra Emirgân'da çay içtik, 8'e doğru da otobüsle Taksim'e döndük. O, iş arkadaşlarıyla buluşup sinemaya gitti; ben onlara katılmak istemedim, eve geldim.
Beni bir Boğaz gezisine davet etti. Ama daha önce ortak arkadaşlarla bir akşam yemeğe gideceğiz. Müzikli bir lokanta olsun, istedi. Bense hiç bilmiyorum öyle yerleri. Sara'ya bir telefon edeyim, bakalım.

günlük *Tagebuch*
geçenlerde *neulich*
[E] not bırakmak *eine Nachricht hinterlassen*
halâ *immer noch*
akşamüzeri *(am) Spätnachmittag*
[IE] buluşmak *sich treffen mit*
çocuk *hier: Knabe*
yıllardır *seit Jahren*
bir zamanlar *einst*
[IE] mektuplaşmak *Briefe wechseln*
nedense *warum auch immer*
[IE] yazışmak *sich schreiben*
[E] sevinmek *sich freuen*
[E] heyecanlanmak *aufgeregt sein*
[İ, E] davet etmek *einladen*
ortak *gemeinsam*
müzikli *mit (Live-)Musik*
... olsun istedi *er wollte, daß ... sei*
bense *was mich betrifft, ich dagegen*
bakalım *mal (Modalpartikel)*

Am Taksim

1. Die Vorvergangenheit wird durch eine Kombination von zwei Vergangenheitsformen gebildet. Zu dem Suffix **+mİş** (vergleichbar dem deutschen Partizip Perfekt) tritt die Vergangenheit des Verbs *sein* [12C5] **-(y)Dİ/idi**. Die darauffolgenden Personalendungen sind wie beim Perfekt.

	Plusquamperfekt	
	Aussage -mİştİ	*Frage* -mİş mİydİ
(ben)	gör**müştüm**	gör**müş müydüm**?
(sen)	gör**müştün**	gör**müş müydün**?
(o)	gör**müştü**	gör**müş müydü**?
(biz)	gör**müştük**	gör**müş müydük**?
(siz)	gör**müştünüz**	gör**müş müydünüz**?
onlar	gör**müştü**	gör**müş müydü**?
–	gör**müşlerdi**	gör**müş**ler **miydi**?

2. Die Verwendung ist dem Deutschen ähnlich. Meist wird ein Geschehen erzählt, das zeitlich weiter zurückliegt als das übrige Erzählte:

Geçenlerde W. eve not bırakmıştı. Dün onu aradım. Akşam üzeri buluştuk. Çocuğu yıllardır görmemiştim.	*Neulich hatte mir W. eine Nachricht hinterlassen. Gestern habe ich ihn angerufen. Am Spätnachmittag haben wir uns getroffen. Ich hatte den Knaben seit Jahren nicht mehr gesehen.*

3. Im Türkischen wird die **-mİştİ**-Form auch dann eingesetzt, wenn der Sprecher das Gefühl hat, der Sachverhalt liege schon sehr weit zurück. In diesem Fall bleibt das jüngst Vergangene unausgesprochen.

Sen Türkiye'ye hiç gitmiş miydin?	*Warst du je (schon mal) in der Türkei?*
Ben bu adamı bir yerden tanıyorum; acaba nerede görmüştüm?	*Ich kenne diesen Mann irgendwoher; wo habe ich ihn bloß schon mal gesehen?*

4. Der Infinitiv hat zwei Formen: **-mEk** und **-mE**. Wie im Deutschen kann er substantivisch verwendet werden (das *Spielen* im Hof, das *Mitbringen* von Tieren ...). Mit Hilfe des substantivierten Infinitivs lassen sich »Infinitivsätze« bilden, wobei je nach dem Kasus des Hauptsatzverbs **-mEk** oder **-mE** verwendet wird. Die Infinitivsätze nehmen im Satz die Stelle einer Subjekt- oder Objektergänzung ein. Unten

sind die Beispiele nach der Funktion des Infinitivsatzes (in eckigen Klammern) geordnet:

SUBJEKT:	[Türkçe öğren**mek**] hiç zor değil.	*Türkisch zu lernen ist überhaupt nicht schwer.*
AKKUSATIVOBJEKT:	Ben [Türkçe öğren**me**]yi çok seviyorum.	*Ich liebe es, Türkisch zu lernen. (Ich lerne gern Türkisch.)*
DATIVOBJEKT:	Ben [Türkçe öğren**me**]ye Almanya'da başladım.	*Ich habe in Deutschland angefangen, Türkisch zu lernen.*
ABLATIVOBJEKT:	Ben bugün [Türkçe öğren**mek**]ten biraz yoruldum.	*Ich bin vom Türkischlernen etwas müde.*

12F Weitere Übungen

1. *Sie erzählen, daß Sie folgendes schon einmal gemacht haben ...*

(Bu yaz Kapadokya'ya gittim.)
Geçen yaz da Kapadokya'ya gitmiştim.

a) Bugün dışarıda yedim. b) Dün sinemaya gittim. c) Bu hafta güzel bir roman okudum. d) Bu ay çok mektup yazdım. e) Bu yıl çok gezdim. f) Dün akşam televizyon seyrettim. g) Bu kış bir bisiklet aldım. h) Bu yolculuğum çok heyecanlı oldu.

Kapadokya *Kappadokien*
dışarıda *draußen*
roman *Roman*
yolculuk *Reise*

Kappadokien

2. *... oder daß Sie es schon lange nicht mehr gemacht haben. Verwenden Sie die Sätze aus obiger Übung:*

(Bu yaz Kapadokya'ya gittim.)
Çoktan beri hiç gitmemiştim.

3. *Ihr Begleiter ist sehr an Ihrer Lebensgeschichte interessiert. Er fragt Sie:*

a) Siz buraya daha önce hiç gel________? b) En son nereye tatile git________? c) Bu yemeği hiç ye________? d) Öyle mi? Hiç simit yeme________? e) En son ne zaman Türkçe konuş________? f) İlkokulu nerede oku________? g) İşe ne zaman başla________?

4. *Sie bitten Ihren Partner, etwas zu tun (oder nicht zu tun). Setzen Sie die Infinitive ein, und beachten Sie jeweils den Kasus, mit dem das Hauptsatzverb gebraucht wird:*

(bana bu akşam telefon etmek – unutma!)
Bana bu akşam telefon etmeyi unutma!

a) hemen, ekmek almak – git! b) sonra, salata yapmak – başla! c) bana, televizyon seyretmek – gel! d) televizyon seyretmek – kardeşini de getir! e) kızını da getirmek – çalışmak f) pazarlık etmek – öğren! g) süpermarkette pazarlık etmek – deneme! h) her hatamı düzeltmek – vazgeç! i) benimle İngilizce konuşmak – bırak! j) babama telefon etmek – bana hatırlat!

kız *Tochter*
[E] çalışmak *sich bemühen, versuchen zu ...*
denemek *(aus-)probieren, versuchen*
hata *Fehler*
[İ] düzeltmek *verbessern*
[DEn] vazgeçmek *unterlassen*
[İ] bırakmak *aufhören mit*
[E, İ] hatırlatmak *jemanden erinnern an*

12G Text 2

So wenig folkloristisch dieses Gedicht inhaltlich auch ist, vermittelt es doch einen guten Eindruck vom Strophenbau und Rhythmus der Volksdichtung. Dort hat auch das Wechselgespräch mit »dedim ... / dedi ...« eine lange Tradition.

Kapalı Göl

Bir göl yanına vardım
Aynasına eğildim
Dedim: bir yudum su ver
Dedi: çok uykusuzum.

kapalı *geschlossen, verschlossen*
yan *Seite*
[E] varmak *ankommen*
ayna *Spiegel*
yudum *Schluck*
uykusuz *schlaflos*

12G

Küçük bir dere oldum
Dağa çıktım hız aldım
Gölün yanına vardım
Gözlerini kapattı.

Geceden yıldız çaldım
Kıyısına uzattım:
Neden verdin bunları
Benim içim tuz dolu?

Soyunup kuma yattım
Eğilip göle sordum:
Benimle ağlar mısın?
Dedi: Çok uykusuzum.

Barış Pirhasan

dere *Bach*
hız almak *Anlauf nehmen*
[İ] kapatmak *schließen*
yıldız *Stern*
[İ, DEn] çalmak *stehlen*
kıyı *Ufer*
[İ, DEn, E] uzatmak *reichen, hinhalten*
iç *das Innere*
tuz *Salz*
[-] soyunmak *sich ausziehen*
kum *Sand*
[E] ağlamak *weinen*
ağlar mısın *würdest du weinen?*

13A Text

Emine berichtet Wolfgang von einer Wohnung, in die er bald einziehen könnte.

Kutu gibi

E: Wolfgang, sana bir müjdem var! Galiba bir ev buldum.

W: Sahi mi? Nerede? Kaça? Nasıl bir ev?

E: Tarlabaşı'nda, yani Taksim'e çok yakın. Evden çıkınca 10 dakikada işyerindesin. Hem de yürüyerek.

W: Tarlabaşı çok gürültülü bir cadde değil mi?

E: Evet, ama aynı zamanda semtin adı. Bu ev bir ara sokakta. Trafik gürültüsü pek gelmiyor.

W: Bak, bu iyi. Ne zaman görebilirim evi? Sen de gelir misin?

E: Ev sahibi zemin katta oturuyor; işten akşamları beş buçuğa doğru dönüyor.

kutu gibi *kompakt, »wie eine Schachtel«*
müjde *gute Nachricht*
sahi mi? *wirklich?*
[DEn] çıkmak *verlassen, hinausgehen*
hem de *und zwar*
gürültülü *zu laut*
aynı zamanda *gleichzeitig*
ara sokak *Nebenstraße*
görebilirim *ich kann sehen*
sen de gelir misin? *würdest du mitkommen?*
sahip *Besitzer*
zemin kat *Erdgeschoß*
akşamları *abends*

	İstersen, bugün sinemaya gitmeden önce bir uğrayalım!
W:	Tamam. Evin içi nasıl, biraz anlatır mısın? Kaçıncı katta?
E:	Dört katlı bir binanın en üst, yani çatı katı. Kutu gibi, kırk metre kare kadar. Büyücek bir terası var, Haliç'i görüyor.
W:	Nefis! Ya odalar?
E:	Ev iki odalı. Kapıdan girince küçük bir antre var. Solda banyo-tuvalet, karşıda küçük bir oda var, sokağa bakıyor.
W:	Yatak odası. Sağda da salon. Peki mutfak nerede?
E:	Mutfağa salondan geçiyorsun. Yani mutfak da, salon da terasa bakıyor. Ev yeni tamir edilmiş, kat kaloriferi döşenmiş.
W:	Galiba ben tutuyorum bu daireyi. Ne dersin, bu akşam kontrat yapabilir miyiz?
E:	Acele etme! Görüp düşünmeden, pazarlık yapmadan karar verme.

istersen *wenn du willst*
anlatır mısın? *würdest du erzählen?*
kat *Stockwerk*
üst *ober-*
çatı *Dach*
büyücek *recht groß*
Haliç *das Goldene Horn*
nefis! *ausgezeichnet!*
[İ] görmek *hier: einen Ausblick haben auf*
antre *Eingang*
banyo *Bad*
tuvalet *Toilette*
[E] bakmak *gehen nach (Zimmer)*
salon *Wohnzimmer*
[DEn, E] geçmek *gehen durch*
[İ] tamir etmek *renovieren*
tamir edilmiş *renoviert*
kat kaloriferi *Etagenheizung*
[E, İ] döşemek *installieren*
döşenmiş *installiert*
ne dersin? *was meinst du?*
kontrat *Mietvertrag*
yapabilir miyiz? *können wir [den Vertrag] abschließen?*
[DE] acele etmek *sich beeilen*
[İ] düşünmek *sich etwas überlegen*
pazarlık yapmak *handeln*
[E] karar vermek *sich entscheiden*

13B Sprachgebrauch – Landeskunde

1. Sie kennen bereits die Frage nach der Uhrzeit. Hier steht sie in verschiedenen Zeitstufen:

Saat kaç?	*Wie spät ist es?*
Saat kaçtı?	*Wie spät war es?*
Saat kaç olacak?	*Wie spät wird es sein?*

Die Frage *um wieviel Uhr?* wird mit Hilfe des Lokativs gebildet.

Vapur **saat kaçta** geliyor? *Um wieviel Uhr kommt das Schiff an?*

Das Wort saat ist bei der letzten Frage und den Antworten darauf weglaßbar.

2. Offizielle Uhrzeiten:

Saat kaç?	Saat on, sıfır beş. Saat yirmi iki, kırk altı.	*Es ist 10.05.* *Es ist 22.46.*

3. Volle Uhrzeiten, offiziell und umgangssprachlich:

Saat kaç?	Saat 10.	*Es ist 10 Uhr.*
Saat kaçta?	Saat 10'da. Saat sabah/gece 10'da.	*Um 10 Uhr.* *Um 10 Uhr morgens/nachts.*

4. Halbe Stunden:

Saat kaç?	Saat yarım.	*Es ist halb eins (= 0.30 oder 12.30).*
Saat kaçta?	Saat yarımda.	*Um halb eins.*
Saat kaç?	Saat bir (iki, üç ...) buçuk.	*Es ist halb zwei (drei, vier ...).*
Saat kaçta?	Saat bir buçukta.	*Um halb zwei.*

5. ... Minuten *nach*

Saat kaç?	Saat 7'yi 5 (dakika) geçiyor.	*Es ist 5 (Minuten) nach 7.*
	Saat 7'yi çeyrek geçiyor.	*Es ist Viertel nach 7.*
	Saat 7 buçuğu 10 geçiyor.	*Es ist 10 nach halb 8.*
Saat kaçta?	Saat 7'yi 5 geçe.	*Um 5 nach 7.*
	Saat 7'yi çeyrek geçe.	*Um Viertel nach 7.*
	Saat 7 buçuğu 10 geçe.	*Um 10 nach halb 8.*

6. ... Minuten *vor*

Saat kaç?	Saat 8'e 20 (dakika) var.	*Es ist 20 (Minuten) vor 8.*
	Saat 8'e çeyrek var.	*Es ist Viertel vor 8.*
	Saat 8 buçuğa beş var.	*Es ist 5 vor halb 9.*
Saat kaçta?	Saat 8'e 20 kala.	*Um 20 vor 8.*
	Saat 8'e çeyrek kala.	*Um Viertel vor 8.*
	Saat 8 buçuğa beş kala.	*Um 5 vor halb 9.*

7. *von ... bis*

Saat kaçtan kaça kadar?	*Von wieviel bis wieviel Uhr?*
Saat 2'ye çeyrek kaladan 3'ü çeyrek geçeye kadar.	*Von Viertel vor zwei bis Viertel nach drei.*

13C Grammatik

1. Mit **büyüyünce** brachte der Text 10G ein Wort, das sowohl *wenn ich groß (geworden) bin* als auch *wenn du groß (geworden) bist* bedeuten kann. Es handelt sich dabei um ein *Konverb* (auch als Verbaladverb bezeichnet) – eine Wortart, für die es im Deutschen keine Entsprechung gibt. Konverben, d.h. »gleichgeordnete Verben« weisen auf ein folgendes Verb hin und bilden unter anderem temporale, modale und kausale Nebensätze.

   Die Konverben sind in bezug auf das Subjekt neutral:

Ben büyüyünce evleneceğim.	*Wenn ich groß bin, werde ich heiraten.*
Sen büyüyünce emekli olacaksın.	*Wenn du groß bist, wirst du in Rente gehen.*

   Die Konverben sind auch neutral in Bezug auf das Tempus:

Yaşar büyüyünce **evlenecek**.	*Yaşar wird heiraten, wenn er groß ist.*
Yaşar büyüyünce **evlendi**.	*Yaşar hat geheiratet, als er groß war.*

2. Das Konverb bildet eine Art Nebensatz, indem es Ergänzungen mitbringt. Hier zum Beispiel das Konverb **çıkınca**, das vom Verb [DEn, E] **çıkmak** abgeleitet ist und dessen Richtungsergänzungen annimmt:

Sen sabahları, ev**den** çık**ınca**, 10 dakikada Taksim'desin.	*Du bist morgens, wenn du das Haus verlassen hast, in 10 Minuten in Taksim.*

3. Die häufigsten Konverben (hier am Beispiel des Verbs **başlamak** vorgeführt), bilden Temporalsätze. Das *wenn* ist daher streng zeitlich gemeint – also nicht ersetzbar durch *falls*.

Konverben, temporal	
wenn, als	-(y)İncE
wenn, als *beim Verb »sein«*	-(y)ken / iken
bevor	-mEdEn (önce)
nachdem	-DİktEn sonra
bis	-(y)EnE kadar
seitdem	-(y)Elİ beri

a) **başlayınca** *wenn, sobald, als:* Erst wenn das Geschehen des Verbs, an dem das Suffix **-(y)İncE** hängt, vollendet ist, setzt das nächste ein (vgl. die Beispiele oben unter 1. und 2.).

Yağmur başla**yınca** bir kahveye girdik.	*Als der Regen angefangen hatte, gingen wir in ein Café.*

b) **şehirdeyken** oder **şehirde iken**: Diese spezielle Form des Verbs *sein* beinhaltet eine Gleichzeitigkeit mit dem folgenden Verb.

Biz dün yolda**yken** yağmur başladı.	*Als wir gestern unterwegs waren, fing der Regen an.*

Das **y** verhält sich wie bei **-(y)lE** und **-(y)Dİ** – es tritt nur nach Vokalen auf.

Hava güzel**ken** yürüyelim!	*Laß(t) uns zu Fuß gehen, wo das Wetter doch schön ist.*

c) **başlamadan (önce)** entspricht der deutschen Konjunktion *bevor:*

Yağmur başla**madan (önce)** ne konuşuyorduk?	*Worüber sprachen wir, bevor der Regen anfing?*

Wieviel früher, läßt sich präzisieren:

Yağmur başlamadan hemen (biraz, iki dakika ...) önce ne konuşuyorduk?	*Worüber sprachen wir, gleich (kurz, zwei Minuten ...) bevor der Regen anfing?*

d) **başladıktan sonra** entspricht *nachdem:*

Yağmur başla**dıktan** (yarım saat) **sonra** eve döndük.	*(Eine halbe Stunde) nachdem der Regen angefangen hatte, gingen wir wieder nach Hause.*

e) **başlayana kadar** entspricht *bis, bis daß:*

Dört kişi yağmur başla**yana kadar** yürüdü.	*Die vier Leute gingen, bis der Regen anfing.*

f) **başlayalı beri** entspricht *seit, seitdem:*

Ne var? Yağmur başla**yalı beri** hiç konuşmuyorsunuz.	*Was ist los? Ihr redet nicht mehr, seitdem der Regen angefangen hat.*

(**beri** kann auch weggelassen werden)

13D Übungen

1. *Lesen Sie die Uhrzeiten! Und zwar einmal offiziell, wie Sie sie von der Fahrplanauskunft hören, und einmal umgangssprachlich:*

   a) 0.08 b) 1.10 c) 3.15 d) 5.20 e) 7.30 f) 9.35 g) 11.40 h) 12.30 i) 14.50 j) 16.55 k) 18.03 l) 20.18 m) 22.33

2. *Füllen Sie die Lücken aus, indem Sie die Ziffernangaben ausschreiben (umgangssprachlich):*

   a) Yarın saat (7.30) ________ kalkacağım. b) (7.45) ________ evden çıkacağım. c) Otobüsüm (7.50) ________ kalkıyor. d) (8.10) ________ başka bir otobüse aktarma edeceğim. e) Her günkü gibi, (8.30) ________ işyerimde olacağım. f) Saat (8.30–16.00) ________'tan ________'e kadar çalışacağım. g) Sonra çıkıp (16.15) ________ bir arkadaşla buluşacağım. h) (bis 18.30) ________ biraz alışveriş yapmak istiyoruz. i) Alışverişten sonra, (18.45) ________ sinemaya, daha sonra yemeğe gideceğiz. j) Son otobüsle, yani saat tam (23.48) ________ eve döneceğim.

3. *Vielleicht haben auch Sie morgen einen genau festgelegten Tagesplan. Erzählen Sie, wann Sie was machen wollen.*

4. *Was finden Sie an folgenden Besuchsbräuchen deutlich anders als in Deutschland? Füllen Sie die Lücken aus:*

   a) Eve gir________ *(als)* ayakkabılarımızı çıkardık. b) Hediyemizi gizlice bir kenara koy________ *(nachdem)* terlik giydik. c) Terlik giy________ *(nachdem)* misafir odasına geçtik. d) Sofra hazır ol________ *(bis)* biraz sohbet ettik. e) Ama, sohbete başla________ *(bevor)* uzun uzun hatır sordular. f) Ev sahibinin kızı ellerimize kolonya dök________ *(als)* biraz serinledik. g) Türkiye'ye gel________ *(seitdem)* böyle sıcak görmemiştik. h) Yemek hazır ol________ *(als)* sofraya çağırdılar. i) Sofraya otur________ *(bevor)* ellerimizi yıkadık. j) Yemekte________ *(als wir beim Essen waren)* çok konuşmadılar. k) Yemek bit________ *(nachdem)* kahve ikram ettiler.

gizlice *heimlich*
bir kenara koymak *beiseite legen*
terlik *Hausschuh*
misafir odası *gute Stube*
sofra *Tafel*
uzun uzun *umfassend, ausführlich*
hatır sormak *nach dem Befinden fragen*
kolonya *Kölnisch Wasser*
[İ, DEn, E] dökmek *sprenkeln, gießen*
[-] serinlemek *sich erfrischen*
sıcak *Hitze*
[İ] görmek *erleben*
[-] bitmek *enden, aufhören*
[E, İ] ikram etmek *anbieten*

5. *Wie läuft es bei Ihren Eltern, wenn sie Gäste zum Essen empfangen? Erzählen Sie!*

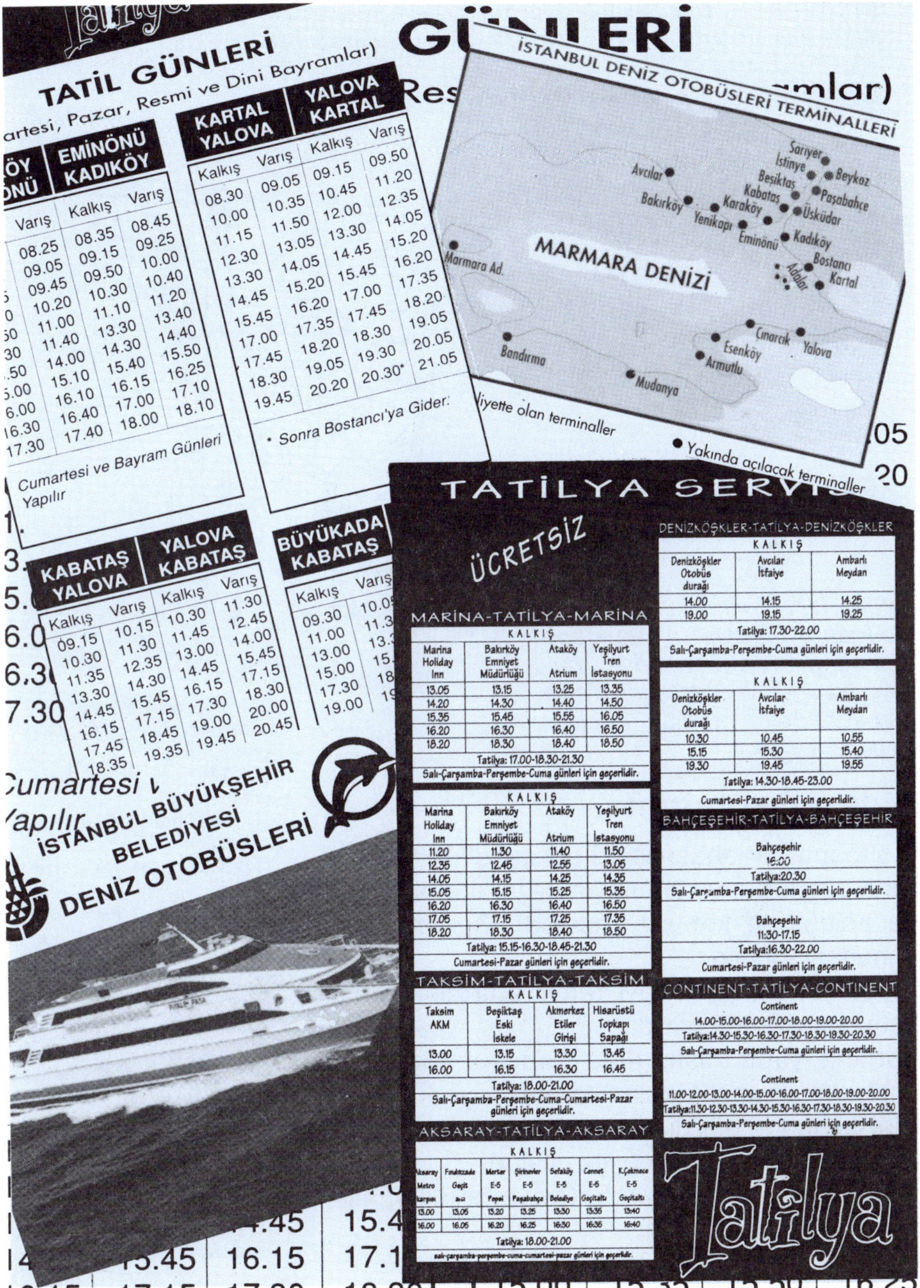

TATİL GÜNLERİ
(Cumartesi, Pazar, Resmi ve Dini Bayramlar)

EMİNÖNÜ KADIKÖY

Kalkış	Varış
08.35	08.45
09.15	09.25
09.50	10.00
10.30	10.40
11.10	11.20
13.30	13.40
14.30	14.40
15.40	15.50
16.15	16.25
17.00	17.10
18.00	18.10

Cumartesi ve Bayram Günleri Yapılır

KARTAL YALOVA

Kalkış	Varış
08.30	09.05
10.00	10.35
11.15	11.50
12.30	13.05
13.30	14.05
14.45	15.20
15.45	16.20
17.00	17.35
17.45	18.20
18.30	19.05
19.45	20.20

YALOVA KARTAL

Kalkış	Varış
09.15	09.50
10.45	11.20
12.00	12.35
13.30	14.05
14.45	15.20
15.45	16.20
17.00	17.35
17.45	18.20
18.30	19.05
19.30	20.05
20.30*	21.05

* Sonra Bostancı'ya Gider.

KABATAŞ YALOVA

Kalkış	Varış
09.15	10.15
10.30	11.30
11.35	12.35
13.30	14.30
14.45	15.45
16.15	17.15
17.45	18.45
18.35	19.35

YALOVA KABATAŞ

Kalkış	Varış
10.30	11.30
11.45	12.45
13.00	14.00
14.45	15.45
16.15	17.15
17.30	18.30
19.00	20.00
19.45	20.45

BÜYÜKADA KABATAŞ

Kalkış	Varış
09.30	10.0[illegible]
11.00	11.3[illegible]
13.00	13.[illegible]
15.00	15.[illegible]
17.30	18[illegible]
19.00	1[illegible]

Cumartesi v[illegible] Yapılır

TATİLYA SERVİS

ÜCRETSİZ

MARİNA-TATİLYA-MARİNA

KALKIŞ

Marina Holiday Inn	Bakırköy Emniyet Müdürlüğü	Ataköy Atrium	Yeşilyurt Tren İstasyonu
13.05	13.15	13.25	13.35
14.20	14.30	14.40	14.50
15.35	15.45	15.55	16.05
16.20	16.30	16.40	16.50
18.20	18.30	18.40	18.50

Tatilya: 17.00-18.30-21.30

Salı-Çarşamba-Perşembe-Cuma günleri için geçerlidir.

KALKIŞ

Marina Holiday Inn	Bakırköy Emniyet Müdürlüğü	Ataköy Atrium	Yeşilyurt Tren İstasyonu
11.20	11.30	11.40	11.50
12.35	12.45	12.55	13.05
14.05	14.15	14.25	14.35
15.05	15.15	15.25	15.35
16.20	16.30	16.40	16.50
17.05	17.15	17.25	17.35
18.20	18.30	18.40	18.50

Tatilya: 15.15-16.30-18.45-21.30

Cumartesi-Pazar günleri için geçerlidir.

TAKSİM-TATİLYA-TAKSİM

KALKIŞ

Taksim AKM	Beşiktaş Eski İskele	Akmerkez Etiler Girişi	Hisarüstü Topkapı Sapağı
13.00	13.15	13.30	13.45
16.00	16.15	16.30	16.45

Tatilya: 18.00-21.00

Salı-Çarşamba-Perşembe-Cuma-Cumartesi-Pazar günleri için geçerlidir.

AKSARAY-TATİLYA-AKSARAY

KALKIŞ

Aksaray Metro karşısı	Fındıkzade Geçit altı	Merter E-5 Pepsi	Şirinevler E-5 Paşabahçe	Sefaköy E-5 Belediye	Cennet E-5 Geçitaltı	K.Çekmece E-5 Geçitaltı
13.00	13.05	13.20	13.25	13:30	13:35	13:40
16.00	16.05	16.20	16.25	16:30	16:35	16:40

Tatilya: 18.00-21.00

salı-çarşamba-perşembe-cuma-cumartesi-pazar günleri için geçerlidir.

DENİZKÖŞKLER-TATİLYA-DENİZKÖŞKLER

KALKIŞ

Denizköşkler Otobüs durağı	Avcılar İtfaiye	Ambarlı Meydan
14.00	14.15	14.25
19.00	19.15	19.25

Tatilya: 17.30-22.00

Salı-Çarşamba-Perşembe-Cuma günleri için geçerlidir.

KALKIŞ

Denizköşkler Otobüs durağı	Avcılar İtfaiye	Ambarlı Meydan
10.30	10.45	10.55
15.15	15.30	15.40
19.30	19.45	19.55

Tatilya: 14.30-18.45-23.00

Cumartesi-Pazar günleri için geçerlidir.

BAHÇEŞEHİR-TATİLYA-BAHÇEŞEHİR

Bahçeşehir
16:00

Tatilya:20.30

Salı-Çarşamba-Perşembe-Cuma günleri için geçerlidir.

Bahçeşehir
11:30-17.15

Tatilya:16.30-22.00

Cumartesi-Pazar günleri için geçerlidir.

CONTINENT-TATİLYA-CONTINENT

Continent
14.00-15.00-16.00-17.00-18.00-19.00-20.00

Tatilya:14.30-15.30-16.30-17.30-18.30-19.30-20.30

Salı-Çarşamba-Perşembe-Cuma günleri için geçerlidir.

Continent
11.00-12.00-13.00-14.00-15.00-16.00-17.00-18.00-19.00-20.00

Tatilya:11.30-12.30-13.30-14.30-15.30-16.30-17.30-18.30-19.30-20.30

Salı-Çarşamba-Perşembe-Cuma günleri için geçerlidir.

6. *Beschreiben Sie eine Situation, die Sie in einem fremden Land erlebt oder beobachtet haben und an deren zeitliche Folge Sie sich erinnern können.*

7. *Beschreiben Sie den Ablauf eines Festes, das Ihnen vertraut ist.*

13E Erweiterung

Folgender Text handelt von Wolfgangs Einzug in die neue Wohnung, insbesondere davon, was er vorher alles noch gemacht hat und hat machen lassen.

Güle güle oturun!

Wolfgang Tarlabaşı'ndaki evi gezdikten sonra iyice düşündü, ev sahibiyle pazarlık edip kirada anlaştı ve kontrat imzaladı. Geçen hafta sonu taşındı bile.
Ev sahibi gerçi daireyi tamir ettirmişti, ama halâ bazı eksikler vardı.
Badana yaptırmıştı, ama kapıları boyatmamıştı. Wolfgang kapıları kendi boyadı. Boya işini iki günde bitirdi.
Salonun parke döşemesini cilalattı.
Yatak odasını cilalatmadı. Oraya bir kilim alıp serdi.
Elektriği, suyu devraldı; telefonu açtırdı.

güle güle oturun! *»wohnen Sie mit Freude!«*
iyice *reiflich*
[IE, DE] anlaşmak *übereinkommen*
[İ] imzalamak *unterschreiben*
[DEn, E] taşınmak *umziehen*
gerçi ... ama *zwar ... aber*
bazı *manche, gewisse*
badana *Wandanstrich*
[İ] boyamak *anstreichen*
boya *Anstrich; Farbe, Lack*
parke *Parkett*
döşeme *Fußboden*
cilalamak *polieren, versiegeln*
kilim *Kelim (Webteppich)*
[İ, E] sermek *ausbreiten, legen*
elektrik *Strom*
[İ, DEn] devralmak *übernehmen*

Bir ay sonra Avusturya'dan annesi geliyor. Wolfgang ona bazı ufak tefek eşyalarını getirtecek.
Alt kattaki komşuları hemen ilk gün uğradılar, "Güle güle oturun!" dediler. Wolfgang misafire hazırlıklı değildi, daha çay bardağı bile almamıştı. "Bunu saymam", dedi, "gene buyurun, beklerim!"

[İ] açmak *(wieder) anschließen*
ufak tefek *klein*
eşya *Sache*
alt *unter-*
[E] hazırlıklı *vorbereitet auf*
[-] bile *nicht einmal*
bunu saymam *das zählt nicht*
buyurun! *kommt!/kommen Sie!*

1. Der Hausbesitzer hat die Wohnung nicht selbst renoviert (tamir etmek), sondern renovieren *lassen* (tamir et**tir**mek). Die Kausativform eines Verbs drückt a) ein Bewirken oder b) ein Zulassen des Verbgeschehens aus:

kaçmak	*fliehen, davonlaufen, davonfahren*
kaç**ır**mak	*a) etwas oder jemanden entführen, etwas schmuggeln, jemanden kidnappen* *b) etwas verpassen, etwas oder jemanden nicht erreichen / nicht mehr antreffen können*

Dem türkischen Verbstamm im Kausativ entspricht im Deutschen

a) ein Verb mit *lassen*:

etmek	*machen*	→ et**tir**mek	*machen lassen*

b) der transitive Gebrauch eines Verbs:

pişmek	*kochen (intransitiv: die Suppe kocht)*	→ piş**ir**mek	*kochen (transitiv: ich koche eine Suppe)*
değişmek	*sich ändern, wechseln*	→ değiş**tir**mek	*etwas (ver)ändern, (aus)wechseln*

c) ein verwandtes Verb bzw. eine verwandte Konstruktion:

düşmek	*fallen*	→ düş**ür**mek	*fällen, zu Fall bringen*

d) ein besonderes Verb:

ölmek	*sterben*	→ öl**dür**mek	*töten*

2. Der Kausativ im Türkischen wird mit Hilfe der nebenstehenden fünf Kausativsuffixe gebildet. Achtung: Im folgenden werden nur einige allgemeine Bildungsregeln gegeben; es gibt aber viele Sonderformen.

KAUSATIV
-DIr
-İr
-Er(t)
-İt

13E

a) **-Dİr** ist das häufigste Suffix. (Es tritt allerdings nie an mehrsilbige Stämme auf -**l** und -**r**.)

Ev sahibi badana et**tir**di.	*Der Hausbesitzer hat die Wohnung anstreichen lassen.*

b) **-t** folgt auf Vokale und auf -**r** am Stammende,

Ev sahibi kapıları boya**t**mamıştı.	*Der Hausbesitzer hatte die Türen nicht anstreichen lassen.*

oder es kann ein **n** am Stammende ersetzen;

Çorba ısınıyor.	*Die Suppe wird warm.*
Ben çorbayı ısı**t**ıyorum.	*Ich wärme die Suppe auf.*

c) **-İr** tritt an etwa zwanzig einsilbige Stämme;

Wolfgang işi bir günde bit**ir**di.	*Wolfgang hat die Arbeit an einem Tag beendet.*

d) **-Er(t)** kommt nur bei bestimmten einsilbigen Stämmen vor;

Misafirleri balkona çık**ar**alım!	*Bringen wir die Gäste hinaus auf den Balkon!*

e) **-İt** tritt an einsilbige Stämme, die meist auf **-k** enden;

Fiyatlar bizi kork**ut**tu.	*Die Preise haben uns erschreckt.*

f) Bei bestimmten Verben gibt es keine Kausativform. Es werden andere Verben mit passender Bedeutung herangezogen, wenn man ein Bewirken und Zulassen ausdrücken will. Zum Beispiel für **gelmek**:

Annesi Wolfgang'ın eşyalarını **getirecek**.	*Wolfgangs Mutter wird seine Sachen mitbringen.*

gelmek	*kommen*	→ getirmek	*mitbringen (nicht: »kommen lassen«)*
gitmek	*gehen*	→ götürmek	*hinbringen (nicht: »gehen lassen«)*
görmek	*sehen*	→ göstermek	*zeigen (nicht: »sehen lassen«)*
yanmak	*brennen*	→ yakmak	*anzünden, verbrennen*
olmak	*werden, sein*	→ yapmak, etmek	*machen*
kalkmak	*aufstehen, aufbrechen, aufgehoben werden*	→ kaldırmak	*aufstehen/aufbrechen lassen, aufheben*
girmek	*hineingehen*	→ sokmak	*hineinstecken*
kalmak	*bleiben*	→ bırakmak	*lassen*

g) Schließlich gibt es Verbstämme, die zwar mit Kausativsuffixen gebildet sind, deren kausative Bedeutung uns aber nicht mehr bewußt ist, zum Beispiel:

anlamak	*verstehen*	→ anlatmak	*erklären; erzählen*

3. Der Kausativ fügt dem Satz ein weiteres Objekt hinzu – die Sache, die veranlaßt wird, bzw. die Person oder Sache, durch die etwas geschieht. Diese Ergänzung kann sein

   a) ein Akkusativobjekt, wenn das zugrundeliegende Verb keines hatte;

İş iki günde bitti – Wolfgang iş**i** iki günde bitirdi.	*Die Arbeit war in zwei Tagen zu Ende – Wolfgang hat sie in zwei Tagen beendet.*

   b) ein Dativobjekt, wenn das zugrundeliegende Verb ein Akkusativobjekt hatte:

Adam evi tamir etti – evi kardeşin**e** tamir ettirdi.	*Der Mann hat die Wohnung renoviert – er hat sie von seinem Bruder renovieren lassen.*

4. Das Kausativsuffix kann verdoppelt werden: Wolfgangs Sachen *kommen*, seine Mutter bewirkt dies, er wiederum veranlaßt, daß sie es tut:

   Eşyalar geliyor. Wolfgang'ın annesi eşyaları getiriyor. Wolfgang eşyaları annesine getirtiyor.

13F Weitere Übungen

1. *Da es für die Bildung des Kausativs keine einheitlichen Regeln gibt, wird es Ihnen helfen, sich die Kausativformen der bisher gelernten Verben zu merken. Ergänzen Sie die Liste, indem Sie Ihr Vokabelheft durchgehen und eventuell ein Wörterbuch zu Rate ziehen:*

   a) **-Dİr**: al-; bin-, çalış-; evlen-; in-; gez-; konuş-; sor-; tanış-; ver-; ye- ...
   b) **-t**: ağla-; bekle-; kapan-; öğren-; otur-; oyna-; söyle-; taşı-; uyu-; yaşa- ...
   c) **-İr**: doğ-; geç-; iç-; piş-; yat-; ...
   d) **-Er(t)**: çık-; ...
   e) **-İt**: kork-; sark-; ...

2. *Fragen Sie, wer das Geschehen bewirkt oder zugelassen hat:*

(İş bitti.)
İşi kim bitirdi?

a) İş başladı. b) Çamaşır makinası geldi. c) Çay pişti. d) Börek yandı. e) Çöp gitti. f) Kontrat uzadı. g) Yağmur yağdı. h) Sandviçler geldi.

3. *Ich habe nichts selbst gemacht, sondern ... Bringen Sie die Gegenstände mit den zugehörigen Fachkräften zusammen:*

(badana, badanacı, yapmak)
Badanayı badanacıya yaptırdım.

a) boya işleri, boyacı, yapmak b) parkeler, aynı boyacı, cilalamak c) buzdolabı, servis, tamir etmek d) masa, satıcı, getirmek e) lambalar, komşu, takmak f) perde, terzi, dikmek g) pencere, ev sahibi, boyamak h) telefon, PTT, açmak i) elektrik, elektrikçi, döşemek j) eşyalar, annem, getirmek

13G Text 2

Die Öffentlichkeit hat aus der Fahrlässigkeit im Straßenverkehr ein Ungeheuer gemacht: »trafik canavarı«. Wen wundert, daß es am liebsten in der größten Stadt des Landes umgeht.

İstanbul kaza rekortmeni

Türkiye'nin en büyük kenti İstanbul büyüme, finans hareketliliği ve diğer alanlardan sonra, trafik kazalarında da rekor kırdı.

Haziran ayında trafik canavarı en çok İstanbul'da kol gezdi. Bu ildeki kazalarda 40 kişi hayatını kaybetti. Trafik canavarına ölü ya da yaralı vermeyen tek ilimiz ise Hakkari.

kaza *Unfall*
rekortmen *Rekordinhaber*
büyüme *Wachstum*
hareketlilik *Mobilität*
diğer *ander-*
alan *Bereich*
[DE] rekor kırmak *einen Rekord brechen*
haziran *Juni*
canavar *Ungeheuer*
kol gezmek *grassieren*
il *Regierungsbezirk, Provinz*
hayat *Leben*
ölü *Tote(r)*
yaralı *Verletzte(r)*
vermeyen *nicht geliefert habend*
tek *einzig*
ise *dagegen, hingegen*

Emniyet Genel Müdürlüğü Trafik Dairesi Başkanlığı'ndan alınan bilgilere göre, bu yılın ilk 6 ayında ülkemizde 129 bin 793 trafik kazası meydana geldi. Bu kazalarda 2 bin 529 kişi yaşamını yitirdi, 48 bin 163 kişi yaralandı.

Global, 29 Ağustos 1995

emniyet *Sicherheit*
genel müdürlük *Generaldirektorat (obere Behörde in Ankara)*
daire *Amt, (Verwaltungs-) Abteilung*
başkanlık *Vorstand, Präsidium*
alınan *erhalten (Partizip)*
bilgi *Information*
ay *Monat*
ülke *Land*
[-] meydana gelmek *sich ereignen*
yaşam *Leben (Neologismus)*
[İ] yitirmek *verlieren (Neologismus, auch dialektal)*
[DEn] yaralanmak *verletzt werden*
ağustos *August*

14A

14A Text

Die Gegend kommt Wolfgang nicht gerade bekannt vor – dabei möchte er gerne noch in das Museum, von dem er so viel gehört hat. Er muß einen Passanten fragen, wie er hinkommt.

Nasıl gidilir?

W: Affedersiniz, size bir şey sorabilir miyim?

A: Estağfurullah, buyurun efendim!

W: Bir müze arıyorum da ... Türk ve İslam Eserleri Müzesi'ne nasıl gidilir acaba?

A: Arabalı mısınız, tramvayla mı gideceksiniz?

W: Yürüyerek gitmek istiyorum. Çok uzak değil galiba.

A: Yoo, hayır. Bakın, şu köşeden sağa dönün.

nasıl gidilir? *wie kommt man hin?*
estağfurullah! *aber bitte sehr!*
[İ] aramak *suchen*
eser *Werk*
acaba *wohl, etwa, vielleicht*
arabalı *motorisiert*
yoo! *nein nein!*
köşe *Ecke*
sağ *rechte Seite*

W: Evet, döndüm?
A: Sonra düz gidin. Karşınıza bir ana cadde çıkacak. Sola dönüp o caddeyi takip edeceksiniz.
W: Ara sokaklardan ulaşmak mümkün değil mi, bu müzeye?
A: Ha, siz geze geze gitmek istiyorsunuz. O zaman, soldan ikinci sokağa girin.
W: Tamam. Sonra?
A: Sonrası biraz karışık. En iyisi, camiye gelince tekrar birine sorun.
W: Semtin adı ne?
A: Sultanahmet. Müze Atmeydanı'nda, caminin karşısında, yani *Blue Mosque*'un karşısında. "İbrahim Paşa Sarayı" diye de sorabilirsiniz.
W: Oldu, çok sağolun!
A: Güle güle! İyi gezmeler!

»Blue Mosque« für ***Sultanahmet Camii****, »Bosphorus« für* ***Boğaziçi****, »Golden Horn« für* ***Haliç*** *oder »Pudding shop« für* ***muhallebici*** *... Wer auch nur ein wenig eine Fremdsprache kann, verwendet sie gern im Gespräch mit den Touristen.*

düz *gerade(aus)*
karşınıza ... çıkacak *Sie werden auf ... stoßen*
ana cadde *Hauptstraße*
[DEn, E] dönmek *einbiegen*
[İ] takip etmek *verfolgen*
[E] ulaşmak *erreichen*
mümkün *möglich*
ha! *ach so!*
geze geze *in Muße spazierend*
o zaman *dann, in diesem Falle*
sonrası *das, was danach kommt*
karışık *kompliziert, verworren*
gelince *wenn Sie gekommen sind*
tekrar *wieder*
biri *jemand*
semt *Stadtteil*
Atmeydanı *Hippodrom*
»...« diye *mit den Worten »...«*
sorabilirsiniz *Sie können fragen*
oldu! *in Ordnung!*
iyi gezmeler! *guten Spaziergang!*

14B Sprachgebrauch – Landeskunde

1. Die Frage **nasıl gidilir?** beinhaltet eine Verbform, die man oft für etwas Mögliches oder Wahrscheinliches verwendet. Sie ist vergleichbar mit dem deutschen Konjunktiv: »Wie würde man zu/nach ... kommen?«. Es ist die gleiche Form, die auch bei Wendungen wie **teşekkür ederim**, **affedersiniz** ... vorkommt [vgl. 15C].

2. Sie wissen bereits, daß Verben in der 3. Person Singular oft auch als Substantiv oder Adjektiv verwendet werden. Hier einige Begriffe und idiomatische Wendungen mit dem in Lektion 12 gelernten Perfekt:

dedikodu	*Tratsch, Gerücht – »sagte und tat«*
alındı	*Empfangsbestätigung, Quittung – »wurde erhalten«*
imambayıldı	*ein Auberginengericht – »der Imam fiel in Ohnmacht«*
kaptıkaçtı	*offener Kleinlieferwagen, Pick-up – »schnappte und fuhr davon«*
oldu!	*abgemacht! in Ordnung! – »ist geschehen«*
olan oldu	*vorbei ist vorbei – »was geschah, ist geschehen«*
hoş geldin(iz)!	*herzlich willkommen! – »du bist (ihr seid/Sie sind) angenehm gekommen«*
hoş bulduk!	*Antwort auf »hoş geldin(iz)!« – »wir (= ich) haben dich (euch/Sie) angenehm vorgefunden.«*
oldubitti	*vollendete Tatsachen – »geschah und endete«*
sinekkaydı traş	*Rasur, glatt wie ein Kinderpopo – »die Fliege ist ausgerutscht«*

3. »İbrahim Paşa Sarayı« diye de sorabilirsiniz: Das Wort **diye** *sagend* schließt die wörtliche Rede ab. Bedingung dafür ist, daß in dem Hauptsatz ein anderes Verb als **demek** steht.

Karşı komşu »Hırsız var!« diye bağırdı / polise telefon etti / şarkı söyledi.	*Der Nachbar gegenüber schrie / rief die Polizei an / sang: »Ein Dieb ist da!«*

Oft bezieht sich aber »diye« nicht auf einen ausgesprochenen, sondern auf einen gedachten (oder unterstellten) Sachverhalt. Da es dann einer Begründung dient, kann es mit *weil* oder *denn* übersetzt werden:

Karşı komşu hırsız var diye heyecanlandı, ama kimse yoktu.	*Der Nachbar gegenüber geriet in Aufregung, weil ein Dieb da sei, es war aber niemand da.*

[Zu **diye** vgl. auch 7C5.]

14C Grammatik

1. Es gibt eine Reihe von *Ortsnomina*, die ähnlich wie das deutsche Wort »Mitte« nur eine ungefähre Ortsangabe machen. Im Text 14A kamen die Ortsnomina **sağ**, **sol**, **arka** und **karşı** vor.

2. Adjektivisch gebraucht, entsprechen sie bestimmten deutschen Adjektiven:

orta masa	*der mittlere Tisch*
sağ kol	*der rechte Arm*

sol kulak	*das linke Ohr*
arka sokak	*die hintere Straße*
karşı kıyı	*das gegenüberliegende Ufer*

3. Substantivisch gebraucht, haben sie im Deutschen oft keine 1:1-Entsprechung.

orta	*die Mitte*
sağ	*die rechte Seite (oder politisch: die Rechte)*
sol	*die linke Seite (oder politisch: die Linke)*
arka	*die hintere Seite, die Rückseite*
karşı	*die gegenüberliegende Seite*

4. Die Ortssubstantive werden wie alle anderen Substantive dekliniert. In Verbindung mit den Kasussuffixen ergeben sich Orts- und Richtungsadverbien:

orta**da**	*in der Mitte*
sağ**a**	*nach rechts*
sol**dan**	*von links*
arka**da**	*hinten*
karşı**ya**	*nach drüben, hinüber*

5. In einer Genitivkonstruktion bezeichnet das Ortssubstantiv einen Gegenstand näher:

yol**un** orta**sı**	*die Mitte des Weges/der Straße*
otobüs**ün** sağ**ı**	*die rechte Seite des Omnibusses*
otel**in** sol**u**	*die linke Seite des Hotels*
postane**nin** arka**sı**	*die hintere Seite, die Rückseite der Post*
cami**nin** karşı**sı**	*die der Moschee gegenüberliegende Seite*

Viele Adverbien, die im Deutschen mit Präpositionen gebildet werden, bestehen im Türkischen aus Ortssubstantiven in Genitivverbindung:

yolun ortası**ndan**	*von der Mitte des Weges/der Straße aus*
otobüsün sağı**nda**	*an der rechten Seite des Omnibusses*
derenin solu**na**	*zur linken Seite des Baches*
postanenin arkası**nda**	*hinter der Post*
caminin karşısı**nda**	*gegenüber der Moschee*

14D Übungen

1. *Vapurdayız. Nerede oturalım?*

   (sağ)
   Sağda oturalım mı?

   a) sol b) ön c) arka d) aşağı e) yukarı f) dışarı g) içeri h) kenar

aşağı *unterer, tiefliegender Raum/Teil*
yukarı *oberer, hochliegender Raum/Teil*
dışarı *Außenraum*
içeri *Innenraum*
kenar *Rand, Kante*

2. *Wie ist es überall auf dem Dampfer?*

   (sağ)
   Vapurun sağı çok güneşli (rüzgarlı, kalabalık, sıkıcı, eğlenceli ...)

   a) sol b) ön c) arka d) aşağı e) yukarı f) dışarı g) içeri h) kenar

güneşli *sonnig*
kalabalık *voll von Menschen*
sıkıcı *bedrückend*
eğlenceli *lustig*

3. *Müze nerede?*

   (cami – karşı)
   Müze caminin karşısında.

   a) şehir – iç b) Sultanahmet – orta c) Topkapı Sarayı – dış d) Atmeydanı – kenar e) kahve – ileri f) Adliye – arka g) Alman Çeşmesi – yakın h) büfe – öte i) park – beri

Topkapı Sarayı *Topkapı-Palast*
dış *das Äußere, außerhalb liegender Raum/Teil*
ileri *weiter vorn liegender Raum/Teil*
Adliye *Justizbehörde*
üstgeçit *Fußgängerbrücke*
alt *das Untere*
öte *die andere Seite*
beri *diese Seite*

4. *Nasıl gidilir?*

(cami – ön)
Caminin önünden tramvaya binelim!

a) sinema – karşı b) park – arka c) üstgeçit – alt d) üniversite – ön e) sokak – baş f) lokanta – yan g) meydan – son h) büfe – yakın

5. *Beschreiben Sie, wo bestimmte Gebäude in Ihrer Stadt liegen. Beispiel:*

– Völkerkundemuseum nerede?
– Arbeitsamt'ın karşısında.

6. *Sagen Sie jetzt, was sich alles an einem bestimmten Ort befindet. Beispiel:*

Üniversitenin karşısında Völkerkundemuseum, Arbeitsamt, bir Kopierladen, bir de Pommesbude var.

14E Erweiterung

DÜRFEN
-(y)Ebilmek

1. »Size bir şey **sorabilir** miyim?« Diese Form des Verbs **sormak** bedeutet *darf ich fragen?, könnte ich fragen?* Es gibt im Türkischen kein besonderes Verb für *dürfen*. Man verwendet die Formen des *Könnens* im r-Präsens, oder auch Formulierungen wie *würden Sie erlauben, daß ...*

darf ich?	sor**abilir** miyim?
darf ich nicht?	sor**amaz** mıyım?
du darfst	sor**abilir**sin
ihr dürft/Sie dürfen	sor**abilir**siniz
du darfst nicht	sor**amaz**sın
ihr dürft/Sie dürfen nicht	sor**amaz**sınız

2. Im Türkischen wird zwischen einem grundsätzlichen und einem situationsgebundenen Können unterschieden, wie etwa im folgenden Gespräch:

A: Yüzmeyi biliyor musun?	*Kannst du schwimmen?*
B: Evet, hatta okulda en iyi yüzücü bendim.	*Ja, ich war sogar der beste Schwimmer in der Schule.*

14E

A: Öyleyse, haydi şu adaya yüzelim!	*Dann laß uns doch zur Insel da drüben schwimmen!*
B: Hayır, şimdi yüzemem, çünkü ayağımda sargı var.	*Nein, im Moment kann ich nicht, weil ich einen Verband am Fuß habe.*

KÖNNEN
(grundsätzlich)
[İ] bilmek

3. Das grundsätzliche Können wird durch das Verb **[İ] bilmek** ausgedrückt, das *wissen* und *kennen* zugleich bedeutet:

Ali biraz Almanca biliyor.	*Ali kann etwas Deutsch.*
Bahar Almanca'yı daha iyi biliyor.	*Bahar kann (das) Deutsch(e) besser.*
Anneannemiz çok masal biliyordu.	*Unsere Großmutter kannte viele Märchen.*
Havva yüzme biliyor.	*Havva kann schwimmen.*
Sen ata binmeyi biliyor musun?	*Kannst du reiten?*

Wenn der Gegenstand des Könnens nur aus einem Wort besteht und direkt vor dem Prädikat steht (siehe oben **Almanca**, **masal**, **yüzme**), kommt er als unbestimmter Akkusativ ohne das Suffix **-(y)İ** aus.

KÖNNEN
(situationell)
Aussage: -(y)Ebilmek
Verneinung:
-(y)EmEmEk

4. Wenn das Können nicht grundsätzlich, sondern in bezug auf eine bestimmte Situation gemeint ist, wird es mittels einer Verbkombination ausgedrückt. Der erste Verbstamm (das, was man kann) wird durch **-(y)E** mit dem Verb **bilmek** verbunden, das je nach Bedarf konjugiert wird:

Simge karşı adaya kadar yüz**ebil**ir mi?	*Kann/Darf Simge bis zur Insel drüben schwimmen?*
Doktor Bey, bu sargıyla yıkan**abil**ir miyim?	*Herr Doktor, kann/darf ich mit diesem Verband baden/duschen?*
Burada bekley**ebil**ir miyiz?	*Können/Dürfen wir hier warten?*
Konser sonunda başla**yabil**di.	*Endlich konnte das Konzert anfangen.*
Ola**bil**ir, belki halâ bekliyorlar.	*Kann/Mag sein, vielleicht warten sie immer noch.*

5. Die verneinte Verbform hat lediglich ein **-(y)E** vor dem Verneinungssuffix (und kein **bilmek** mehr). Der Akzent liegt auf diesem Zusatz:

Ali iki haftadan beri hiç yüz**emi**yor.	*Ali kann/darf seit zwei Wochen überhaupt nicht schwimmen.*

Hayır, bu sargıyla yıkan**amaz**sınız.	*Nein, mit diesem Verband können/dürfen Sie nicht baden/duschen.*
Seni daha fazla bekle**yeme**dik, sinemaya gittik.	*Wir konnten nicht mehr auf dich warten und sind ins Kino gegangen.*
Yarım saat geçti, konser halâ başla**yama**dı.	*Es verging eine halbe Stunde, und das Konzert konnte immer noch nicht beginnen.*

Beachten Sie, daß das Verneinungssuffix beim r-Präsens in der 2. Person (Singular und Plural) **-mEz** lautet!

6. Anders als im Deutschen muß die verneinte Form des Könnens immer dann verwendet werden, wenn eine verneinte Verbform einen mißglückten Versuch beinhaltet. Vergleichen Sie die Parallelsätze:

Dolmakalemi bul**ma**dım.	*Ich habe den Füller nicht gefunden (sondern geschenkt bekommen).*
Dolmakalemi bul**ama**dım.	*Ich habe den Füller nicht gefunden (obwohl ich ihn überall gesucht habe).*
Pazarda Ali'yi gör**me**dik.	*Wir haben Ali auf dem Markt nicht gesehen (aber wir haben uns nach ihm auch nicht besonders umgesehen).*
Pazarda Ali'yi gör**eme**dik.	*Wir haben Ali auf dem Markt nicht gesehen (obwohl wir uns nach ihm umgesehen haben).*

14F Weitere Übungen

1. *Sie fragen, ob Sie es dürfen, und Ihr Partner erlaubt es Ihnen:*

(sigara içmek)
A: Sigara içebilir miyim?
B: İçebilirsiniz.

a) arabayı buraya bırakmak b) şuraya oturmak c) ellerimi yıkamak d) sıcak bir şey yemek e) bir çay daha almak f) hesabı istemek g) televizyonun sesini kısmak h) odayı görmek i) duşu kullanmak j) Almanya'ya telefon etmek k) terasa çıkmak l) buradan denize girmek m) yardımınızı rica etmek n) size bir şey sormak

[İ, E] bırakmak *hinstellen*
[İ] yıkamak *waschen*
yıkanmak *sich waschen, baden, duschen*
hesap *Rechnung*
[İ, DEn] istemek *verlangen*
ses *Lautstärke*
[İ] kısmak *drosseln*
duş *Dusche*
yardım *Hilfe*
[DEn, İ] rica etmek *bitten*

2. *Sie möchten Ihrem Gegenüber etwas nicht gestatten ...*

(burada sigara içmek)
Burada sigara içemezsiniz.

a) arabayı buraya bırakmak b) bu saatte telefon etmek c) radyoyu bu kadar açmak d) benim hesabımı ödemek e) her gün geç gelmek f) bizi daha fazla bekletmek g) bu malı bu fiyata satmak h) buraya girmek i) buradan geçmek

[İ] açmak *aufdrehen*
[E, İ] ödemek *bezahlen*
[İ] bekletmek *warten lassen*
mal *Ware*
bu fiyata *zu diesem Preis*
[E, İ] satmak *verkaufen*

3. *... und Ihr Gegenüber kontert: »Warum soll ich nicht ... dürfen?« – Verwenden Sie die Sätze aus der obigen Übung:*

(Burada sigara içemezsiniz.)
Niçin içemezmişim?

niçin ...mİşİm *warum soll ich nicht ...?*

4. *Hier ist jemand überaus sportlich und fragt, ob Sie auch können, was er kann. Verneinen Sie ostentativ!*

(ata binmek)
A: Siz de ata binmeyi biliyor musunuz?
B: Hayır, ata binmeyi bilmiyorum.

a) yüzmek b) basketbol oynamak c) aerobik yapmak d) tramplenden atlamak e) boks yapmak f) disk atmak g) dalmak h) dağa tırmanmak i) güreşmek j) pasyans açmak

ata binmek *reiten*
yüzmek *schwimmen*
tramplen *Sprungbrett*
[DEn, E] atlamak *springen*
boks *Faustkampf*
disk *Diskus*
[DEn, E] dalmak *tauchen*
[DEn, E] tırmanmak *klettern*
[lE] güreşmek *ringen*
pasyans açmak *Patiencen legen*

5. *Fragen Sie nach dem Preis von Lebensmitteln in folgender Anzeige [14G]. Antworten Sie wie unten:*

(kıyma, kilo)
A: Kıymanın kilosu ne kadar (kaç mark)?
B: Kıymanın kilosu yedi doksan beş (yedi mark doksan beş fenik).
a) salça, kilo b) bamya konservesi, kutu c) dilim salam, paket d) %45 yağlı peynir, kilo e) »Marmara« yeşil zeytini, kilo f) »Oralet« Tarçın, kavanoz g) maden suyu, kasa

kıyma *Hackfleisch*
salça *(Tomaten-, Paprika-)Mark*
bamya *Okra*
dilim *(in) Scheibe(n), Aufschnitt*
Oralet *Markenname eines Getränkekonzentrats*
tarçın *Zimt*
maden suyu *Mineralwasser*
kasa *Kiste*

14G Text 2

KÖY PAZARI

KONSERVE

Domates Salçası 1 kg, devamlı	1 kutu	**1.99.-** DM.
Bamya konserve 1 kg, devamlı	1 kutu	**1.99.-** DM.
Nohut haşlama 1 kg, devamlı	1 kutu	**1.49.-** DM.
Fasulye + Barbunya haşlama 1 kg, devamlı	1 kutu	**1.49.-** DM.

KURULAR

Pirinç Tosya 1. kalite, devamlı	5 kg	**9.99.-** DM.
Tosya Pirinci, Pilavlık, devamlı	5 kg	**8.49.-** DM.
Pirinç Tosya Tipi, devamlı	5 kg	**7.95.-** DM.
Sivri Pirinç (Langkorn), devamlı	5 kg	**8.95.-** DM.
Kabak Çekirdeği, devamlı	0,5 kg	**2.95.-** DM.
Ay Çekirdeği, devamlı	1 kg	**2.90.-** DM.

SUCUK-SALAM

Egetürk Sucuğu, yıl sonuna kadar	1 kg	**13.99.-** DM.
Zeybek Sucuğu, yıl sonuna kadar	1 kg	**11.99.-** DM.
Paşa Sucuğu, yıl sonuna kadar	1 kg	**9.99.-** DM.
Hilâl Sucuğu	1 kg	**10.99.-** DM.
Mamara Sucuğu	1 kg	**8.90.-** DM.
Egetürk Sosisi Pınar + Avcı	1 kutu	**2.99.-** DM.
Dilim Salam Egetürk – Tavuk + Sığır	1 paket	**2.59.-** DM.

TAVUK

Tavuk budu, devamlı	1 kg	**2.89.-** DM.
Tavuk kanadı, devamlı	1 kg	**2.99.-** DM.
Tavuk, yürek, taşlık, ciğer, devamlı	1 kg	**3.99.-** DM.
Tavuk köfte 40x85 gr.=3,4 kg., devamlı	1 karton	**12.95.-** DM.
Tavuk hamburger 25x100 gr.=2,5 kg., devamlı	1 karton	**13.95.-** DM.

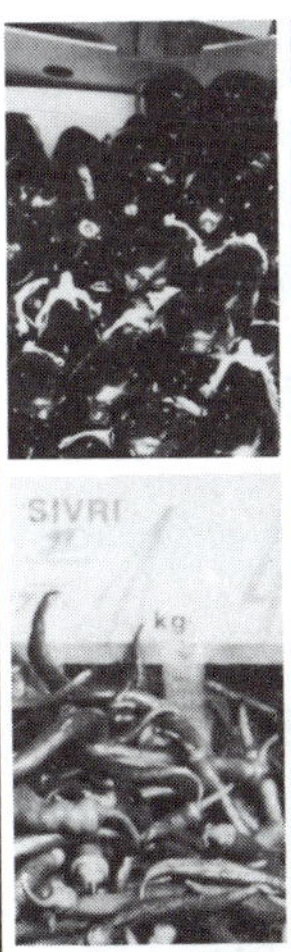

ET

Kıyma, sinirieri ve yağı alınmış, sığırdan	1 kg	**7.95.-** DM.
Sığırdan kızartmalık et	1 kg	**9.49.-** DM.

PEYNİR

Böreklik Peynir, %45 yağlı 1. kalite, devamlı	1 kg	**7.99.-** DM.
Yuvarlak Peynir, %55 yağlı kahvaltılık, devamlı	1 kg	**9.99.-** DM.
Bulgar PeynirTam Yağlı, devamlı	1 kg	**11.90.-** DM.
Gazi Peyniri %55 yağlı, devamlı	1 kg	**10.99.-** DM.
Gazi Kaşar, devamlı	1 kg	**10.99.-** DM.

ZEYTİN

Marmara Lüks zeytin açık devamlı	1 kg	**2.99.-** DM.
Marmara Yeşil Zeytin açık devamlı	1 kg	**2.99.-** DM.
Fransız Zeytini 1. kalite devamlı	5 kg	**14.95.-** DM.
Fransız Zeytini 1. kalite devamlı	1 kg	**3.90.-** DM.
Yeni Marmara siyah Zeytin	1 kutu	**3.99.-** DM.
Yeni Marmara Biberli ve Yeşil Zeytin 1 kg	1 kutu	**3.99.-** DM.
Yeni Marmara Limonlu çizik Zeytin 1 kg	1 kutu	**3.99.-** DM.

DİĞERLERİ

Rize Turist Çayı devamlı 500 gr.	1 paket	**2.75.-** DM.
Tomurcuk Çayı kokulu devamlı	1 kutu	**1.45.-** DM.
Oralet Tarçın devamlı	1 kavanoz	**2.49.-** DM.
Yufka çeşitleri devamlı	1 paket	**3.99.-** DM.
Petek Bal Türk (bütün alındığında) devamlı	1 kg	**11.90.-** DM.
Pişmanlye devamlı	1 paket	**2.95.-** DM.
Su bardağı	1 adet	**0.65.-** DM.
Mineralwasser-Madensuyu 12x0,75 lt	1 kasa	**3.99.-** DM.
Duru Sabunlan 5 adet, 500 gr.	1 kutu	**1.99.-** DM.

Her gün taze et ve tavuk. Her gün taze sebze ve meyve.
Biz kaliteli malı ucuz satan marketiz. 600 çeşit mal ile emrinizdeyiz.

DİKKAT: KÖY PAZARI Marketinin hiç bir şubesi yoktur. DUYURULUR.

devamlı *ständig*
kutu *Dose, Schachtel*
adet *Stück*
kavanoz *(Einmach-)Glas*
kurular *getrocknete Lebensmittel*
nohut *Kichererbse*
haşlama *gekocht, gebrüht*
barbunya *rote Bohne*
sivri *spitz*
çekirdek *Kern*
ayçekirdeği *Sonnenblumenkern*
sosis *Würstchen*
sığır *Rind*
but *Keule*
kanat *Flügel*
yürek *Herz*
taşlık *(Geflügel-)Kropf*
ciğer *Leber*
kızartma *Braten*
yuvarlak *rund*
tam *voll-*
kalite *Qualität*
çizik *angeritzt*
diğerleri *Diverses*
koku *Duft, Aroma*
yufka *Teigblatt*
petek *Wabe*
bal *Honig*
alındığında *wenn ... gekauft*
pişmaniye *eine Art Zukkerwatte*
sabun *Seife*
ucuz *billig*
emrinizde *zu Ihren Diensten*
şube *Filiale*
duyurulur *hiermit wird dies bekanntgegeben*

15A

15A Text

Wolfgang will jemandem mit einer Korallenkette eine Freude machen. Bei einem ***kuyumcu****, Schmuckhändler, sieht er ein interessantes Stück.*

Vitrindeki mercan kolye

W: İyi günler, vitrindeki şu mercan kolyeye bakabilir miyim?
K: Gayet tabii. Buyurun.
W: Fakat bu biraz hatalı!
K: Evet, maalesef bazı ufak tefek kusurları var. Eski bir kolye de, onun için.
W: Ne kadar eski?
K: Seksen, doksan yıl kadar. Bakın, burada yenileri de var – pırıl pırıl.
W: Fakat taneleri daha küçük.
K: Evet, böyle iri taneli mercan artık çıkmıyor. Bu işçilik de kalmadı artık.
W: Eski kolyenin fiyatı ne?
K: Ağırlığına göre. Bugünlerde gramı 5 Dolar. Tartalım, isterseniz.

kuyumcu *Juwelier*
iyi günler *guten Tag!*
mercan *Koralle*
kolye *Halskette*
fakat *aber*
hatalı *fehlerhaft*
maalesef *leider*
ufak tefek *klein und unbedeutend*
kusur *Fehler, Schönheitsfehler*
eski *alt*
yeni *neu*
yenileri *die neuen*
pırıl pırıl *glitzernd, nagelneu*
tane *Perle einer Kette*
iri *größer*
[DEn] çıkmak *herauskommen*
işçilik *Verarbeitungsqualität*
[-] kalmak *übrigbleiben*
artık *länger, mehr*
fiyat *Preis*
ağırlık *Gewicht*
bugünlerde *zur Zeit*
gram *Gramm*
[İ] tartmak *wiegen*
isterseniz *wenn Sie wollen*

W: Fakat hemen almayacağım. Düşünmek istiyorum.
K: Tabii. Biz tartalım, fiyatını çıkaralım. Siz düşünürsünüz, karar verince gene gelirsiniz.
W: Evet, iyi olur.
K: 45 gram, 225 Dolar ediyor. İsterseniz, bir, iki gün saklayabilirim, sizin için.
W: Teşekkür ederim, öyle yapalım!
K: Siz karar verin, fiyatta küçük bir kolaylık yaparız!

[İ] çıkarmak *herausfinden*
karar verince *sobald Sie sich entschieden haben*
[-] etmek *machen, betragen*
[İ] saklamak *zurücklegen, aufbewahren*
kolaylık *(Zahlungs-)Erleichterung, Rabatt*

15B Sprachgebrauch – Landeskunde

1. »Eski bir kolye de, onun için«: Dieses **de** bedeutet soviel wie *nämlich*. Es steht hinter dem Prädikat (hier: *ist*) und hat keinen Akzent.

2. Durch die Verdoppelung eines Wortes entsteht der sogenannte absolute Superlativ (im Deutschen z. B. »*knall*rot«, »*brand*neu«, »in *bester* Lage«). So gehört zum Verb **pırıldamak** *glitzern, glänzen* und zum Substantiv **pırıltı** *Glitzern, Glanz* das Adjektiv (und zugleich Adverb) **pırıl pırıl**, das nicht nur *glitzernd, funkelnd*, sondern auch *funkelnagelneu* bedeutet. Hier noch einige Beispiele:

tıkırdamak	*ticken, klappern*	tıkırtı	*Ticken*	tıkır tıkır	»*tick-tack*«, *gut funktionierend*
şıpırdamak	*plätschern*	şıpırtı	*Plätschern*	şıpır şıpır	*plätschernd, triefend*
fısıldamak	*flüstern*	fısıltı	*Geflüster*	fısıl fısıl	*flüsternd, im Flüsterton*

3. Bedingt durch die hohe Inflation ist es seit den 80er Jahren üblich geworden, bestimmte Preise auf Dollar- oder DM-Basis festzusetzen. »Dolara endeksli« ist der Ausdruck dafür. Betroffen sind vor allem Importgüter und gehobene Mieten. Es muß dabei nicht in ausländischer Währung bezahlt werden, sondern der Preis wird zum Tageskurs – aus der Zeitung – in TL (Türk Lirası) umgerechnet.

15C Grammatik

1. Für die Zukunft gibt es im Türkischen zwei Tempora. Die Wahl hängt davon ab, ob der Sprecher das zukünftige Geschehen, von dem er spricht, als beschlossen oder nur als eventuell möglich ansieht.

   Im ersten Fall verwendet er das Futur (oder das yor-Präsens), im zweiten das r-Präsens (auch »Aorist« oder »allgemeine Zeitform« genannt).

	R-PRÄSENS	
	Aussage -(İ/E)r	*Frage* -(İ/E)r mİ
(ben)	gel**ir**im	gel**ir** **mi**yim?
(sen)	gel**ir**sin	gel**ir** **mi**sin?
(o)	gel**ir**	gel**ir** **mi**?
(biz)	gel**ir**iz	gel**ir** **mi**yiz?
(siz)	gel**ir**siniz	gel**ir** **mi**siniz?
onlar	gel**ir**	gel**ir** **mi**?
–	gel**ir**ler	gel**ir**ler **mi**?

Dieses Tempus kam bisher in den Texten zum Beispiel in folgenden Äußerungen vor:

Ol**ur** mu? Olur!	*Wäre das in Ordnung? In Ordnung! Das geht!* [2A]
Bir daha söyl**er** misiniz?	*Würden Sie es nochmal sagen?* [4A]
Acele etme, anlat**ır**ım!	*Sachte, ich will es dir schon erzählen.* [6A]
Orada çay iç**er** miyiz?	*Würden wir dort Tee trinken?* [6A]
Ne arzu ed**er**siniz?	*Sie wünschen?* [8A]
Ne renkleri tercih ed**er**siniz?	*Welche Farben wären Ihnen lieber?* [8A]
Uçuk mavi olabil**ir**.	*Es könnte hellblau sein.* [8A]
Bir de pantalon bakabil**ir** miyim?	*Könnte ich mir eine Hose ansehen?* [8A]
Size biraz küçük gel**ir**.	*Sie wäre Ihnen etwas zu eng.* [8A]
»Belki gideceğim« değil, »belki gid**er**im« diyoruz.	*Wir sagen nicht »vielleicht werde ich gehen«, sondern »vielleicht gehe ich«.* [10E]
Zehirlenme olabil**ir** mi, acaba?	*Könnte es vielleicht eine Vergiftung sein?* [11A]
Siz bil**ir**siniz tabii.	*Das müssen Sie wissen.* [11A]
İst**er**sen ... bize katılabil**ir**sin.	*Wenn du willst, kannst du dich uns anschließen.* [12A]
Müzeye nasıl gidil**ir**?	*Wie kommt man zum Museum?* [14A]
Size bir şey sorabil**ir** miyim?	*Darf ich Sie etwas fragen?* [14A]

2. Die Bildung des r-Präsens geschieht folgendermaßen:

   a) Wenn der Verbstamm auf Vokal endet, folgt unmittelbar ein -**r**: iste-r
   b) Bei mehrsilbigen Stämmen, die auf Konsonant enden, wird ein -**İ** eingeschoben: anlat-ı-r

c) Auf einsilbige Verbstämme folgt ein **-E** (e/a). Hier gibt es jedoch 16 Verbstämme, die eine Ausnahme bilden, d.h. nach denen ein **-İ** (i/ı/ü/u) kommt. Es sind:

al-	*nehmen*	san-	*vermuten*	dur-	*stehen*
gel-	*kommen*	yen-	*gegessen werden*	ver-	*geben*
öl-	*sterben*	den-	*gesagt werden*	gör-	*sehen*
bil-	*wissen*	kon-	*plaziert werden*	vur-	*schlagen*
kal-	*bleiben*			var-	*gelangen*
bul-	*finden*				
ol-	*werden*				

3. Die Verneinung wird beim r-Präsens nicht mit dem verneinten Verbstamm gebildet. Sie hat eine besondere Form. Der Akzent liegt dabei auf der Silbe **-mE(z)**.

	R-PRÄSENS, VERNEINUNG *Aussage*	*Frage*
(ben)	gel**mem**	gel**mez mi**yim
(sen)	gel**mezsin**	gel**mez mi**sin
(o)	gel**mez**	gel**mez mi**
(biz)	gel**meyiz**	gel**mez mi**yiz
(siz)	gel**mezsiniz**	gel**mez mi**siniz
onlar	gel**mez**	gel**mez mi**
–	gel**mezler**	gel**mez**ler **mi**

4. Das Verb *sein* wird wiederum mit Hilfe von **olmak** wiedergegeben (vgl. **olur mu?** [2A], **iyi olur!** [7A], **olmaz mı?** [7A]).

5. Höfliche Fragen und Bitten um Erlaubnis werden im r-Präsens formuliert:

Bana bir şişe su daha verir misiniz?	*Würden Sie mir bitte noch eine Flasche Wasser geben?*
Ben de bir su alabilir miyim?	*Darf ich mir auch ein Wasser nehmen?*

6. Zwei Konverben werden auf der Grundlage des r-Präsens gebildet:

KONVERBEN, TEMPORAL	
während:	-(E/İ)rken
sobald:	-(E/İ)r -mEz

a) **-(E/İ)rken** entspricht der deutschen Konjunktion *als* oder *wenn* (in der Bedeutung *während*, vgl. **-(y)ken** [13C4]).

Biz Taksim'e doğru yürü**rken** Bülent'e rastladık.	*Als wir gerade in Richtung Taksim liefen, trafen wir Bülent.*
Araba kullan**ırken** sigara içmem.	*Wenn ich Auto fahre, rauche ich nicht.*

b) Das Konverb für *sobald, kaum (daß)* besteht aus einer Wiederholung des Verbs in der 3. Person Singular, und zwar einmal bejaht und einmal verneint: **-(E/İ)r -mEz**.

Eve gel**ir** gel**mez** sana telefon ederim.	*Sobald ich zu Hause bin, rufe ich dich an.*
Wolfgang bin**er** bin**mez** dolmuş kalktı.	*Kaum war Wolfgang eingestiegen, fuhr das Sammeltaxi ab.*

15D Übungen

1. Morgen ... vielleicht ...

(erken kalk________)
Ben yarın belki erken kalkarım.

Ben ... a) dışarıda kahvaltı ed________. b) öğleden önce parka gid________. c) Aslı'yla buluş________. d) öğleden sonra şehirde gez________. e) gazete oku________. f) bir kahvede otur________. g) orada birkaç mektup yaz________. h) Ahmet'le telefonlaş________. i) güzel fotoğraflar çek________. j) akşam güzel bir yemek ye________. k) erken yat________.

Im Gülhane-Park

2. Antworten Sie mit Vermutungen und Wahrscheinlichkeiten!

Bu akşam sinemaya gidiyor musun?
– Daha düşünmedim, belki giderim.

herhalde *wahrscheinlich*
görüşmek *sich sehen, sich kontaktieren*

a) Bana yazacak mısın? – İstiyorum, herhalde yaz________. b) Yarın görüşür müyüz? – Tabii, görüş________. c) Tatilde bir yere gidecek misin? – Belli değil, sanırım gid________. d) Selma'yı bugün görecek misin? – Bilmiyorum, gör________ herhalde. e) Ahmet saat kaçta gelecek? – Ancak beşe doğru gel________. f) Bu hafta sonu yemek pişirecek miyiz? – Tabii, istersen pişir________. g) Kardeşine ne hediye alacaksın? – Bir plak istiyor, belki onu al________. h) Kaça kadar çalışacaksın? – Sanırım 9'a kadar çalış________. i) İstanbul'da nerede kalacaklar? – Herhalde her zamanki otelde kal________. j) Yarın yağmur yağacak mı? – Evet, bence yağ________. k) Derse ne zaman başlıyoruz? – İstersen yarın başla________. l) Bugün size gelmek istiyoruz, evde olacak mısınız? – Sanırım 8'den sonra evde ol________. m) Ne dersin, şu filme girelim mi? – Girelim, iyi ol________.

belli *definitiv*
sanırım *ich glaube, wohl*
plak *Schallplatte*
yağmak *regnen (schneien, hageln)*
yağmur yağıyor *es regnet*

3. *Sie bitten jemanden um einen kleinen Gefallen. Stellen Sie die Frage und lassen Sie Ihren Partner bejahend antworten:*

Pencereyi açar mısınız?
Evet, açayım!

a) Sigaranızı söndür________? b) Perdeyi kapat________? c) Radyonuzu kıs________? d) Radyoyu biraz aç________? e) Televizyonu kapat________? f) Programı değiştir________?

pencere *Fenster*
[İ] söndürmek *löschen*
perde *Vorhang*
[İ] değiştirmek *wechseln*

4. *Jetzt bitten Sie Ihren Partner um Erlaubnis, weil Sie selbst handeln wollen. Er antwortet mit einem »Bitte, tun Sie's!«:*

(pencere, açmak)
Pencereyi açabilir miyim?
Buyurun, açın!

a) perde, kapatmak b) radyo, kısmak c) gazeteniz, bakmak d) bir sigara, içmek e) müzik, değiştirmek f) şarabınızdan, tatmak g) meyvanız, bitirmek h) tabağınız, kaldırmak i) size bir şey, sormak

[İ] tatmak *kosten*
[İ] bitirmek *aufessen*
tabak *Teller*
[İ] kaldırmak *wegnehmen*

15E Erweiterung

1. Die folgenden Postpositionen (nachgestellte Verhältniswörter) sind Ihnen schon begegnet:

   Mit dem Nominativ gebraucht werden

bile	*sogar*
gibi	*so (in der Art) wie*
için	*für*
ile	*mit*
kadar	*so (in der Menge) wie*

   Mit dem Dativ gebraucht werden

doğru	*auf … zu (räumlich)*
doğru	*gegen (zeitlich)*
göre	*gemäß*
kadar	*bis*
karşı	*gegen*

   Mit dem Ablativ gebraucht werden

   başka *außer*, beri *seit*, önce *vor (zeitlich)*, sonra *nach (zeitlich)*

   Vor den folgenden vier Postpositionen werden die einsilbigen Personalpronomina, d.h. alle außer **onlar**, um das Genitivsuffix erweitert:

   ben**im gibi**, sen**in için**, on**un ile** (*häufiger:* onunla), biz**im kadar**
   aber: onlar gibi, onlar için, onlar ile, onlar kadar

2. Sehr häufig steht der Superlativ in einer Genitivverbindung:

   Bugün yıl**ın** en sıcak gün**ü**. *Heute ist der heißeste Tag des Jahres.*

   Die Genitivverbindung mit dem Superlativ hat oft auch folgende Form:

   Bugün gün**lerin** en sıcağ**ı**. *Heute ist der heißeste der Tage.*

3. Sie wissen bereits, daß die Wortfolge in der gesprochenen Sprache nicht streng festgelegt ist, sondern sich eher danach richtet, was man hervorheben will [1C5]. Eine Satzform, die nicht die normale Reihenfolge Objekt-Subjekt-Prädikat einhält, wird in der türkischen Grammatik **devrik cümle,** *gekippter Satz,* genannt. Im Zuge der Annäherung der geschriebenen Sprache an die gesprochene wurde auch der **devrik cümle** als ein zwangloses Stilmittel in die Literatur (vor allem Essays, Kolumnen, Reportagen) aufgenommen.

Eine flexible Wortfolge bedeutet aber kein beliebiges Nacheinander. Satzteile werden in der gesprochenen Sprache nach bestimmten Gesichtspunkten geordnet:

Zuerst kommt das, was an das bereits Besprochene anknüpft, und danach das, was eine neue Information beinhaltet. In Beispielsatz B ist dieses das Subjekt:

A: Sen bugünlerde Ali'yi görüyor musun?
B: Ali'yi **ben** görmüyorum, ama her gün **kardeşim** görüyor.

Festgelegt ist die Reihenfolge: Das Hervorgehobene steht vor dem Prädikat.

B: **Ben** görmüyorum Ali'yi, ama ...

Das, was nicht hervorgehoben wird, sondern bekannt ist, wird hinten angeschlossen (oder weggelassen):

B: Ben görmüyorum **(...)**, ama ...

Im nächsten Beispiel ist das Prädikat selbst hervorgehoben:

B: **Görmüyorum** Ali'yi ben, ama telefonlaşıyorum.

4. Die »gekippte« Wortfolge tritt nicht nur in ganzen Sätzen auf, sondern manchmal auch in Wortgruppen. Ein Beispiel dafür ist die erste Zeile des Textes 15G. Die Genitivverbindung ist dort umgedreht, um den Ausdruck *meine ganze Arbeit* vor dem Prädikat *dies ist* zu betonen:

İşim gücüm budur benim — *Dies ist meine ganze Arbeit*
(= Benim işim gücüm budur)

15F Weitere Übungen

1. Es ist dringend! Sie bitten Ihren Bekannten, daß er handelt, sobald ... [15C7]:

(mektubumu al, gel)
Mektubumu alır almaz gel!

a) eve gel, bana telefon et b) evden çık, taksi tut c) çarşıya git, bankaya uğra d) doktora telefon et, polis çağır e) yorul, bırak f) dinlen, başla g) tramvaydan in, koş h) var, bana haber ver

2. *Ihre umsichtigen Gastgeber geben Ihnen Tips für die weitere Reise: »Wenn (= während) du umsteigst ...« [15C7]*

a) Aktarma ed________ doğru otobüse bin! b) Otobüsten in________ çantanı unutma! c) İstanbul'u gez________ paranı kaybetme! d) Kapalıçarşı'da yürü________ el çantana dikkat et! e) Alışveriş yap________ pazarlık yap! f) Camiye gir________ ayakkabılarını çıkar! g) Camiden çık________ ayakkabılarını unutma! h) Gece uyu________ pencereyi açık bırakma! i) Güneş doğ________ kalkıp şehri gezmeye başla! j) Uçak bekle________ bize kart yaz!

3. *Wolfgang hat sich so gut akklimatisiert, daß er eine nette Bemerkung für jede Situation parat hat. Setzen Sie das richtige Konverb ein [vgl. 13C] – manchmal passen mehrere!*

Wolfgang... a) Sabah kalk________ "Günaydın!" diyor. b) Bir yerden gid________ "Allahaısmarladık!" diyor; c) ama birisi böyle de________, Wolfgang ona "Güle güle!" diyor. d) İşyerinde, kantinde yemeğe başla________ "Afiyet olsun!" diyor. e) Emine'nin annesi-babası onu "Hoş geldiniz!" diye karşıla________, Wolfgang onlara "Hoş bulduk, efendim!" diye cevap veriyor. f) Ama Eminelerde yemek ye________ "Afiyet olsun!" demiyor; g) orada, Emine'nin annesine, yemekten sonra, "Elinize sağlık!" di________, kadın Wolfgang'a, "Afiyet olsun!" diyor. h) Dolmuştan, taksiden in________, şoföre "İyi işler!" diyor. i) ama bürodan çık________ iş arkadaşlarına "İyi çalışmalar!" diyor. j) Birisini çalış________ gör________, "Kolay gelsin!" diyor.

15G Text 2

Im folgenden Text ist das r-Präsens nicht für eine unbestimmte Zukunft verwendet, sondern für die Gegenwart.

»Mahmut der Träumer« berichtet davon, was er im allgemeinen so tut.

Dalgacı Mahmut

İşim gücüm budur benim,
Gökyüzünü boyarım, her sabah,
Hepiniz uykudayken,
Uyanır bakarsınız ki mavi.

Deniz yırtılır kimi zaman da,
Bilmezsiniz kim diker;
Ben dikerim.

Dalga geçerim kimi zaman,
O da benim vazifem;
Bir baş düşünürüm başımda,
Bir mide düşünürüm midemde,
Bir ayak düşünürüm ayağımda,
Ne haltedeceğimi bilemem.

Orhan Veli

dalgacı *Träumer*
Mahmut *Vorname, m.*
iş güç *Beschäftigung*
gökyüzü *Himmel*
[İ] boyamak *färben, anstreichen*
hepiniz *ihr alle*
uykudayken *wenn ihr im Schlaf liegt*
uyanmak *aufwachen*
uyanır bakarsınız = uyanırsınız, bakarsınız
bakarsınız ki *ihr seht hin, und (stellt fest: es ist ...)*
yırtılmak *zerreißen*
kimi zaman *manchmal*
[İ] dikmek *nähen*
dalga geçmek *tagträumen*
vazife *Pflicht*
[İ] düşünmek *sich etwas vorstellen*
ne haltedeceğini bilememek *mit sich nichts anfangen können*

16A

16A Text

Nach dem Essen ist es spät geworden. Man überlegt sich, wie man jetzt nach Hause kommt.

Çok geç oldu!

E: Oo, saat iki oldu. Artık kalkalım mı?
Y: Kalkalım, kalkalım! Yolumuz uzun.
W: Siz Yeşilköy'de oturuyordunuz, değil mi? Nasıl gideceksiniz?
S: Aslında, kolay. Taksim'den hemen hemen her yere dolmuş var.
Y: İnince beş dakika yürüdük mü, evdeyiz.
W: Benim karşıya geçmem lazım.
E: En iyisi, sen de Taksim'den dolmuşa binersin.
W: Hangi dolmuşa? Üsküdar dolmuşuna mı?
S: Kadıköy dolmuşu daha iyi galiba, değil mi?

[-] olmak *werden*
[-] kalkmak *aufbrechen*
aslında *eigentlich*
inince *wenn du ausgestiegen bist*
yürüdük mü *wenn wir gegangen sind*
karşıya geçmek *(über den Bosporus) hinüberfahren*

E: Evet. Doğancılar'da ineceksin; oradan biraz yürümen gerekiyor.
W: Zararı yok. Ben yürümeyi seviyorum.
S: Yürümeyi ben de çok severim, ama geceyarısından sonra değil.
E: Benim de Taksim'e gitmem gerekiyor. Oraya kadar beraber yürüyeceğiz.
W: Siz bana dolmuşun yerini gösterirsiniz, değil mi?
Y: Sen merak etme, biz seni durağa kadar götürürüz.

zararı yok! *macht nichts!*
yer *Platz, Stelle, Ort*
[E, İ] göstermek *zeigen*
merak etme! *mach dir keine Sorgen!*

16B Sprachgebrauch – Landeskunde

1. »Siz Yeşilköy'de **oturuyordunuz**, değil mi?« Die Vergangenheitsform bedeutet hier nicht, daß die Leute jetzt nicht mehr in Yeşilköy wohnen. Der Sprecher will damit prüfen, ob ihn seine Erinnerung täuscht. Im Deutschen fügt man bei dieser Verwendung oft ein »*doch*« hinzu:

Senin adın Ali'ydi, değil mi?	*Dein Name war doch Ali, oder?*

2. Die 3. Person Singular des r-Präsens ist wie beim Futur [10C] eine Wortbildungsform für Adjektive und Substantive. Grundsätzlich kann von jedem Verbstamm mit Hilfe des Suffixes **-(E/İ)r** oder **-mEz** ein Adjektiv abgeleitet werden:

işlemek	*funktionieren*
Bütün otelde **işler** bir tane telefon bile yoktu.	*Im ganzen Hotel gab es nicht einmal ein (= kein einziges) funktionstüchtiges Telefon.*
Sonunda **işlemez** bir cep telefonu bile bulduk.	*Zum Schluß fanden wir sogar ein nicht funktionierendes Mobiltelefon.*

ADJEKTIVE:	yıkan**ır**	*abwaschbar*
	utan**maz**	*schamlos*
	dön**er**	*umlaufend, Dreh...*
	döner kebap	*Döner, Gyros*
	tüken**mez**	*unerschöpflich, endlos*
	tükenmez kalem	*Kugelschreiber*

ADJEKTIVE:	taşın**maz** taşınmaz mal çık**maz** sokak yaz**ar** kasa su geçir**mez**	*unbeweglich* *Immobilie* *Sackgasse* *Registrierkasse* *wasserdicht*

SUBSTANTIVE:	yaz**ar** ok**ur** tut**ar** bilgisay**ar**	*Schriftsteller* *Leser* *Betrag* *Computer*

3. »Beş dakika yürüdük mü, evdeyiz«: Die Frageform bildet hier eine Art Nebensatz, den Sie auch vom Deutschen her kennen: *Sind wir fünf Minuten gelaufen, so sind wir schon zu Hause.*

16C Grammatik

1. Das unveränderliche Wort **lazım** (+ *sein*) und das Vollverb **gerekmek** sind gleichbedeutend. Beide stehen als Satzaussage in Sätzen, deren Gegenstand ein Ereignis oder eine Situation ist, und drücken eine Notwendigkeit aus:

benim karşıya geçmem **lazım**	*wörtlich: mein Hinüberfahren ist nötig*
senin yürümen **gerekiyor**	*wörtlich: dein Zufußgehen tut not*

2. Um den Satzgegenstand (also dasjenige, was nötig ist, nämlich *mein, dein ... Tun*) wiederzugeben, werden mit Hilfe des Infinitivsuffixes **-mE** [12E4] Verbalnomina gebildet.

   Wie an alle Substantive können hieran Possessivendungen treten. Die Genitivformen **benim**, **senin** ... sind, wie alle Personalpronomina, weglaßbar [1B].

VERBALNOMEN AUF -mE *im Possessiv*

(benim)	git**mem**
(senin)	git**men**
(onun)	git**mesi**
(bizim)	git**memiz**
(sizin)	git**meniz**
onların	git**mesi**
–	git**meleri**

3. Frageformen können, je nach Hervorhebung, unterschiedlich gebildet werden:

(Senin) **gitmen mi** lazım?	*Mußt du **gehen**?*
(Senin) gitmen **lazım mı?**	***Mußt** du gehen?*

Dies entspricht der allgemeinen Regel, daß das Fragesuffix **+_mİ** auf das folgt, was im Satz hervorgehoben wird [2C1]. Demnach gibt es natürlich weitere Möglichkeiten, zum Beispiel:

Senin mi gitmen lazım?	*Mußt **du** gehen?*
(Senin) **hemen mi** gitmen lazım?	*Mußt du **sofort** gehen?*

4. Die Wendung **olması lazım** drückt neben der Notwendigkeit auch eine Vermutung aus:

Dolmuş durağının Taksim'de olması lazım.	*Die Sammeltaxihaltestelle dürfte in Taksim sein.*
Yan sokakta eczane olması lazım.	*In der Seitenstraße muß eine Apotheke sein.*

Die zugehörige Ergänzung (also das, was *sein müßte*) kann auch ein konjugiertes Verb sein:

Vapurun **hemen kalkıyor** olması lazım.	*»Es müßte so sein, daß der Dampfer gleich abfährt.« Der Dampfer müßte gleich abfahren.*

Beachten Sie, daß es in diesem Fall nur eine Vergangenheitsform für das konjugierte Verb gibt, die Vergangenheit auf **-mİş**:

(Vapur kalktı.)	→ Vapurun **kalkmış** olması lazım.	*Der Dampfer dürfte schon abgefahren sein.*

16D Übungen

1. *Man müßte ... Formulieren Sie, was Sie für nötig halten, ohne es auf eine Person zu beziehen. Fügen Sie eine Zeitbestimmung hinzu:*

(kalkmak)
Artık kalkmak lazım (*oder:* gerekiyor).

a) yer ayırtmak b) yola çıkmak c) bavul toplamak d) karar vermek e) taksi çağırmak f) yolluk almak g) biraz dinlenmek h) yavaş yavaş hazırlanmak

[E, İ] ayırtmak *reservieren lassen*
[İ] toplamak *packen*
[İ] çağırmak *rufen*
yolluk *Proviant*
yavaş yavaş *allmählich*

2. Denken Sie an den morgigen Tag. Was müssen Sie alles erledigen?

(erken kalkmak)
Benim yarın erken kalkmam lazım.

a) istasyona gitmek b) bilet almak c) alışveriş yapmak d) eve telefon etmek e) Kürşatlar'la buluşmak f) birkaç mektup yazmak g) bankaya uğramak h) para bozdurmak i) kediyi arkadaşa bırakmak j) babamla vedalaşmak k) bavul toplamak l) erken yatmak

[E] hazırlanmak *sich vorbereiten*
[E, İ] bozdurmak *wechseln lassen (Geld, Devisen)*
[IE] vedalaşmak *sich verabschieden*

3. Wer muß was tun, damit es mit dem Treffen klappt?

(Hasan, gelmek)
Hasan'ın gelmesi lazım.

a) Suat, ekmek getirmek b) Bahar, içecek almak c) Sıdıka, Hasanali'ye telefon etmek d) Necati, bir araba bulmak e) Bilge, dolma yapmak f) Mustafa, çay pişirmek g) Latif, saz çalmak h) Selami, çok içmemek

saz *türkische Langhalslaute*
[İ] çalmak *spielen (Musikinstrument)*

4. Warum tust du das, mußt du etwa ...?

(kalkmak – eve gitmek)
Niçin kalkıyorsun, eve gitmen mi lazım?

a) oturmak – beklemek b) beklemek – otobüse binmek c) otobüse binmek – çarşıya gitmek d) çarşıya gitmek – alışveriş yapmak e) alışveriş yapmak – yemek pişirmek

16E Erweiterung

1. Die Verneinung einer Notwendigkeitsform kann zweierlei bedeuten:

a) Es ist *nicht* nötig, etwas zu tun ... Das Wort **lazım** wird in diesem Fall mit **değil** verneint. Beachten Sie auch bei der Verneinung, daß das Wort **lazım** selbst unveränderlich ist. Die Person wird durch die Possessivendung ausgedrückt, die an das Verbalnomen auf **-mE** tritt.

Benim yarın çalışmam lazım **değil**. *»Mein Arbeiten morgen ist nicht nötig.« Ich brauche morgen nicht zu arbeiten.*

Das Verb **gerekmek** wird mit dem Suffix **-mE** verneint (→ **gerekme-**): Benim yarın çalışmam **gerekmiyor**.

b) Es ist nötig, etwas *nicht* zu tun ... In diesem Fall wird nicht **lazım** oder **gerekmek** verneint, sondern das Verb, das die notwendige Handlung beschreibt:

Son vapuru kaçır**ma**mamız lazım/gerekiyor.	*»Unser Nicht-Verpassen des letzten Dampfers ist nötig.« Wir dürfen den letzten Dampfer nicht verpassen.*

2. Besonders bei den Vergangenheitsformen wird unterschieden, ob eine Notwendigkeit schon länger bestanden hat, oder ob sie erst eingetreten ist:

Dün bir hediye almam lazım**dı**/ gerek**iyordu**.	*Gestern mußte ich ein Geschenk kaufen.* (= die Notwendigkeit war schon da)
Burada güzel bir şey yoktu, şehre inmem lazım **oldu**/gerek**ti**.	*Hier gab es nichts Schönes, und ich mußte ins Stadtzentrum.* (= dies wurde erst nötig)

ANDAUERNDE NOTWENDIGKEIT
lazımdı
gerekiyordu

EINTRETENDE NOTWENDIGKEIT
lazım oldu
gerekti

3. Bei den Zukunftsformen spielt dieser Gesichtspunkt keine Rolle, weil die Notwendigkeit immer erst noch eintritt:

Benim yarın istasyona gitmem lazım **olacak**/gerek**ecek**.	*Morgen werde ich zum Bahnhof fahren müssen.* (Futur: entschiedene Zukunft)
Benim yarın istasyona gitmem lazım **olur**/gerek**ir**.	*Morgen werde ich zum Bahnhof fahren müssen.* (r-Präsens: mögliche Zukunft)

4. Mit dem Muster **benim istasyona gitmem** haben Sie nun einen Nebensatztyp *(im Deutschen: daß-Sätze in Subjektstellung)* kennengelernt, den Sie folgendermaßen variieren können:

[Benim istasyona gitmem] şart.	*Es ist absolut notwendig, daß ich zum Bahnhof gehe.*
[Benim istasyona gitmem] gereksiz.	*Es ist überflüssig, daß ich zum Bahnhof gehe.*
[Benim istasyona gitmem] neye yarar?	*Was nützt es, daß ich zum Bahnhof gehe?*
[Benim istasyona gitmem] iyi olur.	*Es wäre gut, wenn ich zum Bahnhof ginge.*

5. Die Sätze in eckigen Klammern oben können auch die Stelle eines Objekts im Satz einnehmen:

   Sen [benim istasyona gitmem]i istiyor musun?
   Willst du, daß ich zum Bahnhof gehe?

   Das Suffix **-mE** + POSSESSIVENDUNG bekommt dann noch das Kasussuffix, das das Hauptsatzverb verlangt (z.B. oben den Akkusativ).

16F Weitere Übungen

1. *Fragen Sie, ob Ihr(e) Partner(in) demnächst nicht ... muß!*

   (sen, yarın, çalışmak)
   Senin yarın çalışman lazım değil mi (*oder:* gerekmiyor mu)?

   a) siz, bu akşam, alışveriş yapmak b) sen, yarın, yola çıkmak c) siz, yarın akşam, otelde olmak d) sen, gelecek hafta, yer ayırtmak e) siz, bu ay, taşınmak f) sen, bu yaz, işe başlamak g) siz, bir yıl sonra, okulu bitirmek h) sen, çok çabuk, Almanca öğrenmek

2. *Herr Doktor, Wolfgang darf nicht ..., nicht wahr?*

   Doktor Bey, Wolfgang'**ın** güneşte kal**maması** lazım, değil mi?

   a) Mahmut________ bira iç________ lazım, değil mi? b) Selma________ evden çık________ gerekiyor, değil mi? c) Gülsüm________ sigara iç________ lazım, değil mi? d) Adnan________ yorul________ gerekiyor, değil mi?

[-] yorulmak *sich anstrengen*
[-] üşümek *frieren*

e) Yıldız________ ilaç al________ lazım, değil mi?
f) Ömer________ üşü________ gerekiyor, değil mi?
g) Yunus________ Almanya'ya dön________ lazım, değil mi?

3. olması lazım *ist ja eine Vermutungsform [16C4]. Bilden Sie Sätze:*

(Eczane yan sokakta.)
Eczanenin yan sokakta olması lazım.
(Pastane şimdi kapanıyor.)
Pastanenin şimdi kapanıyor olması lazım.

a) Bakkal geceyarısına kadar açık. b) Market saat 8'de kapatıyor. c) Köşedeki işkembeci sabaha kadar çalışıyor. d) Arka sokaktaki kahve(hane) kapandı. e) Muhallebici şehir merkezine taşındı. f) Muhallebicinin yerine bir manav açıldı. g) Kasap öğle tatili yapıyor. h) En yakın çay bahçesi 3–4 kilometre uzakta. i) Büfede gazete var. j) Pidecide alkollü içki yok.

[-] kapanmak *schließen*
[-] bulunmak *vorrätig sein*
işkembeci *Suppenküche (Restaurant, in dem hauptsächlich Kuttelsuppe gegessen wird)*
şehir *Stadt*
merkez *Zentrum*
[DEn, E] taşınmak *umziehen*
[İn] yerine *statt, anstelle*
pide *Fladenbrot (mit Käse- oder Hackfleischfüllung)*
pideci *Pide-Restaurant*
çoktan *schon lange*

4. *Bilden Sie* daß*-Sätze und kommentieren Sie sie – Anregungen dazu finden Sie bei den Vokabeln:*

(Wolfgang İstanbul'da staj yapıyor)
Wolfgang'ın İstanbul'da staj yapması iyi (saçma, herkesi şaşırttı, doğru, gereksiz...).

a) Wolfgang ev arıyor. b) Emine Wolfgang'a telefon edecek. c) Garson biraz Almanca biliyor. d) Ayşe Almanya'da kalıyor. e) Wolfgang'ın yeni evi Taksim'e yakın. (→ olmak) f) Kolye ucuz değil. (→ olmamak) g) Biz son vapura yetişelim!

saçma *sinnlos*
herkesi şaşırttı *hat jeden verwundert*
[İ] şaşırtmak *verwundern, überraschen*
doğru *richtig (= in Ordnung)*
gereksiz *unnötig*
yersiz *unpassend*
önemli *wichtig*
faydalı *nützlich*
uygun *günstig*
[E] yetişmek *erreichen*

5. *Gliedern Sie die Sätze aus Übung 4 in die folgenden Hauptsätze ein:*

(Wolfgang İstanbul'da staj yapıyor.) – Annesi [...] +İ çok istiyordu
Annesi [Wolfgang'ın İstanbul'da staj yapması]nı çok istiyordu.

a) Emine [...] +E yardım edecek. b) Wolfgang Emine'den [...] +İ rica etti. c) Wolfgang [...] +E sevindi. d) Adnan [...] +İ hiç istemiyor. e) Wolfgang [...] +E dikkat ediyor. f) Wolfgang [...] +E üzüldü. g) Siz [...] için dua edin!

[E] yardım etmek *helfen, unterstützen*
[E] dikkat etmek *achten auf*
[E, için] dua etmek *beten*

16G Text 2

Wolfgang sitzt in einem Teegarten und wird auf einen Jungen aufmerksam, der zwischen den Tischen umhergeht und den Gästen seine Dienstleistung als Schuhputzer, ***boyacı****, anbietet.*

Hayırlı işler!

B: Boyayalım, abiler! Boyayalım, ablalar! Boyacı geldi, boyacı! Parlamazsa bedava!
W: Hey, delikanlı!
B: Buyur, abi! Boya mı lazım?
W: Bak, bu renk boyan var mı?
B: Lacivert mi? Olmaz olur mu, abi! Biz Ortadoğu ve Balkanların en büyük boyacısıyız, valla!

Während des Putzens kommt es zu einem Gespräch:

W: İş nasıl bugün?
B: Eeh, idare eder, be abi! Dün öğleden sonra daha iyiydi; sabah yağmur yağmıştı ya.
W: Yaz kış çalışıyor musun?

hayırlı işler! *auf Wiedersehn! (Kunde beim Abschied) »gutes Geschäft!«*
[İ, E] boyamak *[Schuhe] putzen, »einfärben«*
boyayalım = boyayayım *(burschikos: 1. Person Plural statt Singular)*
boyacı *Schuhputzer*
parlamazsa *wenn es nicht glänzt*
delikanlı *junger Mann*
bu renk *in dieser Farbe*
lacivert *dunkelblau*
olmaz olur mu? *und ob es ... gibt!*
Ortadoğu *Mittlerer Osten*
Balkanlar *Balkan*
Ortadoğu ve Balkanların en ... *(ein Werbeklischee)*
valla = vallahi! *bei Gott!*
eeh *so la la*
idare eder *es geht so*
[İ, lE] idare etmek *deichseln; zurechtkommen*
be! *(Ausruf, Slang)*
ya *(Modalpartikel nach Prädikat) ja, bekanntlich*
yaz kış *sommers und winters*

B: He, ya. Okul yok artık. Orta ikiden terk.
W: Yazık. Niye bitirmedin ki?
B: Okul işi bizim gibilere göre değil be abi! Boşver. Anlatması uzun sürer. Zaten, bitirince ne oluyor ki insan? Gene işsiz. Okuyunca, tam okuyacaksın. Üniversite, filan.
W: Sen de bir an önce mesleğini seçtin, öyle mi?
B: Baba mesleği, abi. Ben onu seçmedim, o beni seçti. Peder rahmetli olunca, onun sandığını kaptık, başladık işte fırça sallamaya. ... Tamam, abi! Senin damatlıkların işi bu kadar.
W: Eline sağlık, iyi parlattın. Buyur, ücretin!
B: Sağ olasın, abi. Bereket versin!
W: Bereketini gör! Hayırlı işler!

he, ya! *genau! (dialektal)*
orta = ortaokul
iki = ikinci sınıf
terk *abgebrochen*
[İ] bitirmek *beenden, abschließen*
ki *(Modalpartikel nach Prädikat) eigentlich, denn*
okul işi *das mit der Schule*
bizim gibilere göre değil *nichts für unsereins*
anlatması = anlatmak
[-] sürmek *dauern*
zaten *(am Satzanfang:) abgesehen davon*
insan *man*
tam *richtig, voll*
bir an önce *so bald wie möglich*
[İ] seçmek *wählen*
peder *Vater (meist eigener)*
[-] rahmetli olmak *versterben*
rahmetli *selig (für Verstorbene)*
sandık *Kiste, Kasten*
fırça *Bürste*
[İ, E] sallamak *schwingen*
damatlık *Bräutigams... (hier: -Schuhe)*
[İn] işi bu kadar *(die Arbeit an ...) ist erledigt*
eline sağlık! *gut gemacht! (Lobesformel für handwerkliche Arbeit)*
ücret *Lohn*
sağ olasın = sağ ol
(Allah) bereket versin! *danke! »Gott möge (dir) Reichtum bescheren!«*
bereket *Fruchtbarkeit, Überfluß*
bereketini gör! *Antwort auf »bereket versin!«*

17A

17A Text

Wolfgang will sich kundig machen, bevor er die Stadt Safranbolu besichtigt. Er schlägt in einem Reiseführer nach und findet folgenden Text:

Safranbolu

Safranbolu Batı Karadeniz bölgesinin iç kesiminde, Zonguldak iline bağlı bir ilçe merkezidir. Eski şehir masa biçimli dağlar arasında, vadide kurulmuştur. Yeni şehir ise bundan 2 km. kadar uzakta, Bağlar mahallesindedir. Şehir nüfusu, 1975 sayımına göre, 14.700'dür. Başlıca geçim kaynakları tarım (tahıl, bağcılık, meyvecilik) ve madenciliktir.

Safranbolu eskiden önemli bir ticaret merkeziydi. Osmanlı döneminden kalma han, arasta, tabakhane gibi işyerleri endüstrileşme ve motorizasyon sonucu önemini kaybetmiştir. Bunların bazıları günümüzde restore edilmektedir.

Batı Karadeniz *westliches Schwarzes Meer*
bölge *Region*
kesim *Bereich*
[E] bağlı *zugeordnet, unterstellt*
kurulmuş *gelegen*
merkez *Zentrum*
şehir *Stadt*
masa biçimli *tafelförmig*
vadi *Tal*
ise *hingegen*
nüfus *Einwohnerzahl*
sayım *Zählung*
başlıca *Haupt-*
geçim *Lebensunterhalt*
kaynak *Quelle*
tarım *Landwirtschaft*
tahıl *Getreide*
bağ *Weingarten; Nutzgarten außerhalb einer Ortschaft*
bağcılık *Traubenanbau*
meyve = meyva
meyvecilik *Obstanbau*
maden *Erz*
madencilik *Bergbau*
ticaret *Handel*
Osmanlı *Osmanen-, osmanisch*
dönem *Epoche*
kalma *übriggeblieben*
han *Karawanserei*
arasta *Ladengasse(n)*
tabakhane *Gerberei*
endüstrileşme *Industrialisierung*
motorizasyon *Motorisierung*
[-] sonucu *infolge*
[İ] kaybetmek *verlieren*
günümüzde *heutzutage*

Eski Safranbolu şehir merkezinin tamamı 1976'dan beri tarihi sit alanı olarak koruma altındadır.

İklim: En sıcak aylar temmuz, ağustos (ortalama 22,6 derece), en soğuk ay ocaktır (ortalama 4 derece).

Ulaşım: Ankara, İstanbul ve komşu şehirlerden otobüsle. (Gerede-Sinop yolu üzerinden).

Konaklama: Asmazlar konağı, Kaymakamlar konağı.

Görülecek yerler: Cinci hanı (kervansaray), arasta, Eskihamam, tabakhane, İzzet Paşa camii, kale. Ayrıca, şehir merkezindeki ve Bağlar mahallesindeki birçok eski ev.

(Reşit İmrahor, Adım Adım Türkiye, İstanbul 1979)

tamam *Ganzes, Gesamtheit*
[İ] restore etmek *restaurieren*
tarihi *historisch*
sit alanı *Schutzgebiet*
[İ] koruma altına almak *unter Schutz stellen*
iklim *Klima*
ortalama *durchschnittlich*
ulaşım *Verkehr(sanbindung)*
konaklama *Übernachtung*
konak *Herrschaftshaus*
görülecek yer *Sehenswürdigkeit*
kervansaray *Karawanserei*
hamam *türkisches Bad*
kale *Burg, Festung*
ayrıca *außerdem, zusätzlich*

17B Sprachgebrauch – Landeskunde

1. Wieder einmal ist die Perspektive des Sprechers entscheidend bei der Tempuswahl: Der Autor eines Sachtextes stellt einen Sachverhalt im r-Präsens dar, der in einem Alltagsgespräch oder in den Aufzeichnungen eines Reisenden vielleicht im yor-Präsens gehalten wäre.
   Das yor-Präsens hat einen persönlichen, subjektiven und erlebnisnahen Charakter, während das r-Präsens eher neutral, sachlich und distanziert ist. Wir hören bei der Aussage »Ali her akşam çay yapıyor« sozusagen zwischen den Worten heraus, daß es sich um eine direkte, vielleicht frische Beobachtung des Sprechers handelt. Über dasselbe Ereignis, Alis allabendliches Teekochen, könnte man aber bei einem anderen Anlaß, eher verallgemeinernd, berichten: »Ali her akşam çay yapar.«

2. Im Lesetext finden Sie für das Verb *sein* in der 3. Person Singular eine Form, die man sehr sehr oft auf Hinweis- und Verbotsschildern, Bekanntmachungen usw. geschrieben sieht, z. B.: »Sigara içmek yasak**tır**« *(Rauchen* ist *verboten).*

Die gesprochene Sprache verwendet diese Form häufiger für Vermutungen. Wenn also jemand sagt: »Ali şimdi evde**dir**. Bize çay yapar«, meint er: *»Ali wird jetzt wohl zu Hause sein. Er macht uns sicher Tee.«* Im zweiten Satz dieses Beispiels ist das r-Präsens für die unbestimmte Zukunft eingesetzt.

3. Zur Geographie: Die Himmelsrichtungen, **yönler,** lauten

   batı *Westen*, kuzey *Norden*, doğu *Osten*, güney *Süden*
   kuzeybatı, kuzeydoğu, güneybatı, güneydoğu

   Die Türkei ist in sieben geographische Regionen, **coğrafî bölgeler**, unterteilt:

   1. Marmara, 2. Karadeniz, 3. Ege, 4. İç Anadolu, 5. Doğu Anadolu, 6. Akdeniz, 7. Güneydoğu Anadolu bölgesi

   Dies hat jedoch nichts zu tun mit der verwaltungsmäßigen Einteilung in

iller	Regierungsbezirke, mit den Behörden der Zentralregierung in Ankara, die einem **vali** *Gouverneur* untergeordnet sind.
ilçeler	Kreise, mit den unteren Behörden der Zentralregierung, die einem **kaymakam** *Landrat* untergeordnet sind.
köyler	Dörfer haben keine Behörden, sondern werden von **muhtar** *Gemeindevorsteher* und **ihtiyar heyeti** *Ältestenrat* (beide gewählt) repräsentiert und verwaltet.

Eine **belediye** *Stadtverwaltung* haben die Ortschaften über 2000 Einwohner. **Belediye başkanı** *Bürgermeister* und **belediye meclisi** *Stadtrat* werden gewählt, haben aber nur eine sehr eingeschränkte Verfügungsgewalt im Vergleich zu den Organen der Zentralregierung.

Straßenszene in Bursa

17C Grammatik

1. Das r-Präsens wird für einen Sachverhalt in der Gegenwart verwendet, der unabhängig von der Beteiligung des Sprechers dargestellt werden soll [17B1,2]. Die Formen der Vollverben sind die gleichen wie die für die unbestimmte Zukunft [10C2].

2. Das Verb *sein* hat jedoch eine zusätzliche Form für die Darstellung von Sachverhalten in der Gegenwart: die Endung **+Dİr**.

	r-Präsens, Kopulaverb	
	Aussage +Dİr	*Frage* +_mİdİr
(ben)	meraklıyım**dır**	meraklı **mıyım(dır)**?
(sen)	meraklısın**(dır)**	meraklı **mısın(dır)**?
(o)	meraklı**dır**	meraklı **mıdır**?
(biz)	meraklıyız**(dır)**	meraklı **mıyız(dır)**?
(siz)	meraklısınız**(dır)**	meraklı **mısınız(dır)**?
onlar	meraklı**dır**	meraklı **mıdır**?
–	meraklı**dır**lar	meraklı **mıdır**lar?

Diese Form hat nicht den spontan-feststellenden Charakter wie die suffixlose Form des yor-Präsens:

Ali evde.	*Ali ist zu Hause. (Ich weiß das aus direkter Erfahrung, weil ich gerade von ihm komme, bzw. ihn angerufen habe)*

Vielmehr ist die Aussage in diesen Fällen entweder vermutend oder verallgemeinernd. Sie wird oft durch Adverbien ergänzt:

Ali **belki** evde**dir**.	*Ali ist vielleicht zu Hause.*
Ali **kesin** evde**dir**.	*Ali ist sicherlich zu Hause.*
Ali bu saatte **hep** evde**dir**.	*Ali ist um diese Tageszeit immer zu Hause.*

In amtlichen Texten und in der Sachliteratur steht die Endung **+Dİr** für die sonst unmarkierte 3. Person:

Safranbolu bir ilçe merkezidir.	*Safranbolu ist eine Kreisstadt.*

3. Das Suffix **+Dİr** kann außerdem bei der 1. und 2. Person an die Präsenssuffixe [1C3] angehängt werden.

Biliyorsunuz ya, ben biraz meraklıyım**dır**.	*Ihr wißt ja: ich bin (nun mal) etwas neugierig.*
Umarım, iyisiniz**dir**.	*Ich hoffe doch, daß es Ihnen gut geht.*

Diese Formen werden jedoch selten verwendet, weil das r-Präsens für gegenwartsbezogene Aussagen über *ich*, *du*, *wir* und *ihr* ohnehin begrenzt geeignet ist.

4. Der Unterschied zum yor-Präsens besteht nicht darin, was geschieht und wie es geschieht, sondern nur darin, wie der Sprecher das Geschehen sieht. Beim r-Präsens ersteht dem Hörer keine Szene vor den Augen, die der Sprecher als unmittelbarer Beobachter miterlebt hat. Vielmehr entsteht der Eindruck, daß der Sprecher von einem übergeordneten Blickwinkel aus spricht, bzw. daß zeitlose oder allgemeingültige Tatsachen mitgeteilt werden.

17D Übungen

1. *Tagebuch kontra Geographieunterricht ... Schreiben Sie den Text 17A so um, daß er im Tagebuch oder Brief eines Reisenden stehen könnte. Beispiel:*

   (Safranbolu ... bir şehirdir.)
   Safranbolu ... bir **şehir**.
   (Şehirde eski bir han bulunur.)
   Şehirde eski bir han **bulunuyor**.

2. *Das Suffix* +Dİr *tritt in den Varianten* dır, dir, dur, dür *bzw.* tır, tir, tur, tür *auf. Setzen Sie die richtigen Formen ein:*

   sıra sıra *reihenweise*
   örtülü *überdacht*
   tapınak *Tempel*
   paşa *General*
   ordu *Armee*
   demek *gleichbedeutend mit*
   [İ] yıkmak *abreißen*
   canlı *lebendig*

   a) Kervansaray eski bir konaklama yeri____.
   b) Tabakhane deri işleme atölyesi ____.
   c) Hamam Türk şehirlerinin banyosu ____.
   d) Arastalarda sıra sıra dükkanlar var____.
   e) Arastalarda sokaklar örtülü ____.
   f) Cami İslam'da tapınak ____.
   g) "Paşa" Osmanlı ordusunda "general" demek____. h) Safranbolu'da eski evleri yıkmak yasak____. i) Safranbolu çarşısı halâ çok canlı____. j) Safranbolu'ya tren yok____. k) Safranbolu'ya en yakın tren istasyonu Karabük'te____.

3. *Sie können über Ihren Tagesablauf im yor-Präsens berichten, wie in den folgenden Übungssätzen, – aber auch im r-Präsens. Wandeln Sie die Sätze um:*

a) Sabah 7'ye doğru kalkıyoruz. b) Ali hemen kasabaya gidiyor. c) Taze ekmekle gazete getiriyor. d) Dönüşte komşu çiftçiden süt alıyor. e) Saat 8'de kahvaltıya oturuyoruz. f) Bu uzun bir kahvaltı oluyor. g) Çünkü bol bol sohbet ediyoruz. h) Ali bize gazete okuyor. i) Sonra ben elişi yapıyorum. j) Ya da mektup yazıyorum. k) Çocuklar bahçeye, oyuna gidiyor. l) Tatil günlerimiz yıllardan beri böyle başlıyor.

kasaba *Städtchen*
dönüş *Rückfahrt*
komşu *Nachbar*
çiftçi *Bauer*
bol bol *ausgiebig*
[İ, E] okumak *vorlesen*
elişi *Handarbeit*

4. *»A-aa!« ist ein Ausruf des Staunens. Antworten Sie Ihrem erstaunten Bekannten, daß Sie dies und das immer so zu tun pflegen.*

(A-aa! Sen çayı sütle mi içiyorsun?)
Evet, ben çayı hep sütle içerim.

a) A-aa! Sen bu kadar erken mi kalkıyorsun? b) A-aa! Sen soğuk suyla mı duş yapıyorsun? c) A-aa! Siz kahvaltıdan önce jimnastik mi yapıyorsunuz? d) A-aa! Siz kahvaltıda çorba mı içiyorsunuz? e) A-aa! Siz et yemiyor musunuz? f) A-aa! Sen sigara içmiyor musun?

hep *immer*
jimnastik *Gymnastik*
çorba *Suppe*

5. *Ergänzen Sie die Endungen: In jedem Satz kommt einmal das r-Präsens und einmal ein anderes Tempus vor.*

a) Ben aslında her sabah on beş dakika kadar jimnastik yap________, ama bugün yataktan kalkmak bile istemi________. b) Ali her yaz Türkiye'ye gid________, ama gelecek yaz Norveç'e gid________. c) Emine biraz önce eve git________, yani şimdi evde________. d) Biletimi kaybet________, umarım otelde________.

biraz önce *vorhin*
umarım *ich hoffe*

17E Erweiterung

1. Der verkürzte Infinitiv auf **-mE** ist als Adjektiv verwendbar:

Osmanlı döneminden kalma han — *die aus osmanischer Zeit (übrig)gebliebene Karawanserei*

Meistens geben solche Adjektive Aufschluß darüber, wie etwas entstanden ist bzw. wie es funktioniert. Es gibt viele feste Fügungen, zum Beispiel:

dolmakalem	*Füllfederhalter*	*(von* dolmak, *sich füllen)*
yapma çiçek	*Kunstblume*	*(von* yapmak, *machen)*
süzme bal	*geschleuderter Honig*	*(von* süzmek, *seihen)*
kesme şeker	*Würfelzucker*	*(von* kesmek, *schneiden)*

2. Außerdem läßt sich bei Bedarf von jedem Verbstamm mit **-mE(k)** ein Substantiv bilden, das das Verbgeschehen selbst bezeichnet [vgl. 12E4]:

dolma(k) — *das Sichfüllen, Vollwerden*

Wie im Deutschen *(Schwimmen, Wohnen, Essen ...)* können Verbalnomen auf **-mE** und auf **-mEk** feste Bedeutungen haben.

yemek	*Essen, Speise, Mahl*
patlıcan yemekleri	*Auberginengerichte*
dolma	*gefülltes Gemüse*
domates dolması	*gefüllte Tomaten*

3. Verbalnomen sind in jeder Hinsicht wie echte Substantive verwendbar. So können sie auch in Zusammensetzungen stehen:

öğrenme	*Lernen*	+ istek	*Wunsch*	→ öğrenme isteği	*Wunsch zu lernen*
oturma	*Wohnen*	+ izin	*Erlaubnis*	→ oturma izni	*Aufenthaltserlaubnis*

4. Verbalnomen können durch verschiedene *Objekte* und *Angaben* erweitert werden. Dann wird das ganze Gebilde, das mit dem Infinitiv zusammenhängt, wie ein einziges Substantiv behandelt:

başlama + haberi	*die Nachricht anzufangen (die Nachricht vom Anfangen)*
işe başlama + haberi	*die Nachricht, mit der Arbeit anzufangen*
işe yarın başlama + haberi	*die Nachricht, mit der Arbeit morgen anzufangen*
Aslı'nın işe yarın başlaması + haberi	*die Nachricht, daß Aslı mit der Arbeit morgen anfängt (»die Nachricht von Aslıs Morgen–mit–der–Arbeit–Anfangen«)*

5. Es gibt zwei Arten von Konverben, die auf dem Infinitiv aufgebaut sind.

KONVERBEN, FINAL
um ... zu: -mEk için
damit: -mEm için
-mEn için

a) Ausdrücke, die auf **-mEk için** enden, entsprechen den deutschen Nebensätzen mit *um ... zu*. Sie stehen unten in eckigen Klammern:

Aslı [yarın işe başlamak için] İstanbul'a gidiyor.	*Aslı fährt nach Istanbul, um morgen mit der Arbeit anzufangen.*

b) Zusammensetzungen aus dem substantivierten Infinitiv auf **-mE** + Possessivsuffix entsprechen deutschen Nebensätzen auf *damit*.

Biz [Aslı'nın yarın işe başlaması için] mektup yazdık.	*Wir haben einen Brief geschrieben, damit Aslı morgen mit der Arbeit anfängt. (= »... für Aslıs Morgen–mit–der–Arbeit–Anfangen«)*

17F Weitere Übungen

1. *Erzählen Sie einen Witz! Zuerst so, wie Witze mündlich erzählt werden, also im yor-Präsens:*

Fıkraseverler kulübünün bir üyesi bir toplantıya arkadaşını götür_________. Üyeler 145, 8, 23 ... gibi sayılar söylü_________, sonra gül_________. Üye, arkadaşına durumu açıklı_________: "Biz artık bütün fıkraları biliyoruz. Onun için hepsini numaraladık, uzun uzun anlatmak yerine numaraları söylüyoruz." Toplantıdan sonra misafir arkadaşına sor_________: "Biriniz '145' dedi, kimse gülmedi. Ama sonra biri daha aynı sayıyı söyledi, herkes katıla katıla güldü. Niçin?" Arkadaşı, "Gayet tabii!" di_________, "Anlatmadan anlatmaya fark var!"

fıkra *Witz, Anekdote*
fıkrasever *Witze-Liebhaber*
kulüp *Klub*
üye *Mitglied*
toplantı *Sitzung, Treffen*
[İ, DEn, E] götürmek *mitbringen, hinbringen*
durum *Situation, Lage*
[İ, E] açıklamak *erklären*
artık *schon, nunmehr*
[İ] bilmek *wissen*
[İ] numaralamak *numerieren*
uzun uzun *lang und breit*
[-/İn] yerine *anstatt*
biriniz *einer von euch*
[İ] demek *sagen*
kimse *jemand (Frage / Verneinung)*
biri *jemand*
katıla katıla gülmek *sich krummlachen*
anlatma *Erzählweise*
fark *Unterschied*

2. *Lernen Sie obigen Witz auswendig, wenn er Ihnen gefällt, und wenn Sie gern Witze erzählen. Vor allem: Schreiben Sie obigen Witz für die Sonntagsbeilage um – im r-Präsens!*

17F

3. *»Im allgemeinen...« Folgende Übung soll Sie mit Verhaltensweisen bekannt machen, denen Sie bei eher traditionellen Gastgebern begegnen werden. Füllen Sie die Lücken aus:*

Türkler genellikle ... a) Misafiri eve çağır________. b) Lokantada hesabı ödemek iste________. c) Hediyenizi siz gitmeden önce aç________ (*Verneinung!*). d) Uzun uzun hatır sor________. e) Yemekte bile televizyon seyred________. f) Çok ısrar ed________, ısrar bekle________ de. g) Hep, "Buyurun!" de________, "N'olur, biraz daha alın!" h) Erkek erkeğe, kadın kadına konuş________. i) Misafire kendi yataklarını ver________. j) Onu hiç yalnız bırak________ (*Verneinung!*).

genellikle *im allgemeinen*
[E] hatır sormak *nach dem Befinden fragen*
[E, DE/için] ısrar etmek *bestehen auf, insistieren*
ısrar *Beharren*
[DEn, İ] beklemek *erwarten*
buyurun! *bedienen Sie sich!*
n'olur (= ne olur) *bitte doch!*
[İ] almak *nehmen*
erkek erkeğe *Mann zu Mann*
kadın kadına *Frau zu Frau*
merak *Neugier*

4. *Verbinden Sie die Infinitive mit den jeweils nachfolgenden Substantiven zu Zusammensetzungen wie* oturma izni *[17E3]:*

a) gitme	haber	b) çalışma	istek
c) bırakma	karar	d) çıkma	hazırlık
e) yaşama	heyecan	f) unutma	endişe
g) gezme	merak	h) ödeme	zorluk
i) öğrenme	şart	j) taşınma	yorgunluk

5. *Präzisieren Sie nun, was Sie mit den Zusammensetzungen in der obigen Übung meinen – vgl.* işe başlama haberi *und andere Beispiele unter 17E4.*

6. *Sie packen Ihren Koffer für die Reise. Was nehmen Sie mit zum ...? Tragen Sie möglichst viele Wörter zusammen, die Ihnen zu den Verben unten einfallen:*

(okumak)
Okumak için bir/birkaç/birçok kitap (gazete, mektup, sözlük ...) alıyorum.

a) dinlemek b) yüzmek c) yazmak d) gezmek e) yemek f) içmek g) bitirmek h) başlamak i) öğrenmek j) hediye etmek

7. *Sie packen aus und zeigen Ihrem Partner all das, was Sie ihm mitgebracht haben, damit er ...*

(okumak – *Der Spiegel*)
Bak, sana okuman için bir *Der Spiegel* getirdim.

a) dinlemek – kaset b) tamir etmek – saat c) yemek – *Pumpernickel* ekmeği d) içmek – *Weißbier* birası e) Almanca öğrenmek – sözlük f) benimle Türkçe çalışmak – *Langenscheidts Praktisches Lehrbuch* g) bakmak – eski fotoğraflarım

17G Text 2

Nasrettin Hoca ist eine volkstümliche Figur, über die im ganzen Orient vom Balkan bis nach Zentralasien Schwänke erzählt werden.

Bilenler bilmeyenlere anlatsın

Bir gün komşu köyden Nasrettin Hoca'ya gelirler, "Hocam, ne olur, bizim köyde vaaz ver", derler. Hoca isteksizdir, ama köylüler çok ısrar eder. Hoca dayanamaz, kabul eder. Cuma günü kürsüye çıkar, der ki:
"Ey cemaat! Ben şimdi size ne anlatacağım, biliyor musunuz?"
Camidekiler, "Evet, biliyoruz!" diye cevap verir. Hoca da,
"Öyleyse ben hiç boş yere konuşmayayım", deyip kürsüden iner, evine gider.

[E, İ] anlatmak *erklären, erzählen*
komşu *Nachbar-*
ne olur! *bitte!*
bizim köy *(familiär für:)* bizim köyümüz
vaaz *Predigt*
[E] vaaz vermek *predigen*
isteksiz *lustlos*
[DE] ısrar etmek *bestehen auf*
[E] dayanmak *widerstehen*
[İ] kabul etmek *zusagen*
kürsü *Kanzel*
[DEn, E] çıkmak *steigen*
ey! *o!*
cemaat *Gemeinde*
[E] cevap vermek *antworten*
öyleyse *wenn es so ist*
boş yere *vergeblich*
[DEn, E] inmek *absteigen*

17G

Ertesi hafta Hoca'yı gene çağırırlar, Hoca gene sorar:
"Ey cemaat! Ben şimdi size ne anlatacağım, biliyor musunuz?"
Ama köylüler bu sefer aralarında anlaşmıştır. Hep bir ağızdan, "Bilmiyoruz!" diye seslenirler. Hoca,
"Öyleyse, ben boşuna konuşmayayım, çünkü anlamayacaksınız", der, gene evine gider.
Bir sonraki hafta Hoca gene çağrılır, gene kürsüye çıkıp sorusunu sorar:
"Ey cemaat, ben şimdi size ne anlatacağım, biliyor musunuz?"
Köylülerin yarısı "Evet, biliyoruz!", yarısı "Hayır, bilmiyoruz!" diye bağırır. Hoca,
"Öyleyse bilenler bilmeyenlere anlatsın!" der, evine gider.

ertesi *nächst- (zeitlich)*
hafta *Woche*
[İ, E] çağırmak *einladen*
aralarında *untereinander*
anlaşmak *sich verständigen*
anlaşmıştır *sie müssen sich wohl verständigt haben [20C]*
hep bir ağızdan *aus einem Mund*
seslenmek *rufen*
boşuna → boşyere
yarı *Hälfte*
çağrılmak *eingeladen werden [18C]*

Viele Redewendungen und Sprichwörter haben ihren Ursprung in den Anekdoten um Nasrettin Hoca oder andere Figuren der Erzählliteratur. Fragen Sie Ihre türkischen Bekannten, ob sie Ihnen die Geschichten zu folgenden Ausdrücken erzählen können:

dostlar alışverişte görsün	*es soll so aussehen, als wären wir fleißig bei der Arbeit*
fincancı katırlarını ürkütmek	*die Maultiere der Porzellanhändler verscheuchen*
göle maya çalmak	*Joghurt im See ansetzen*
bir şeyi kuşa benzetmek	*etwas dem Vogel ähnlich machen*
suyunun suyu	*die Soße aus der Soße*
ye kürküm ye!	*iß, mein Pelz, iß ruhig!*

18A Text

*Im folgenden Text aus einem Kochbuch geht es um eine der **zeytinyağlı**-Speisen. Das sind Gemüsegerichte, die mit Öl zubereitet und kalt serviert nicht nur als Vorspeisen, sondern auch als Hauptgang gern gegessen werden.*

İmambayıldı

Malzeme:

1 kg. patlıcan	zeytinyağı
2 yeşilbiber	maydanoz
4 – 5 soğan	tuz ve karabiber
5 – 6 domates	bol sarmısak

Patlıcanlar, sapları üstlerinde bırakılarak, yol yol soyulur. Uçları bütün kalmak üzere, boyunca dörde bölünür. Diğer malzeme zeytinyağında iyice öldürülür. Patlıcanlar tencerenin dibine dizilir. Hazırlanan iç ve sarmısak patlıcan dilimlerinin aralarına yerleştirilir. Biraz su eklenir ve patlıcanlar yumuşayıncaya kadar pişirilir. Soğuk servis yapılır. 6 kişiliktir.

imambayıldı *(ein Auberginengericht: »Der-Imam-war-hin-und-weg«)*
malzeme *Zutaten*
zeytinyağı *Olivenöl*
yeşilbiber *Peperoni*
karabiber *Pfeffer*
sarmısak *Knoblauch*
sap *Stiel*
üstlerinde bırakılarak *indem man sie daran läßt*
yol yol *in Streifen*
soymak *schälen*
uç *Spitze, Ende*
... bütün kalmak üzere *so daß ... ganz bleiben*
[İ] öldürmek *[Gemüse] dünsten*
dip *Boden*
[İ] hazırlamak *vorbereiten*
iç *Füllung*
dilim *Scheibe, Streifen*
[İ, E] yerleştirmek *legen*
[İ, E] eklemek *hinzufügen*
[-] yumuşamak *weich werden*
[İ, E] servis yapmak *servieren*

Übersetzen Sie dieses Kochrezept so ins Deutsche, daß es in einer Zeitschrift oder einem Kochbuch stehen könnte.

18B Sprachgebrauch – Landeskunde

1. Da das r-Präsens das ältere Tempus für die Gegenwart ist (das yor-Präsens entstand erst im 13. Jahrhundert im westanatolischen Gebiet), gibt es einige weitere Verwendungen als oben [10B und 15C] skizziert. Das sind:

   a) Ausdrücke, mit deren Äußerung eine Tat bereits vollzogen ist, zum Beispiel: »Danke!« Sie stehen nur in der 1. Person Singular und Plural:

teşekkür ederim	*ich danke*	rica ederiz	*wir bitten*

   b) Feste Formen, die im Alltag häufig vorkommen. Beispiele:

sanırım	*ich glaube ... (... Ali ist heute Abend zu Hause)*	görüşürüz!	*auf Wiedersehen!*
		olur!	*in Ordnung!*
sanmam	*ich glaube nicht*	olmaz!	*das geht nicht!*
korkarım	*ich befürchte*	beklerim!	*besucht mich doch mal!*
umarım	*ich hoffe*	döverim!	*ich verprügle dich!*
bilmem	*ich weiß (es) nicht*	anlamam!	*da bin ich stur!*

   c) Regieanweisungen in Bühnenstücken:

(Kadın bir an durur, sonra oturur. Gülerler. Adam çıkar.)	*(Sie hält inne, dann setzt sie sich. Sie lachen. Er ab.)*

   d) Ein Teil der erzählenden Prosa, z. B. Fabeln, Witze (bei mündlicher Erzählung wird das yor-Präsens verwendet, wenn das Erzählte gleichsam in die Gegenwart geholt werden soll), Zusammenfassungen von Romanen, Filmen usw.

   e) Lyrik, vor allem, wenn darin Distanz zum Alltag geschaffen werden soll. Die alte, überlieferte Dichtung kennt ohnehin fast kein yor-Präsens.

2. Achten Sie auf die Hinweisschilder und Anzeigen türkischer Betriebe und sammeln Sie Beispiele wie:

Türkçe konuşulur	*Man spricht Türkisch*
uçak bileti satılır	*(hier) Verkauf von Flugtickets*

3. Die Auberginen werden »yol yol« geschält, wörtlich: *Weg für Weg*, also *streifenweise*. Eine häufige Art, Adverben zu bilden, ist die Verdoppelung eines Adjektivs oder – seltener – eines Substantivs. Hier noch ein paar Beispiele:

Wolfgang garsona, »**Tane tane** konuşur musunuz?« dedi [4A]	*Wolfgang sagte zum Kellner: »Sprechen Sie bitte deutlich!«*

Lokantadan **yavaş yavaş**, eve kadar yürüdük.	*Wir gingen vom Lokal langsam nach Hause.*
Ali yolculuğunu **uzun uzun** anlattı.	*Ali berichtete von seiner Reise ausführlich.*
Soğanları **halka halka** doğrayın!	*Schneiden Sie die Zwiebeln in Ringe!*
Herkes **birer birer** tatile çıkıyordu. [10A,B]	*Alle gingen, einer nach dem anderen, in Ferien.*

18C Grammatik

1. Das Passiv wird gebildet, indem der Verbstamm durch ein Suffix erweitert wird. Die Bildung ist regelmäßig, es gibt nur eine Ausnahme, das Verb *verstehen*:

	Passiv
nach Vokalen:	-n
nach l:	-İn
sonst immer:	-İl

anlamak → anla**şıl**mak

Das Passiv macht nicht nur ein Objekt zum Subjekt des Satzes (»*Die Auberginen werden geschält*«), sondern es schafft in der 3. Person auch eine unpersönliche Redeweise wie im Deutschen mit *man*. Daher kann es auch auf Verben wie *gehen* angewandt werden:

Buradan Taksim'e nasıl gidilir?	*Wie kommt man (wörtlich: wird gegangen) von hier nach Taksim?*

2. Das Passivsuffix erweitert den Verbstamm. Die Reihenfolge der anzuschließenden Endungen ist aber wie beim einfachen Stamm:

	Aktiv	Passiv
Stamm:	bekle-	bekle**n**-
verneinter Stamm:	bekleme-	bekle**n**me-
Infinitiv:	beklemek	bekle**n**mek
yor-Präsens, 1. Person Singular:	bekliyorum	bekle**ni**yorum
Perfekt, 2. Person Singular:	bekledin	bekle**n**din
r-Präsens, 3. Person Singular:	bekler	bekle**nir**
Futur, 1. Person Plural:	bekleyeceğiz	bekle**n**eceğiz
Konverb auf -(y)İp:	bekleyip	bekle**n**ip

3. Die Relativsätze stehen stets vor dem Substantiv wie ein deutsches Partizip:

kal**an** malzeme	*das übrigbleibende / übriggebliebene Material; das Material, das übrigbleibt / übrigblieb*
bekle**yen** iş	*die wartende Arbeit; die Arbeit, die wartet/wartete*

PARTIZIP/
VERBALNOMEN
-(y)En

-(y)En kann auch an einen Verbstamm im Passiv angefügt werden:

hazırlan**an** iç	*die vorbereitete Füllung; die Füllung, die vorbereitet wird / wurde*

Wie bei den deutschen Partizipien auch, stehen vor der Verbform mit dem Suffix **-(y)En** oft weitere Ergänzungen:

imambayıldı**dan** kalan malzeme	*Füllung, die vom Imambayıldı übrigbleibt; die vom Imambayıldı übrigbleibende Füllung*
her gün evde bizi bekle**yen** işler	*Arbeiten, die täglich zu Hause auf uns warten; die zu Hause auf uns wartenden Arbeiten*

4. Das Partizip auf **-(y)En**, das einen bestimmten Typ von Relativsätzen bildet, ist zeitlich nicht festgelegt – es kann für die Gegenwart oder Vergangenheit stehen (manchmal sogar für die Zukunft). Unten steht dieselbe Verbform in zwei verschiedenen Zeitstufen:

A: **Karşıdan gelen** adamı tanıyor musun?	*Kennst du den Mann, der da kommt?*
B: Bu **dün gelen** adam değil mi?	*Ist das nicht der Mann, der gestern (an)kam?*

18D Übungen

1. *Ein »Pudding-Shop«? Was macht man denn da? – Setzen Sie das Passivsuffix ein:*

cennet *Paradies*
tatlı *Süßspeise*
sahanda yumurta *Spiegelei*
sahlep *ein Milchgetränk*
gazoz *Brause*
dergi *Zeitschrift*

Burası Cennet Muhallebicisi, burada ...

a) Tatlı, börek, sahanda yumurta ye________ir. b) Çay, kahve, süt, sahlep, gazoz, meyva suyu iç________ ir. c) Gazete, dergi, kitap oku________ur. d) Mektup, kart, şiir, rapor yaz________ır. e) Birisiyle buluş________ur. f) Yağmurun dinmesi bekle________ir. g) Sokaktan geçenler seyred________ir.

şiir *Gedicht, Lyrik*
yağmurun dinmesi *daß der Regen aufhört*
sokaktan geçen *Passant*
[DEn] geçmek *vorbeigehen*

2. *Affedersiniz ...*

a) Bu telefon nasıl kullan________? b) Otobüs bileti nereden al________? c) Burada sigara iç________ mi? d) Tüpgaz nerede bul________? e) Sizde motor tamiri yap________ mı? f) Kadıköy dolmuşuna nereden bin________? g) Buraya park ed________ mi? h) Pazar günü nerede alışveriş yap________?

[İ] kullanmak *bedienen*
tüpgaz *Flaschengas*
park etmek *parken*

3. *Wer es gemacht hat, braucht der Chef nicht so genau zu wissen ... Antworten Sie ihm im Passiv:*

(Mektupları yazdınız mı?)
Mektuplar yazıldı.

a) Örnekleri postaladınız mı? b) Limana faks çektiniz mi? c) Vergi dairesine telefon ettiniz mi? d) Çekleri bankaya götürdünüz mü? e) Çiçekleri suladınız mı? f) Avukatı çağırdınız mı? g) Çay yaptınız mı? h) Eşimin doğum gününü kutladınız mı?

örnek *Probe*
[İ] postalamak *auf die Post bringen*
liman *Hafen*
[E] faks çekmek *faxen*
vergi dairesi *Finanzamt*
çek *Scheck*
[İ] sulamak *begießen*
avukat *Rechtsanwalt*
[İ] kutlamak *zu etwas gratulieren*

4. *Wer gehört dazu? Bestimmen Sie, wer alles zur Party kommen soll:*

A: Davete kimleri çağıracaksın?
B: Üst katta otur**an** komşuyu,

a) hastaneden çık_____ arkadaşı,
b) dün gel_____ kızı,
c) beni düğüne çağır_____ aileyi,
d) teybimi tamir ed_____ adamı,
e) bana her gün selam ver_____ genci,
f) tatilde kedime bak_____ tanıdığı,
g) Köln'de çalış_____ yeğenimi, bir de
h) biyoloji oku_____ kuzinimi.

davet *Festessen*
hastane *Krankenhaus*
kız *Mädchen*
teyp *Tonbandgerät*
[E] selam vermek *grüßen*
genç *junger Mann*
tanıdık *Bekannte(r)*
yeğen *Nichte, Neffe*
kuzin *Cousine*
bir de *und (zum Schluß)*

18E

18E Erweiterung

Ergänzungen beim Passiv
[-] tarafından
+CE

1. Nehmen Sie folgende Wendungen als Hilfsmittel beim Passiv zur Kenntnis; sie werden in der Schriftsprache verwendet, um den aktiven Täter anzugeben – wie *von (Seiten)* oder *durch* im Deutschen:

Yol belediye **tarafından** yapılıyor.	
→ Yol belediye**ce** yapılıyor.	*Die Straße wird durch die Stadtverwaltung gebaut.*

Die Endung **+CE** wird beim Passiv nur für Institutionen oder Amtsträger, nicht für Privatpersonen verwendet. Die Umgangssprache zieht in solchen Fällen ohnehin das Aktiv vor:

Yolu belediye yapıyor.

2. Mit der Endung **-(y)En** werden im Türkischen zwei Typen deutscher Relativsätze gebildet.

a) Sätze vom Typ: *der Zug, der ...*

Gelen tren Burdur'a, Isparta'ya gidiyor.	*Der Zug, der kommt, fährt nach Burdur und Isparta.*

b) Sätze vom Typ: *der Zug, dessen ...*

Makinisti gelen tren Burdur'a, Isparta'ya gidiyor.	*Der Zug, dessen Führer kommt, fährt nach Burdur und Isparta.*

3. Da der Relativsatz mit **-(y)En** in den Zeitstufen Vergangenheit, Gegenwart und unmittelbare Zukunft liegen kann [18C4], enthält er zur näheren Bestimmung oft Zeitangaben:

[Tren dün akşam geldi.] Ali **dün akşam gelen** trende yoktu.	*Ali war nicht im Zug, der gestern abend kam.*
[Tren şimdi geliyor.] Semra **şimdi gelen** trenden inecek.	*Semra wird aus dem Zug aussteigen, der jetzt kommt.*
[Tren az sonra geliyor/gelecek.] Biz **az sonra gelen** trene binelim!	*Laß uns den Zug nehmen, der gleich kommen wird.*

4. Für die Zukunft gibt es außerdem das Partizip auf **-(y)EcEk**:

PARTIZIP
-(y)EcEk

[Tren biraz sonra geliyor/gelecek.]	
Biz **biraz sonra gelecek** trene binelim!	*Laß uns den Zug nehmen, der gleich kommen wird.*
[Tren üç ay sonra gelecek.]	
Eşya **üç ay sonra gelecek** trene yüklenecek.	*Die Möbel sollen in den Zug geladen werden, der in drei Monaten kommen wird.*

5. Die Partizipien auf **-(y)En** und **-(y)EcEk** stehen nicht immer wie Adjektive vor Substantiven, sondern können auch selbst als Substantiv verwendet werden:

Bekle**yen** kim?	*Wer ist der Wartende? / Wer ist es, der wartet?*
Şimdi gel**en**, Burdur'a, Isparta'ya gidiyor.	*Der, der jetzt kommt, fährt nach Burdur und Isparta.*

Da dies eine verkürzte Form ist, muß durch den Zusammenhang klar sein, worum es sich bei *dem, der kommt,* handelt:

Şimdi gel**en**ler Rizeli misafirlerimiz.	*Die (=Leute), die jetzt kommen, sind unsere Gäste aus Rize.*
Dün gel**eni** daha okumadım.	*Ich habe den (=Brief), der gestern kam, noch nicht gelesen.*

18F Weitere Übungen

1. *Vom Stichwort zum Klartext: Reiseführer Sinan trägt der Gruppe den Ausflugplan für den nächsten Tag vor. Verwandeln Sie seine Stichworte in Sätze:*

07.00	uyandırma (oda servisi)	**Grup saat yedide (oda servisi tarafından) uyandırılacak.**
08.15	otelin önünde toplanma	....
08.30	otobüsle yola çıkış	....
10.00	Bademli köyüne varış ve yürüyüşe başlama	....

[İ] uyandırmak *wecken*
[DE] toplanmak *sich versammeln*

11.00	Uzunyayla'da mola: 15 dak.	....
12.00	Akdağ zirvesine varış ve	....
	piknik	....
13.00	konferans: bölgenin bitkileri	
	(Dr. Mümmelmeyer)	....
15.00	dönüş için toplanma	....
15.45	Dağardı belinde mola	....
17.00	Çerkesköy kahvesine varış	....
	çay, sohbet	....
18.00	otobüse biniş	....
19.15	otele dönüş	....

2. *An Marko Paşa, die Kolumne mit dem Namen des legendären Sorgen-Onkels, schrieben sie alle:*

(komşu / gürültü yapmak / adam)
komşusu gürültü yapan adam

a) karı / hastalanmak / koca b) kedi / kaybolmak / adam c) koca / kaçmak / karı d) anne / boşanmak / çocuk e) ev sahibi / gürültü yapmak / kiracı f) nişanlı / askere gitmek / genç kız g) akrabalar / her işine karışmak / gelin h) kız arkadaş / kıskanç olmak (= *sein*) / genç i) öğretmenler / anlayışsız olmak (= *sein*) / öğrenci j) komşular / selam vermemek / kadın

3. *In öffentlichen Verkehrsmitteln fragt der Fahrer häufig, wenn sich das Fahrzeug einer Haltestelle nähert:*

– Topkapı'da inecek (*oder* inen) var mı?

mola *Pause*
mola vermek *Pause machen*
dak. = dakika *Minute*
zirve *Gipfel*
konferans *Vortrag*
[E] konferans vermek *einen Vortrag halten*
bitki *Pflanze*
serbest *frei*
bel *Bergpaß*
sohbet *Gespräch, Unterhaltung*
koca *Ehemann*
[-] kaybolmak *verlorengehen*
kaçmak *weglaufen, fliehen*
[DEn] boşanmak *sich scheiden lassen*
ev sahibi *Hausbesitzer*
kiracı *Mieter*
nişanlı *Verlobte(r)*
askere gitmek *zum Militär(dienst) gehen*
genç kız *Mädchen, Jugendliche*
akraba *Verwandte(r)*
[E] karışmak *sich einmischen*
gelin *Schwiegertochter*
kıskanç *eifersüchtig*
genç *Jugendlicher*
anlayışsız *verständnislos*

Kommen Sie dem Fahrer lieber mit Ihrem Haltewunsch zuvor:

– Şoför Bey, **Beşiktaş**'ta inecek var!
(ilk durak, Fındıklı, Kanlıca, Ortaköy ...)

Möchten Sie jedoch aussteigen, wo eigentlich keine Haltestelle ist, versuchen Sie es etwas höflicher:

– Şoför Bey, **Migros'un önü**nde inebilir miyim, mümkünse?
(sapak, ikinci sokağın başı, bankanın karşısı, geçidin altı, uygun bir yer, taksi durağı, köprü, meydanı geçmeden ...)

Migros *Name einer Supermarktkette*
inebilir miyim? *darf ich aussteigen?*
mümkünse *falls es möglich ist*
sapak *Abzweigung*
banka *Bank*
geçit *Unter- oder Überführung*
uygun *günstig, passend*
köprü *Brücke*
meydanı geçmeden *bevor (wir) den Platz passieren*

18G Text 2

Die großen türkischen Zeitungen werden in Istanbul gemacht. Sie haben entweder Regionalbeilagen, oder bringen eine Seite mit »Nachrichten aus der Provinz«, deren Lektüre oft auch heiter ist.

'Çiş ve tükürük' cezası

TEKİRDAĞ (AA) – Belediye Mec-
lisi üyelerinin oybirliğiyle kabul
ettiği karar uyarınca, Tekir-
dağ'da halka açık yerlere süm-
küren ve tükürenlere 500 bin
lira, 'çiş' yapanlara da 1 milyon
lira para cezası uygulanacak.
Yetkililer bu kararlarla ilgili de-
netimlerin Tekirdağ Belediyesi
zabıta ekiplerince yapılacağını
söylediler.

çiş *»Pipi« (Kindersprache)*
tükürük *Spucke*
AA = Anadolu Ajansı *türkische Nachrichtenagentur*
Belediye Meclisi *Stadtrat*
oybirliğiyle *einstimmig*
kabul ettiği *beschlossen*
karar *Beschluß*
[-] uyarınca *gemäß*
halka açık *öffentlich*
[E] sümkürmek *sich schneuzen*
[E] tükürmek *spucken*
[E] çiş yapmak *urinieren*
ceza *Strafe*
[E, İ] uygulamak *anwenden*
yetkili *Zuständiger*
[lE] ilgili *bezüglich*
denetim *Kontrolle*
zabıta *städtische Aufsichtspolizei*
ekip *Mannschaft*
yapılacağını *daß ... gemacht wird*

19A

19A Text

*Wolfgang geht zum **otogar** in Harem, um nach Safranbolu zu fahren. Dort findet er sich mitten in einem Gewühl von Fahrgästen und um Fahrgäste werbender Ausrufer der Busunternehmen, die von hier aus täglich in fast alle Städte der Türkei fahren.*

Yolcu kalmasın!

- Ankara, Samsun, Trabzon, Rize! 9.00 arabası!
- Adapazarı, İzmit! Hemen kalkıyor! Adapazarı, İzmit yolcusu kalmasın!
- Lüks Marathon servis! Otobandan Ankara, Konya, buradan!
- Hanımabla, ne tarafa?
- Hoop, turist! *Come on!* Antalya, *here,* Antalya!
- Bandırma mı abi? Gel, beklemeden kalkıyor!

otogar *Busbahnhof*
yolcu *Passagier*
kalmak *(zurück)bleiben*
[DEn, E] kalkmak *abfahren*
Marathon *(eine Omnibusmarke)*
otoban = otoyol *Autobahn*
hanımabla *(salopp:) meine Dame!*
hop! *hey! stopp!*
abi *(salopp:) Mein Herr!*
beklemeden *ohne zu warten, gleich*

Wolfgang geht zum erstbesten Ticketbüro und erkundigt sich:

W: Selam! Sizin Safranbolu'ya giden arabanız var mı?
A: Yok, beyim. Safranbolu'ya *Safran Turizm* gider. Durun, çocuk sizi götürsün! Oğlum!
W: Zahmet etmeyin! Siz tarif edin, ben kendim bulurum.
A: O zaman, bakın, şu karşı sıranın sonunda, 17 numaralı yazıhane.

...

W: Safranbolu otobüsünüz kaçta kalkıyor?
B: Ohoo, geç kaldınız. Şimdi gitti, Safranbolu.
W: Vah, vah! Kaçırdım demek. Bir sonraki ne zaman?
B: İki saati var. Ama bakın, on dakika sonra kalkan Karabük arabamız var. Onunla gidin!
W: Evet?
B: Karabük – Safranbolu arası on kilometredir.
W: Yani dolmuş mu var?
B: Evet. İndiğiniz yerden Safranbolu'ya devamlı minibüs çalışır.
W: Peki, öyle yapayım. Bana bir bilet verir misiniz? Gidiş dönüş.
B: Vereyim. Bir kişi, değil mi? 250 bin lira. Döneceğiniz gün belli mi?
W: Yok, daha belli değil.
B: O zaman dönüşü açık bırakıyorum. Bir iki gün önceden yer ayırtırsınız.
W: Sigara içilmeyen yer var mı?
B: Hayır, yok. Ama ben size en önden bir yer vereyim, 4 numara, çok rahatsız olmazsınız.

selam! *Tag!*
durun! *warten Sie!; Augenblick!*
zahmet etmeyin! *das ist nicht nötig; machen Sie sich keine Mühe!*
[İ, E] tarif etmek *erklären, beschreiben*
ben kendim *ich selbst*
yazıhane *Büro*

[E] geç kalmak *zu spät kommen*
bir sonraki *der (die, das) nächste*
arası *Strecke zwischen ... und ...*
minibüs *Kleinbus*
gidiş dönüş *hin und zurück*
[DEn, E] dönmek *zurückfahren*
belli *steht fest*
daha ... değil *noch nicht*
açık *offen, undatiert*
[İ, -] bırakmak *(be)lassen*
önceden *im voraus*
yer *Sitzplatz*
sigara içilmeyen yer(ler) *Nichtraucherplätze*
en ön *ganz vorne, vorderst*
[DEn] rahatsız olmak *gestört werden*

W: Öyle olsun. Buyurun, 250 bin lira. Hangi araba?

B: Şu gördüğünüz turuncu otobüs. Çantanızı muavine verin, hemen yerinize oturun!

turuncu *orange(farben)*
muavin = şoför muavini *Gehilfe des Fahrers*

19B Sprachgebrauch – Landeskunde

1. Die Türkei, ein Land mit hoher Arbeitslosigkeit, hat eine Reihe von Dienstleistungsberufen, über die Sie sich wundern werden. An öffentlichen Plätzen werden Sie von Verkäufern, fliegenden Händlern, Marktschreiern angesprochen, begleitet, umlagert... Nehmen Sie die Störung diesen Menschen nicht übel, denn für sie handelt es sich um den täglichen Existenzkampf. Wenn Sie auf die Angebote nicht eingehen wollen, können Sie mit entschiedener Miene auf einen oder einige folgender Ausdrücke zurückgreifen:

   Hayır. Teşekkür ederim / Sağ ol(un).
   İstemiyorum.
   Lazım değil.
   Kullanmıyorum.

2. Wenn Sie wie Wolfgang etwas suchen, können Sie mit handfester Hilfe rechnen, die Sie weiterbringt. Denken Sie aber daran, daß Sie in der freien Marktwirtschaft manchmal mit der Konkurrenz besser fahren. Wäre es Wolfgang wichtig genug gewesen, ohne Umsteigen zu fahren, hätte er gefragt:

Başka hangi firma gidiyor Safranbolu'ya?	*Welche andere Firma fährt nach Safranbolu?*

3. Merken Sie sich auch folgende Sätze für den Fall, daß Sie im Geschäft etwas nicht gleich bekommen:

Nerede bulabilirim, acaba?	*Wo bekomme ich es denn?*
... nerede bulunur, biliyor musunuz?	*Wissen Sie, wo es ... gibt?*
Buralarda başka bir ... var mı?	*Gibt es hier in der Gegend noch ein(e/en) ...?*
Bana bir ... tavsiye edebilir misiniz?	*Können Sie mir ein(e/en) ... empfehlen?*

4. Das Wörtchen **yok** *nicht vorhanden* [2B; 8B] wird umgangssprachlich wie **hayır** verwendet. Oft hören Sie dafür auch ein »**yoo**«. Die positive Antwort heißt aber nicht »var«, sondern immer **evet**.

19C Grammatik

1. Sie kennen bereits eine Möglichkeit, Sätze zu bilden, die ein nachfolgendes Substantiv näher bestimmen [18E2, 18E3].

[Safranbolu'ya gid**en**] araba	*der Wagen, der nach Safranbolu fährt*
[on dakika sonra kalk**an**] Karabük arabamız	*unser Karabüker Wagen, der in zehn Minuten abfährt*
[Sigara içilme**yen**] yer	*Platz, an dem nicht geraucht wird*

Die Besonderheit dieser Konstruktionen besteht darin, daß ihr Subjekt genau das Wort ist, das sie erläutern. Sie können daher als »direkte« Relativsätze bezeichnet werden.

2. Wenn der erläuternde Satz ein anderes Subjekt hat, wird die erläuternde Konstruktion mit Hilfe der Endung **-DİK** + Possessiv gebildet. Die Endung **-DİK** wird direkt an den Verbstamm angefügt und bildet eine Art Partizip. Beachten Sie, daß das **K** der Endung je nach Kontext zu **ğ** erweicht wird.

(Siz) bir yerde indiniz.	*Sie sind an einer Stelle ausgestiegen.*
[(Sizin) in**diğiniz**] yerden Safranbolu'ya devamlı minibüs çalışır.	*Von der Stelle, wo Sie ausgestiegen sind, verkehren ständig Kleinbusse nach Safranbolu.*

(Siz) şu turuncu otobüsü görüyorsunuz.	*Sie sehen den orangefarbenen Bus da.*
[(Sizin) şu gör**düğünüz**] turuncu otobüs ...	*Der orangefarbene Bus dort, den Sie sehen,* ...

3. Der grammatische Bau solcher »indirekten« Relativsätze enthält kaum Neues, jedoch müssen Sie beachten, daß sie im Gegensatz zum Deutschen *vor* dem Bezugswort stehen. Außerdem sollten Sie die Genitiv-Possessiv-Verbindung beherrschen:

	Relativsätze	
ben otobüsü görüyorum	ben**im** gör**düğüm** otobüs	*der Bus, den ich sehe*
sen otobüsle geldin	sen**in** gel**diğin** otobüs	*der Bus, mit dem du gekommen bist*
o otobüsten indi	**onun** in**diği** otobüs	*der Bus, aus dem sie/er ausgestiegen ist*
Wolfgang otobüsten indi	Wolfgang'**ın** in**diği** otobüs	*der Bus, aus dem Wolfgang ausgestiegen ist*
biz otobüsü kaçırdık	biz**im** kaçır**dığımız** otobüs	*der Bus, den wir verpaßt haben*
siz otobüsü soruyorsunuz	siz**in** sor**duğunuz** otobüs	*der Bus, nach dem ihr fragt*
onlar otobüsü bekliyor	onlar**ın** bekle**diği** otobüs	*der Bus, auf den sie warten*
otobüsü bekliyorlar	bekle**dikleri** otobüs	*der Bus, auf den sie warten*
çocuklar otobüsü bekliyor	çocuklar**ın** bekle**diği** otobüs	*der Bus, auf den die Kinder warten*

4. Das Subjekt des erläuternden Satzes (im folgenden Beispiel: siz) bekommt das Genitivsuffix. Wenn dieses Subjekt ein Personalpronomen ist, kann es wie üblich weggelassen werden [1B, 19C5]. Das Gegenstück zum Genitiv, das Possessivsuffix, tritt an die Partizipialform am Ende des erläuternden Satzes (hier: indiğ...) . So entsteht eine Satzklammer, in der freilich mehrere Satzteile stehen können:

(Siz) saat 11'de Karabük'te bir yerde indiniz.	→ [(Siz**in**) saat 11'de Karabük'te indiğ**iniz**] yerden ...

5. Das Personalpronomen im Genitiv *muß* weggelassen werden, wenn der Hauptsatz dasselbe Subjekt hat:

Siz otobüsü görüyorsunuz.	→ Siz [~~sizin~~ gördüğ**ünüz**] otobüse binin! *Steigen Sie in den Bus ein, den Sie sehen.*

6. Ähnlich wie bei den Attributkonstruktionen mit **-(y)En** gibt es auch hier eine besondere Form für die Zukunft: **-(y)EcEk** + Possessiv

   (Siz) bir gün döneceksiniz.
   → [(Sizin) döneceğiniz] gün belli mi? *Steht der Tag, an dem Sie zurückfahren, fest?*

(ben**im**)	gör**eceğim** otobüs
(sen**in**)	gel**eceğin** otobüs
(o**nun**)	in**eceği** otobüs
Wolfgang'**ın**	in**eceği** otobüs
(biz**im**)	kaçır**acağımız** otobüs
(siz**in**)	sor**acağınız** otobüs
çocukların	bekle**yeceği** otobüs
–	bekle**yecekleri** otobüs

7. Das Bezugswort kann fehlen, wenn es aus dem Zusammenhang klar hervorgeht [vgl. 18E4]: Siz gör**düğünüz**e binin! *Steigen Sie in den ein, den Sie sehen.*

8. Da die Relativsätze mit **-(y)En** zeitlich unbestimmt sind [18C4, E3], gibt es alternativ auch zeitlich definierte Ausdrücke. Diese bestimmten Partizipialformen werden aber fast nur in der Schriftsprache verwendet. (In der Umgangssprache ist die Zeitebene entweder durch den Zusammenhang eindeutig, oder man behilft sich mit Zeitadverbien):

Umgangssprache	Schriftsprache	
gelen tren	gelmiş olan	*der Zug, der kam / gekommen ist/ gekommen war*
	gelmekte olan tren	*der Zug, der gerade kommt*
gelecek tren	gelecek olan tren	*der Zug, der kommen wird*
gördüğünüz otobüs	görmüş olduğunuz otobüs	*der Bus, den Sie sahen / gesehen haben / gesehen hatten*
	görmekte olduğunuz otobüs	*der Bus, den Sie gerade sehen*
göreceğiniz otobüs	görecek olduğunuz otobüs	*der Bus, den Sie sehen werden*

19D Übungen

1. *Wolfgang schreibt Emine eine Karte und berichtet, was er alles unternommen hat – im Perfekt [12C1].*

   (Harem, otobüs, binmek.)
   Harem'den bir otobüse bindim.

   a) saat iki buçuk, Karabük, gelmek b) otogar, inmek, hemen, dolmuş binmek c) Eski Safranbolu, çok güzel bir otel, bulmak d) dün öğleden sonra, sokaklar,

dolaşmak e) kervansaray ve çarşı, gezmek f) bura, çok, beğenmek g) iki lise öğrencisi, tanışmak h) ben, evleri, götür i) böylece, iki eski ev, içinden, görmek j) ben, ev, yemek, davet etmek

2. *Erzählen Sie von Ihren Nachbarn, und verwenden Sie dabei direkte Relativsätze [17C3, 17C4].*

(piyano çalıyor)
Piyano çalan komşum üst katta oturuyor.

a) üst katta oturuyor b) şarkı söylüyor c) bir aydan beri tatilde d) çok sigara içiyor e) bana hiç selam vermiyor f) çocukları çok seviyor g) geçen hafta Türkiye'deydi h) bebek bekliyor i) dün taşındı j) bizi doğum gününe çağıracak k) bana gitar dersi verecek l) dün eve sarhoş geldi m) yarın İzmir'e gidecek

3. *Sie suchen etwas und fragen präzise, worum es sich handelt. Verwenden Sie indirekte Relativsätze [19C].*

(gazete, okumak)
Biraz önce okuduğum gazete nerede?

a) gömlek, giymek b) gözlük, takmak c) bira, açmak d) elma, yemek e) kitap, almak f) program, bakmak g) cüzdan, cebimden çıkarmak h) mektup, yazmak i) saat, tamir etmek j) zarf, bulmak k) fotoğraf makinası, resim çekmek l) bilet, almak m) sandviç, hazırlamak n) bavul, toplamak o) otobüs, buraya gelmek

[DE] dolaşmak *umhergehen*
[lE] tanışmak *kennenlernen*
böylece *auf diese Weise, so*

bebek *Baby*
ders *Unterricht*

[İ, E] takmak *aufsetzen*
cüzdan *Portemonnaie*
cep *Tasche (der Kleidung)*
zarf *Briefumschlag*
fotoğraf makinası *Fotoapparat*
resim çekmek *fotografieren*

19E Erweiterung

KONVERBEN, MODAL	
indem	-(y)ErEk
	-(y)E -(y)E
ohne ... zu	-mEdEn

1. Wie wurden die Auberginen geschält? Das Kochrezept [18A] enthielt zwei Hinweise darauf: das Adverb **yol yol** [18B5] und die Wendung **sapları üstlerinde bırakılarak**. Mit **bırakılarak** haben wir ein Konverb, das ausdrückt, *wie* sich das Verbgeschehen vollzieht. Die deutsche Entsprechung dieser Modalangabe (Bestimmung der Art und Weise) kann ein Partizip Präsens oder ein *indem*-Satz sein:

   Çocuklar şarkı söyle**yerek** eve girdi. *Die Kinder betraten singend das Haus. Die Kinder betraten das Haus, indem sie sangen.*

2. Das Konverb auf **-(y)E -(y)E** unterscheidet sich vom Konverb auf **-(y)ErEk** nur insofern, als es die Wiederholung und zeitliche Ausdehnung des Verbgeschehens erfaßt:

   Çocuklar şarkı söyle**ye** söyle**ye** şehri geçti. *Die Kinder zogen, fortwährend Lieder singend, durch die Stadt. Die Kinder zogen durch die Stadt, indem sie (viele) Lieder sangen.*

   Gül**e** gül**e** git/gidin! *Geh/Geht lachend (=fröhlich)!*

   Die Abschiedsformel **güle güle!** (ungefähr: *immer lachend*) ist als Verkürzung aus dem obigen Ausdruck entstanden.

3. Die Verneinung wird mit dem Konverb **-mEdEn** gebildet, das meistens mit *ohne zu* übersetzt werden kann:

   Çocuklar şehri bu sefer şarkı söyle**meden** geçti, konuş**madan** eve girdi. *Die Kinder durchquerten die Stadt, diesmal ohne zu singen, und betraten das Haus, ohne zu sprechen.*

KONVERBEN, TEMPORAL	
sooft	-DİkçE
je ... desto	-DİkçE

4. Das Konverb auf **-DİkçE** hat zum einen die Funktion, *sooft*-Sätze zu bilden (hier in eckigen Klammern):

   Wolfgang [İstanbul'a geldikçe] beni arar.
   Sooft Wolfgang nach İstanbul kommt, ruft er mich an.

Zum anderen bildet es Sätze mit *je ... desto* oder *solange:*

[Kış yaklaştıkça,] Wolfgang'ın dönüşü de yaklaşıyor.
Je mehr der Winter herannaht, rückt auch Wolfgangs Rückreise näher.

19F Weitere Übungen

1. *Sie müssen eine Stunde auf den Anschlußflug warten. Wie vertreiben Sie sich die Zeit?*

   (kitap okumak)
   Kitap okuyarak beklerim.

   a) yemek yemek b) bir şey içmek c) mektup yazmak d) öbür yolcularla konuşmak e) satranç oynamak f) uyumak g) etrafı seyretmek h) radyo dinlemek i) resim yapmak j) Türkçe çalışmak

öbür *andere, übrige*
satranç *Schachspiel*
radyo *Radio*
resim *Bild*
resim yapmak *zeichnen, malen*

2. *Es war eine lange Fahrt, aber Sie haben sich kaum gelangweilt. Denn Sie haben während der Fahrt ...*

   (kitap okumak)
   Kitap okuya okuya geldim.

   a) yol arkadaşımla konuşmak b) etrafa bakmak c) trafiği seyretmek d) müzik dinlemek e) satranç oynamak f) gazete okumak g) uyumak h) şarkı söylemek i) Almanya'yı anlatmak j) sohbet etmek

3. *Sie geben Ratschläge: »Verlassen Sie die Stadt nicht, ohne ... zu ... !«*

   (Çamlık'ta yemek yemek)
   Çamlık'ta yemek yemeden şehirden ayrılmayın!

   a) hamama gitmek b) antik tiyatroyu görmek c) kapalıçarşıda alışveriş yapmak d) nargile içmek e) başınıza uyan bir fes bulmak f) deveye binmek g) folklor gösterisi seyretmek h) köy düğününe gitmek i) müzeyi gezmek j) bu video kasetini almak

hamam *türkisches Bad*
kapalıçarşı *überdachter Basar*
[E] uymak *passen*
deve *Kamel*
[E] binmek *reiten*
gösteri *Veranstaltung*
düğün *Hochzeit(sfeier)*

4. *Er ist eine treue Seele. Er ruft an, sooft ...*

(bizi düşünür)
Bizi düşündükçe telefon eder.

a) bizi merak eder b) rüyasında bizi görür c) biz ona kart yazarız d) yeni bir Türkçe küfür öğrenir e) Türkiye'den haber almak ister f) biz ona dergi, gazete göndeririz g) dostları oradan Türkiye'ye yola çıkar h) kötü bir Türk lokantasına gider i) zor bir Türk yemeği pişirmeye girişir j) İstanbul'a gelme fırsatı bulur

[İ] rüyasında *träumen von*
küfür *Schimpfwort*
[İ, DEn, E] göndermek *schicken*
dost *sehr gute(r) Freund(in)*
[E] girişmek *sich anschicken*
fırsat *Gelegenheit*

19G Text 2

Zum Busfahren gehören die Pausen: Sie sind in der ***Trafik Tüzüğü*** *vorgeschrieben. In der Regel wird nach vier Stunden Fahrt 15 Minuten, fürs Essen 30 Minuten Pause gemacht, wobei die Fahrgäste ihren Tee meistens nicht zu bezahlen brauchen.*

19G

Wenn Sie in der Raststätte die Ansage nach Ihrer Ankunft und vor Ihrer Abfahrt nicht verstehen, brauchen Sie nicht enttäuscht über Ihre Türkischkenntnisse zu sein. Das schnelle Sprechtempo, schlechte Aussprache, überdrehte Lautstärke und Nebengeräusche (Küche) machen das Verständnis sogar den Muttersprachlern schwer. Man weiß schon, was da gesagt wird.

Çaylar şirketten

İstanbul istikametinden gelip Bolu, Karabük istikametine gitmekte olan *Safran Turizm* otobüs yolcuları! Kaptanınız on beş dakika çay ve ihtiyaç molası vermiştir. Size, *Kirazlıçeşme Turistik Tesisleri adına* "Hoş geldiniz!" deriz. Çaylar *Kirazlıçeşme Turistik Tesisleri*'nin siz sayın müşterilerimize bir ikramıdır.

...

İstanbul istikametinden gelip Bolu, Karabük istikametine gitmekte olan *Safran Turizm* otobüs yolcuları! Otobüsünüz harekete hazırdır. *Kirazlıçeşme Turistik Tesisleri* adına teşekkür eder, iyi yolculuklar dileriz.

trafik *Verkehr*
tüzük *Ordnung*
çaylar şirketten *der Tee geht auf die Firma*
istikamet *Richtung*
kaptan *Kapitän (= Busfahrer)*
ve *und*
ihtiyaç *Bedürfnis*
mola vermek *Pause einlegen*
vermiştir = *(schriftsprachlich für:)* verdi
tesis *Anlage, Betrieb*
[-] adına *im Namen von*
müşteri *Gast, Kunde*
ikram *Geschenk; das, was dem Gast angeboten wird*
hareket *Abfahrt*
[E] hazır *bereit*
iyi yolculuklar! *gute Reise!*
[E, İ] dilemek *wünschen*

20A Text

Emine hat von Wolfgang erfahren, was er an seinem ersten halben Tag in Safranbolu gemacht hat. Bei einem Telefongespräch mit Sara berichtet sie ihr davon:

Wolfgang'tan ne haber?

S: Wolfgang'tan haber aldın mı?

E: Evet, bugün bir kart geldi.

S: Ee? Memnun mu? Ne yapıyor orda, anlatsana!

E: Çok memnun. Güzel bir otel bulmuş, Eski Safranbolu'da.

S: Evet, orada eski konaklar var, şimdi otel olarak işletilen.

E: Hemen yola çıkmış, kervansarayı gezmiş, çarşıyı gezmiş. Sokaklarda dolaşmış.

S: O evlerin içi de çok güzeldir. Keşke girse, görse!

E: Merak etme! Girmiş, görmüş. İki liseliyle tanışmış. Çocuklar Wolfgang'a evlerini göstermişler.

haber *Nachricht*
[DEn] memnun *angetan*
[İ] bulmak *finden*
konak *Patrizierhaus*
[İ] işletmek *betreiben*
keşke *Modalpartikel in einem Wunschsatz, »(ach wenn) doch ...«*
girse! *ginge er hinein!*
görse! *sähe er!*
liseli *Gymnasiast*

20B

S: Aferin onlara! Bu iyi olmuş işte.
E: Hatta, akşam bırakmamışlar, yemeği evde beraber yemişler.
S: Daha ne kadar kalabilecek orada?
E: Gideli henüz iki gün oldu. Bir hafta daha kalacak.

[E] aferin! *bravo!*
hatta *sogar*
[İ] bırakmak *gehen lassen*
daha *noch*
gideli = gideli beri *seitdem er weg ist*
henüz *gerade eben*

20B Sprachgebrauch – Landeskunde

Das deutsche Wort *noch* hat mehrere Entsprechungen, je nachdem, in welchem Sinn es verwendet wird.

1. Der Bedeutung *außerdem, zusätzlich, mehr* entspricht nachgestelltes **daha**:

   İki otobüs daha geldi. — *Es sind noch zwei Autobusse gekommen.*
   Es sind zwei Autobusse mehr gekommen.

   Betrifft *noch* (in der Bedeutung *weiterhin*) den ganzen Sachverhalt, steht **daha** am Satzbeginn oder vor dem Verb:

   Daha beklememiz lazım. — *Wir müssen noch (weiter) warten.*

   Die Verneinung *nicht mehr* wird mit **artık** (auch am Satzbeginn oder vor dem Verb) und dem verneinten Verb gebildet:

   Artık beklememiz gerekmiyor. — *Wir brauchen nicht mehr zu warten.*
   Es ist nicht mehr nötig, daß wir warten.

2. Für *bis jetzt, auch jetzt, fortdauernd* gibt es unterschiedliche Entsprechungen:

   a) **daha** oder **henüz** vor dem Verb:

   Yağmur daha/henüz yağıyor. — *Es regnet noch.*

   b) **henüz** vor dem bejahten Verb kann auch *gerade eben, gerade erst* bedeuten:

   Konser henüz başladı. — *Das Konzert hat gerade eben angefangen.*

   c) **daha** oder **henüz** vor dem verneinten Verb bedeutet *noch nicht:*

   Konser daha/henüz başlamadı. — *Das Konzert hat noch nicht angefangen.*

Es gibt für die betonte Form *immer noch* das Wort **halâ** (auch **hâlâ** geschrieben):

Yağmur halâ yağıyor.	*Es regnet immer noch.*
Konser halâ başlamadı.	*Das Konzert hat immer noch nicht angefangen.*

3. Auch die Bedeutung *irgendwann* wird mit **daha** vor dem Verb ausgedrückt:

Ev ödevimi mi? Hayır, yapmadım; daha yapacağım.	*Meine Hausaufgabe? Nein, ich habe sie (noch) nicht gemacht – ich mache sie noch.*

4. **Daha** ist auch eine Vergleichspartikel und wird mit **+_da** oder **çok** verstärkt:

Uludağ yüksek, Erciyes daha yüksek, Süphan daha da yüksek, ama Ağrı (dağı) hepsinden çok daha yüksek.	*Der Uludağ ist hoch, der Erciyes höher, der Süphan noch höher, aber der Ararat ist viel höher als alle.*

5. In diesem Zusammenhang sollten Sie sich auch folgende Ausdrücke merken:

Das Wort **bile** *schon (= unerwartet früh)* kommt nach dem bejahten Verb.

Yağmur başladı bile.	*Der Regen hat (ja) schon angefangen.*

Nach dem verneinten Verb hat **bile** die Bedeutung *noch nicht einmal:*

(Daha) film başlamadı bile.	*Der Film hat noch nicht einmal angefangen.*

Ebenso gehört hierzu **artık** *endlich (= unerwartet spät)* und – bei größerer Sehnsucht – **nihayet** oder **sonunda**:

Konser artık başladı.	*Das Konzert hat endlich angefangen.*
Konser nihayet / sonunda başladı.	

20C Grammatik

1. Im obigen Telefongespräch verwendet Emine das Tempus »Narrativ«, wenn sie davon spricht, was sie von Wolfgang erfahren hat. Der Narrativ ist ein Tempus der Vergangenheit und kommt besonders in der gesprochenen Sprache vor.

20C

Ebenso wie beim Perfekt ist das Verbgeschehen auch beim Narrativ *vollendet.* Daher können sich die Sätze »Wolfgang dün güzel bir otel bul**du**« und »Wolfgang dün güzel bir otel bul**muş**« auf denselben Sachverhalt beziehen, auf dasselbe geglückte Hotelfinden Wolfgangs.

	NARRATIV	
	Aussage -mİş	*Frage* -mİş mİ
(ben)	bul**muş**um	bul**muş mu**yum?
(sen)	bul**muş**sun	bul**muş mu**sun?
(o)	bul**muş**	bul**muş mu**?
(biz)	bul**muş**uz	bul**muş mu**sunuz?
(siz)	bul**muş**sunuz	bul**muş mu**sunuz?
onlar	bul**muş**	bul**muş mu**?
–	bul**muş**lar	bul**muş**lar **mı**?

2. Der Unterschied liegt im Aspekt, der »Blickrichtung« des Sprechers auf dieses Geschehen. Während beim Perfekt der Sprecher Augenzeuge des Geschehens war, teilt er durch den Narrativ indirekt mit, daß er das, was er erzählt, nicht aus eigener Erfahrung weiß. Damit kann dreierlei gemeint sein:

a) NACHERZÄHLEN: Der Sprecher hat den Vorgang nicht selbst beobachtet, sondern von jemandem erfahren.

Veli anlattı: Ayla sinemaya gitmiş.	*Veli hat erzählt: Ayla ist/sei ins Kino gegangen.*

b) SCHLIESSEN: Er stellt etwas durch irgendwelche Zeichen nachträglich fest.

Pusulada »Filmden sonra görüşürüz«, yazılı; demek, Ayla sinemaya gitmiş.	*Auf dem Zettel steht: »Wir sehen uns nach dem Film«; Ayla ist also ins Kino gegangen.*

c) ZUSTAND BESCHREIBEN: Mit dem Narrativ betont der Sprecher nicht den Ablauf eines Verbgeschehens, sondern dessen Ergebnis, das heißt den Zustand, den er vorgefunden hat:

Bu kadar beklemişiz, yarım saat daha bekleyelim.	*Nun haben wir so lange gewartet, laß(t) uns noch eine halbe Stunde warten.*
Ben onunla dört yıl aynı okulda okumuşum, elbet iyi tanırım.	*Ich habe mit ihr/ihm vier Jahre dieselbe Schule besucht, selbstverständlich kenne ich sie/ihn gut.*

Hier bezieht sich der Sprecher auf die gegenwärtige Situation, wie sie sich ihm präsentiert. Es kommt ihm dabei nicht auf die Art und Weise des Geschehens an, sondern eher auf das Ergebnis (die Tatsache), daß etwas bereits geschehen ist.

3. Ein häufiges Mißverständnis ist die Meinung, der Narrativ sei eine Form des Zweifels. Wer sich für den Narrativ bzw. das Perfekt entscheidet, bringt lediglich zum Ausdruck, ob er im Augenblick des Geschehens anwesend war oder nicht. Und diese Unterscheidung kann der Sprecher nicht umgehen.

4. Es gibt bestimmte Textsorten, die im Narrativ gehalten sind: Witze werden *mündlich* meistens im Narrativ (oder im yor-Präsens) erzählt, *geschrieben* stehen sie im r-Präsens. Märchen dagegen werden immer im Narrativ erzählt – gleichgültig, ob mündlich oder in Schriftform.

20D Übungen

1. *Obwohl Sie Ihre Geburt nicht bewußt miterlebt haben, verwenden Sie beim Lebenslauf stets das Perfekt, wie es Ahmet Yüksel in Übung 12D1 tat. Geben Sie diese Lebensgeschichte im Narrativ (3. Person Singular) wieder.*

2. *Sie wissen nicht mehr, was Sie getan haben. Wandeln Sie die Sätze des Augenzeugen in Narrativ um [vgl. 20E1]:*

(Sen dün çok içtin.)
Ben dün çok içmişim.

a) Birden şarkı söylemeye başladın. b) Sonra masaya çıktın. c) Biraz dans ettin. d) Masadan düştün, kaldırdılar. e) Kaldıranlara çok kızdın. f) "Ben sarhoş değilim!" diye bağırdın. g) Sonra bahçeye çıktın. h) Havuza atladın. i) Herkes çok korktu. j) Elbiselerini değiştirdiler. k) Hemen orada uyudun.

[DEn, E] düşmek *fallen*
[İ, DEn, E] kaldırmak *heben, aufheben*
[E] kızmak *sich ärgern*
[E] bağırmak *rufen, schreien*
havuz *Becken, Teich*
[DEn] korkmak *sich fürchten*
elbise *Kleid(ung)*
[-] uyumak *einschlafen*

Was man über Sie erzählt, könnte natürlich auch eine Lügengeschichte sein. Wenn Sie dieser Meinung sind, sollten Sie nicht versäumen, in Ihre Nacherzählung mitunter ein »sözümona« oder »güya« (= angeblich) einzuflechten:

Sözümona, ben dün çok içmişim.

3. *Was Sie getan haben, stellen Sie erst im nachhinein fest [vgl. 20C2]:*

(Ben pazartesi akşamı metroda uyudum.)
Ben pazartesi akşamı metroda uyumuşum.

a) İneceğim durağı geç________. b) Son durağa kadar git________. c) Herkes in________, yeni yolcular bin________. d) Tren hareket et________, bizim durağa gene gel________. e) Ben halâ uyanma________. f) Gerisin geri, ilk durağa dön________.

gerisin geri(ye) *den ganzen Weg zurück*

4. *Erzählen Sie die Anekdote von Nasreddin Hoca »Bilenler bilmeyenlere anlatsın« [17G] mündlich im Narrativ!*

20E Erweiterung

1. Das Verb *sein* hat im Narrativ Ähnlichkeit mit dem Perfekt [12C5]. Es gibt auch hier eine Wortform, **imiş**, und deren Anfangs-i macht sich bei der Endungsform bemerkbar: nach Vokalen kommt ein **y**.

	Narrativ, *das Verb »sein«*	
	Aussage +(y)mİş	*Frage* +_mİymİş
(ben)	sarhoş**muş**um	sarhoş **muymuş**um?
(sen)	sarhoş**muş**(s)un	sarhoş **muymuş**(s)un?
(o)	sarhoş**muş**	sarhoş **muymuş**?
(biz)	sarhoş**muş**uz	sarhoş **muymuş**uz?
(siz)	sarhoş**muş**(s)unuz	sarhoş **muymuş**(s)unuz?
onlar	sarhoş**muş**	sarhoş **muymuş**?
–	sarhoşlar**mış**	sarhoşlar **mıymış**?

2. Im Unterschied zu den Vollverben bezieht sich das Verb *sein* im Narrativ nicht nur auf die Vergangenheit, sondern auch auf die Gegenwart. Mit folgendem Satz kann also zweierlei gemeint sein:

Safranbolu çok canlı bir şehir**miş**.
(a) *Safranbolu ist (wie ich gehört habe) eine sehr lebendige Stadt.*
(b) *Safranbolu war (wie ich gehört habe) eine sehr lebendige Stadt.*

3. Die Verneinung wird mit **değil** und den obigen Formen gebildet:

Safranbolu çok canlı bir şehir **değilmiş**.
Safranbolu çok canlı bir şehir **değil miymiş**?

4. Das Imperfekt [12C] hat eine Variante, die genau wie die **-(İ)yordu**-Form berichtet, was *gerade dabei war* zu geschehen.

Jedoch ist der Sprecher kein Augenzeuge des Geschehens, sondern er gibt wieder, was er gehört – oder im nachhinein festgestellt – hat.

Wolfgang Safranbolu'dan dönü**yormuş**, yolda otobüs bozulmuş.
Wolfgang kam gerade von Safranbolu zurück, und der Bus hatte unterwegs eine Panne.

	Narratives Imperfekt	
	Aussage -(İ)yormuş	*Frage* -(İ)yor muymuş
(ben)	söylü**yormuş**um	söylü**yor muymuş**um?
(sen)	söylü**yormuş**(s)un	söylü**yor muymuş**(s)un?
(o)	söylü**yormuş**	söylü**yor muymuş**?
(biz)	söylü**yormuş**uz	söylü**yor muymuş**uz?
(siz)	söylü**yormuş**(s)unuz	söylü**yor muymuş**(s)unuz?
onlar	söylü**yormuş**	söylü**yor muymuş**?
–	söylü**yor**lar**mış**	söylü**yor**lar **mıymış**?

5. Da das narrative Imperfekt mit dem Verb *sein* gebildet wird, gilt hier das gleiche wie bei der Zeitstufe Gegenwart (siehe oben 2. und 3.): Im Unterschied zum Imperfekt auf **-(İ)yordu** kann sich die Form mit **-(İ)yormuş** sowohl auf die Vergangenheit als auch auf die Gegenwart beziehen.

Emine Almanca öğren**iyormuş**.
(a) *Emine lernt Deutsch (wie ich gehört habe).*
(b) *Emine lernte Deutsch (wie ich gehört habe).*

6. Zusammen mit der Postposition **gibi** bildet **-mİş** *als-ob*-Sätze (unten in eckige Klammern gesetzt). Das Wort **sanki** *gleichsam* ist dabei nicht notwendig.

VORZEITIG:	Biz [sanki taş taşı**mış gibi**] yorulduk.	*Wir sind erschöpft, als hätten wir Steine geschleppt. (Redewendung)*
GLEICHZEITIG:	Biz [dinlen**ir(miş) gibi**] yapalım!	*Tun wir (so), als ob wir uns ausruhten!*
KÜNFTIG:	Bu iş bana [hiç bitmeye**cek(miş) gibi**] geliyor.	*Diese Arbeit kommt mir vor, als würde sie nie zu Ende gehen.*

Sind die Subjekte verschieden, kommt vor **gibi** eine konjugierte Verbform:

Adam bana [(biz) tanış**ıyormuşuz** gibi] selam verdi.	*Der Mann grüßte mich, als ob wir uns kennen würden.*

7. Die Formen auf **+CEsİnE** sind gleichbedeutend mit denen auf **-mİş gibi**:

Sanki taş taşı**mışçasına** yorulduk.
Wir sind erschöpft, als hätten wir Steine geschleppt.

KONVERBEN, MODAL
als ob
-mİş gibi /-mİşçEsİnE
-(E/İ)r(mİş) gibi / -(E/İ)r(mİş)CEsİnE
-(y)EcEk(mİş) gibi / -(y)EcEkmİşçEsİnE

Achtung: Bei den Verben **... gibi gelmek** *jemandem vorkommen als ob,* **... gibi yapmak** *(so) tun als ob,* **... gibi olmak** *jemandem geschehen als ob* und dem Kopulaverb *sein als ob* werden andere Formen verwendet (vgl. auch die Beispiele oben).

Bana [bayılacakmışım gibi] geldi.	*Es kam mir vor, als fiele ich gleich in Ohnmacht.*
Ben [bayılır gibi] yaptım.	*Ich tat so, als fiele ich gerade in Ohnmacht.*
Ben [bayılır gibi] oldum.	*Mir geschah, als fiele ich gerade in Ohnmacht.*
Ben [bayılacak gibi]ydim.	*Mir war so, als würde ich gleich in Ohnmacht fallen.*

20F Weitere Übungen

1. *Was ist jetzt aus den Nachbarskindern geworden? Sie haben es in Erfahrung gebracht und erzählen es weiter ... Ordnen Sie den Berufen unten beliebige Orts- und Personennamen zu:*

(berber)
Katharina Stuttgart'ta berbermiş.

a) kadın berberi b) gazeteci c) camcı d) dans öğretmeni e) orkestra şefi f) diş hekimi g) gözlükçü h) rafineri işçisi i) eczacı j) ev kadını k) fotoğrafçı l) bisikletçi m) stajyer avukat n) lokantacı o) otelci p) kitapçı

gazeteci *Journalist*
camcı *Glaser*
orkestra şefi *Dirigent*
gözlükçü *Optiker*
fotoğrafçı *Fotograf*
lokantacı *Wirt*
kitapçı *Buchhändler*

2. *Mualla hat Ihnen von seinem gestrigen Tag erzählt. Nun erzählen Sie uns alles weiter:*

(yıkanmak, su kesilmek)
Mualla dün yıkanıyormuş, su kesilmiş.

a) kahvaltı etmek, tamirciler gelmek b) şehre gitmek, otobüs bozulmak c) yürümek, dişi ağrımaya başlamak d) alışveriş yapmak, cüzdanını kaybetmek e) bankaya gitmek, cüzdanını bulmak f) dişçiye gitmek, ayağı burkulmak g) taksi beklemek, Gülsüm'e rastlamak h) onlar pasta yemek, Gülsüm'ün hemen kalkması gerekmek i) hesabı ödemek, parası yetmemek j) eve dönmek, vazgeçmek, bana uğramaya karar vermek

[-] yıkanmak *sich waschen, baden*
[-] bozulmak *eine Panne haben*
[E] yetmek *ausreichen*

3. *In den Redewendungen bzw. feststehenden Ausdrücken unten fehlt die türkische Entsprechung von* als ob. *Ergänzen Sie!*

a) Yağmur bardaktan boşan________ yağıyordu. Sonra birden, bıçakla kesil________ dindi. b) Uzun uzun uyuyup dinlendim, yeniden doğ________ oldum. c) Bu çocuk ne kadar *altklug:* büyümüş de küçül________ konuşuyor. d) O kadar heyecanlandık ki, kalbimiz dur________ oldu! e) Kazayı unutamıyorum, hep yeniden yaşa________ oluyorum.

[DEn, E] boşanmak *strömen*
[-] dinmek *aufhören*
yeniden *erneut, von neuem*
[-] büyümek *größer werden*
[-] küçülmek *kleiner werden*
o kadar ... ki, *so ..., daß*
[İ] yaşamak *erleben*

20G Text 2

Die Reparaturwerkstätten ***(oto sanayi)*** *sind meist nebeneinander am Rande der Stadt untergebracht. Jede Automarke hat ihre eigene Werkstatt.*

Kolay gelsin!

Bu "Frohes Schaffen!" çok yaygın bir selamdır. Çalışan insanlara rastladıkça kullanın! Hele kendi işiniz için, mesela arabanızın tamiri için, bir işyerine gidince unutmamalısınız.

yaygın *verbreitet*
hele *besonders, vor allem*
üretici *Produzent*
unutmamalısınız *Sie sollten nicht vergessen*

Türkiye'de araba tamiri ya üretici firmaların servis istasyonlarında, ya benzin istasyonlarında, ya da bağımsız atölyelerde yapılır. Bunlar daha çok şehir girişlerinde yol kenarında, ya da "organize sanayi bölgesi" adlı iş merkezlerinde bulunur; kısaca, "oto sanayi" veya "sanayi" diye de sorabilirsiniz.

Küçük atölyeler çoğunlukla işlere göre uzmanlaşmıştır: kaportacı, elektrikçi, radyatörcü, camcı, döşemeci, lastikçi, egzosçu gibi.

Bu tabii, arabanızda gereken birkaç ayrı tamir için atölye atölye dolaşmak zorundasınız demek değildir. İlk gittiğiniz atölye bütün işleri üstlenip sizin yerinize halledebilir. Diğer ustalar oraya gelip arabanızı görür, size fiyat verirler. Sonra, siz arabanızı alırken onlarla hesaplaşırsınız.

Gereken yedek parçalar gene sitedeki parçacıdan temin edilir. Taşrada ise, parçanın en yakın büyük şehirden ısmarlanması gerekebilir, bu da birkaç gün sürebilir.

Yapılan işten memnun kalırsanız bahşiş verin. Bu arada, atölyenin çocuk yaşında çıraklığa başlamış küçük yardımcılarını unutmayın.

atölye *Werkstatt*
giriş *Einfahrt*
organize *organisiert*
sanayi *Gewerbe*
çoğunlukla *meistens*
uzmanlaşmış *spezialisiert*
kaporta *Karosserie*
radyatör *Kühler*
döşeme *Polster*
lastik *Reifen*
egzos *Auspuff*
ayrı *gesondert, extra*
[mEk] zorunda *gezwungen, etwas zu tun*
demek değildir *es bedeutet nicht, daß ...*
[İ] üstlenmek *übernehmen*
[İ] halletmek *erledigen*
fiyat vermek *Angebot machen, Preis nennen*
[lE] hesaplaşmak *abrechnen*
yedek parça *Ersatzteil*
site *Siedlung*
[İ, DEn] temin etmek *beschaffen*
taşra *Provinz (Gegensatz zu Stadt)*
[İ, DEn] ısmarlamak *bestellen*
[DEn] memnun kalmak *zufrieden(gestellt) sein*
bahşiş *Trinkgeld*
bu arada *dabei, währenddessen*
yaş *Alter*
çırak *Lehrling*
başlamış = başlamış olan
yardımcı *Helfer*

21A

21A Text

*Dieser Ausschnitt aus dem Roman **Kimse** schildert einen Teil der Reise eines Dorfschullehrers, eines städtischen Intellektuellen, im unwegsamen Südosten des Landes – Mitte der 60er Jahre, als es dort noch viele Dörfer gab, zu denen keine Straße führte. Die folgende Passage handelt vom erfolglosen Bemühen um ein Leihpferd und einen Führer. Die Einsamkeit des Lehrers wird versinnbildlicht durch das Zwiegespräch zwischen einer Ersten Stimme (**Birinci Ses**) und einer Zweiten Stimme (**İkinci Ses**).*

At yolu bilir

Kimseye selam vermedim. Kimseye eyvallah demedim. Yola koyuldum. Köyden çıkalı onbeş–yirmi dakika olmuştu ki, önüne birkaç koyun katmış bir köylü gördüm. Dizginlerinden tuttuğu at ardı sıra geliyor. Adımlarımı sıklaştırdım, yanına vardım ve selamladım.
Selamünaleyküm.
Aleykümselam.
Ona kim olduğumu, gittiğim köyü söyledim. Gittiğin yer çok uzak ve çok dik, dedi. Benim atımı al. O seni bizim köye değin götürür. Bu gece bizde kalırsın. Yarın sabah birlikte gideriz köye. Atını almak istemedim ve birlikte yürüyebileceğimi söyledim.

yola koyulmak *sich auf den Weg machen*
çıkalı = çıkalı beri *seit ich wegging*
koyun *Schaf*
[İ] önüne katmak *vor sich hertreiben*
dizgin *Zügel*
[İ, DEn] tutmak *festhalten an*
ardı sıra *hinter jemandem her*
adım *Schritt*
[İ] sıklaştırmak *beschleunigen (Schritte)*
yanına varmak *an jemands Seite gelangen, jemanden erreichen*
[İ] selamlamak *begrüßen*
[E, İ] söylemek *nennen*
dik *steil*
[E] değin *bis*

Yol uzun ve dik, al atı, dedi.
Ata atladım. Kır bir attı. Torbamı önüme aldım.
Eyvallah, dedim; yola koyuldum.
Başlangıçta korktuğunu itiraf et, diyor İkinci Ses.
Ederim, diyor Birinci Ses. Yolu bilmiyordum. Ve dört bir yanım dağ taştı. Bana atını veren köylünün dediği gibi yaptım, dizginleri gevşek bıraktım: "At yolu bilir."
(...) Köyün son evlerinden biri önünde durdu kır atım. Evden kadınlar çıktı. Hep bir ağızdan bağırmaya ve bana sorular yağdırmaya başladılar. Ne karşılık vereceğimi bilemiyordum. Bazıları ağlıyordu. En sonunda köyün içinden Türkçe bilen bir adam geldi. Ve kendisine, atın sahibine bir şey olmadığını, atını bana verdiğini, kendisinin de çok geçmeden koyunlarla birlikte varacağını söyledim.

Ferit Edgü, *Kimse*'den

kır at *Grauschimmel*
torba *Beutel*
başlangıç *Anfang*
[E, İ] itiraf etmek *gestehen*
dört bir yan *die ganze Umgebung*
dağ taş *nur Berge*
gevşek *locker*
[E,İ] yağdırmak *überschütten mit*
karşılık *Antwort*
bazıları *manche von ihnen*
en sonunda *ganz zum Schluß*
[bir şey, E] olmak *zustoßen*
çok geçmeden *bald*

21B Sprachgebrauch – Landeskunde

1. Die Endung **-mİş** bildet nicht nur den Narrativ 3. Person Singular, sondern auch Partizipien. Ähnlich wie die Partizipien auf **-(y)En** und **-(y)EcEk** bildet es direkte Relativsätze [18C3, 18E], die in der Gegenwart schon abgeschlossen sind :

[önüne birkaç koyun kat**mış**] bir köylü gördüm	*ich sah einen Bauern, der einige Schafe vor sich hertrieb*

Wenn der Verbstamm im Passiv steht, ist diese Form mit dem deutschen Partizip Perfekt vergleichbar [18C3]:

görülmek	*gesehen werden*
Bu salonda böyle bir maç **görülmüş** değildir.	*In dieser Halle ist so ein Spiel (noch) nicht gesehen (worden).*

21B

Häufig werden Partizipien, die mit dem verneinten Verbstamm gebildet sind, in adjektivischer Funktion verwendet:

görülmemiş	*ohnegleichen*
duyulmamış	*unerhört*
yazılmamış	*ungeschrieben*
okunmamış	*ungelesen*

Die bisherigen Formen können Sie frei mit jedem Verbstamm bilden.

Es gibt aber auch Partizipien, die zu Adjektiven und Substantiven mit einer festen Bedeutung geworden sind:

geçmiş	*vergangen, Vergangenheit*
görmemiş	*taktlos, Taktloser (jemand, der gutes Benehmen »nicht gesehen« hat)*
tanınmış	*bekannt, berühmt*
olmamış	*ungeschehen; unreif (Frucht)*
dolmuş	*Sammeltaxi*
çokbilmiş	*altklug*

2. »15–20 dakika olmuştu ki, ... bir köylü gördüm«: Das Suffix **ki** nach dem Prädikat verknüpft den Satz mit dem nächsten. Weitere Beispiele:

Öyle kızdım ki, kimseye selam vermedim.	*Ich war so böse, daß ich niemanden gegrüßt habe.*
İtiraf ederim ki, korkuyordum.	*Ich gestehe, daß ich Angst hatte.*
Duydum ki, gideceğim köy çok uzakmış.	*Ich hörte, daß das Dorf, zu dem ich gehen wollte, sehr weit entfernt war.*
Yolu bilmiyordum ki, yalnız gidebileyim.	*Ich kannte den Weg nicht, so daß ich (nicht) allein hingehen konnte.*
Dizginleri gevşek bıraktım ki, at bildiği yoldan köyüne gitsin.	*Ich ließ die Zügel locker, auf daß das Pferd den bekannten Pfad zu seinem Dorf einschlüge (damit das Pferd ... einschlagen sollte).*

3. Das satzabschließende **ki** wird in Frage- und Verneinungssätzen verwendet, um der Satzaussage einen bestimmten emotionalen Gehalt zu geben. (Man bezeichnet es daher auch als »Abtönungspartikel« wie im Deutschen *doch, überhaupt* usw.)

Yolu bilmiyordum ki!	*Ich kannte den Weg doch nicht!*
Korktun mu ki?	*Hattest du überhaupt Angst?*

21C Grammatik

1. Sie kennen die Suffixe **-DİĞİ** und **-(y)EcEĞİ**, die Relativsätze bilden, wenn sie vor Substantiven stehen [19C].

[(Köylünün) dizginlerinden tuttuğu] at ardı sıra geliyor.	*Das Pferd, das derBauer am Zügel hält, kommt hinter ihm her. ([Seine Zügel der Bauer haltendes] Pferd ...)*

Das Bezugswort kann, wenn der Zusammenhang eindeutig ist, weggelassen werden:

Senin gittiğin köy çok uzak; benim gittiğim (köy) daha yakın.	*Das Dorf, zu dem du gehst, ist sehr weit; das, zu dem ich gehe, ist näher.*

2. Eine Konstruktion auf **-DİĞİ** oder **-(y)EcEĞİ** kann aber auch ohne Bezug auf ein Substantiv stehen. Er entspricht dann einem deutschen *daß-Satz:*

Ben ona [kendisiyle birlikte yürüyebileceğim]i söyledim.	*Ich sagte ihm, daß ich mit ihm zusammen gehen könne.*

Solche Konstruktionen übernehmen im Satz die Funktion eines Objekts – des Akkusativobjekts im obigen Beispiel, oder des Subjekts wie unten:

[Benim kendisiyle birlikte yürüyebileceğim], adamı sevindirdi.	*Daß ich mit ihm zusammen gehen könnte, machte dem Mann Freude.*

Das Komma im obigen Beispiel zeigt, daß es sich nicht um einen Relativsatz zu »adam« handelt.

3. Enthält der Objekt- oder Subjektsatz ein Fragewort, so ist die deutsche Entsprechung ein *indirekter Fragesatz:*

Ona [**kim** olduğum]u söyledim	*Ich sagte ihm, wer ich sei.*

4. Es ergibt sich ein *ob-Satz,* wenn der Verbstamm wiederholt wird – einmal bejaht und einmal verneint. (Zum Konverb auf **-(y)İp** vgl. 7E2.)

Adam bana [daha önce bir köyde çalış**ıp** çalış**ma**dığım]ı sordu.	*Der Mann fragte mich, ob ich vorher in einem Dorf gearbeitet hätte.*

5. Da Konstruktionen auf **-DİĞİ** oder **-(y)EcEĞİ** wie ein Substantiv behandelt werden, kann darauf auch eine Postposition folgen:

[Köylünün dediği] **gibi** yaptım.	*Ich machte es so, wie der Bauer gesagt hatte.*

21D Übungen

1. *Geheime Mission? Ihr Gegenüber bittet Sie, niemandem zu erzählen, daß ...*

(Ben Türkiye'ye geldim.)
Sen benim Türkiye'ye geldiğimi kimseye söyleme!

a) İki haftadan beri buradayım. b) Elçilikte çalışıyorum. c) Misafirhanede kalıyorum. d) Kimseyle görüşmüyorum. e) Haftaya Ankara'da olacağım. f) Bazı kişilerle görüşeceğim. g) Biraz Türkiye'yi gezeceğim. h) Birkaç rapor yazmam gerekiyor. i) Çok işim var. j) Başaramamaktan korkuyorum.

elçilik *Botschaft*
misafirhane *Gästehaus*
haftaya = gelecek hafta
[İ] başarmak *etwas schaffen, hinkriegen*

2. *Zwei Tage später spricht aber jeder von diesem »geheimnisvollen Unbekannten«. Die in der Übung vorgegebenen unverbundenen Ausdrücke sind nicht unvollständig oder falsch, sondern in der Umgangssprache gebräuchlich [vgl. 5E]. – Beachten Sie den Kasus, den das Verb hinter dem Semikolon verlangt!*

(O Türkiye'ye gelmiş; ben duydum.)
Ben onun Türkiye'ye geldiğini duydum.

a) İki aydan beri buradaymış; anlatıyorlar. b) Elçilikte çalışıyormuş; birisi söyledi. c) Elçiliğin bodrumunda kalıyor; bundan eminim. d) Kimseyle görüşmüyor; sanıyorum. e) Haftaya Ankara'da olacak; söz ediyorlar. f) Askerlerle görüşecekmiş; ben inanmıyorum. g) Sonra hemen ABD'ye uçacak; tahmin ediyorlar. h) Bazı hataları düzeltmek istiyormuş; kendisi iddia etmiş. i) BM'ye güveniyor; sanıyorum. j) Öldürülmekten korkuyor; kesin.

[İ, DEn] duymak *hören*
[DEn] emin *(einer Sache) sicher*
[DEn] söz etmek *erzählen von*
bodrum *Keller*
asker(ler) *die Militärs*
ABD =Amerika Birleşik Devletleri *USA*
[İ] iddia etmek *behaupten*
BM =Birleşmiş Milletler *UN*
[E] güvenmek *vertrauen*
kesin *sicher, ausgemacht*

3. *Sie erinnern sich nicht mehr an die genauen Umstände des gestrigen Tages. Antworten Sie:*

(Dün akşam neredeydin?)
Dün akşam nerede olduğumu hatırlamıyorum.

a) Yemeğe kiminle çıktın? b) Hangi lokantaya gittiniz? c) Yemekler iyi miydi? d) Neyi kutladınız? e) Dışarıda mı oturdunuz? f) Çok içildi mi? g) Sen ne kadar içtin? h) Hesabı kim ödedi? i) Eve nasıl döndün? j) İyi uyudun mu?

[İ] hatırlamak *sich erinnern*
yemeğe çıkmak *essen gehen*
[İ] kutlamak *etwas feiern*

4. *»Soweit ich weiß ...« Mit der Grammatik dieser Lektion können Sie diesen und ähnliche Ausdrücke bilden:*

(ben, biliyorum, kadarıyla – otobüs her saat başı kalkıyor)
Benim bildiğim kadarıyla, otobüs her saat başı kalkıyor.

a) ben, anladım, kadarıyla – mağaza pasajın içinde b) sen, gördün, gibi – dükkanlar öğle tatili yapmıyor c) siz, takdir edeceksiniz, gibi – çok çeşidimiz yok d) biz, tahmin ettik, gibi – banka evroçek bozuyor e) onlar hesapladı, göre – üç buçuk milyon liraya ihtiyacımız var

saat başı *volle Stunde*
mağaza *Geschäft*
pasaj *Einkaufspassage*
[İ] takdir etmek *einschätzen, hier: einsehen*
çeşit *Auswahl*
evroçek, öroçek *Euroscheck*
[İ] bozmak *wechseln (Scheck)*
[İ] hesaplamak *berechnen*
[E] ihtiyacı var/olmak *brauchen*

21E Erweiterung

1. Sie kennen bereits das Verhältnis zwischen dem **yor**-Präsens und dem Imperfekt auf -**yordu** [12C2]. Das Gegenwartstempus wird durch die Vergangenheitsform des Verbs *sein* erweitert, um wiederzugeben, was gerade *dabei war* zu geschehen, als etwas anderes geschah:

Konuş**uyorduk**, telefon çal**dı**.	*Wir unterhielten uns (gerade), (als) das Telefon klingelte.*

Diese Erweiterung durch die Vergangenheitsform des Verbs *sein* ist bei allen fünf *einfachen* Tempora möglich. Das *zusammengesetzte* Tempus, das dadurch entsteht, wird in der türkischen Grammatik die »Erzählform« des jeweiligen einfachen Tempus genannt, zum Beispiel »şimdiki zamanın **hikayesi**«. Die Konjugation dieser Formen richtet sich nach der Konjugation des Verbs *sein* im Perfekt [12C5].

»ERZÄHLFORMEN«

-mİş
→ -mİştİ

-Dİ
→ -Dİydİ

-(İ)yor
→ -(İ)yordu

-(E/İ)r
→ -(E/İ)rdİ

-(y)EcEk
→ -(y)EcEktİ

2. Die Form **-mİştİ**, das Plusquamperfekt, kam auch schon vor [12E]:

Çayımızı iç**miştik**, telefon çal**dı**.	*Wir hatten unseren Tee (aus)getrunken, (als) das Telefon klingelte.*

21E

Die Form **-DİydI** ist lediglich eine Variante des Plusquamperfekts. Sie ist weit weniger gebräuchlich, weil sie nur dann verwendet werden kann, wenn der Sprecher Augenzeuge des Geschehens in der Vorvergangenheit war. Für **-mİştİ** besteht keine vergleichbare Einschränkung.

3. Der Erzählform der Zukunft [10C7, 10C9] entspricht im Deutschen keine Tempusform, sondern sie wird mit anderen Mitteln ausgedrückt:

Çay iç**ecektik**, telefon çal**dı**.	*Wir wollten gerade Tee trinken (*oder: *sollten, hatten vor, waren gerade im Begriff ...), da klingelte das Telefon.*

4. Die Erzählform des r-Präsens steht für zwei Möglichkeiten, je nachdem, ob die zugrundeliegende r-Präsens-Form für die Zukunft [15C] oder die Gegenwart [17C] verwendet wird.

a) Wenn eine Absicht oder eine Möglichkeit bestand, die vereitelt worden ist, haben wir im Suffix **-(E/İ)rdİ** eine Entsprechung für den deutschen Konjunktiv II:

Çay iç**erdik**, ama bir telefon geldi, hemen gitmemiz gerekti.	*Wir hätten (gern) Tee getrunken, aber ein Anruf kam, und wir mußten sofort los.*

b) Oder die Form auf **-(E/İ)rdİ** erzählt uns, was früher mit Regelmäßigkeit zu geschehen *pflegte:*

O zamanlar her akşam, komşularla çay iç**erdik**.	*Damals tranken wir jeden Abend mit den Nachbarn Tee.*

In der Çiçek Pasajı

5. Die fünf einfachen Tempora werden auch durch die Narrativform des Verbs *sein* erweitert, wodurch die sogenannten »Gerüchtformen« entstehen.

Da das Verb *sein* im Narrativ Vergangenheits- und Gegenwartsform zugleich ist [20E], sind die zusammengesetzten Formen ebenfalls zweideutig.

Sicher ist jedoch, daß der Sprecher nicht aus direkter Erfahrung berichtet, sondern nacherzählt oder im nachhinein feststellt:

Ali anlattı, dün Bahar'la çay iç**iyormuş**, telefon çalmış.	*Ali erzählte (mir), er habe gestern (gerade) mit Bahar Tee getrunken, (als) das Telefon läutete.*
Tam telefonu aç**acakmış**, Bahar »Dur!« demiş.	*Er habe gerade abheben wollen, da habe Bahar »Halt!« gesagt.*
Çünkü önceki gün de aynı saatte sevimsiz birisi telefon et**mişmiş**.	*Denn es habe auch vorgestern jemand Unerquickliches um die gleiche Zeit angerufen (gehabt).*
Telefondaki aynı kişi olabil**irmiş**.	*Der Anrufer hätte dieselbe Person sein können.*
Aslında, evdeyken hiç yap**mazlarmış**, ama bu sefer telesekreteri açmışlar.	*Eigentlich hätten sie es nie zu tun gepflegt, wenn sie zu Hause waren, aber diesmal hätten sie den Anrufbeantworter eingeschaltet.*

»GERÜCHTFORMEN«

-mİş
→ -mİşmİş

-Dİ
—

-(İ)yor
→ -(İ)yormuş

-(E/İ)r
→ -(E/İ)rmİş

-(y)EcEk
→ -(y)EcEkmİş

21F Weitere Übungen

1. *Wir pflegten zu ... [vgl. 21E4]. Ergänzen Sie:*

a) Biz eskiden sık sık buluş________. b) Ben şehir merkezinde otur________. c) Ötekiler orada çalış________. d) Öğle tatillerinde beraber yemek ye________. e) Ben öğleden sonraları çalışma________. f) Akşamları, işten çıkınca aynı kahveye gid________. g) Sen hep akşam kurslarına katıl________. h) Ahmet'i evde karısı, çocukları bekle________. i) Siz ikiniz akşamları bizimle olma________. j) (Siz) ertesi gün bize akşam ne yaptığımızı sor________.

[E] katılmak *teilnehmen*
siz ikiniz *ihr beiden*

2. *Eigentlich hätte/wäre ich ... Bilden Sie Sätze:*

(ben, halı almamak – ucuz buldum)
Aslında ben halı almazdım, ama ucuz buldum.

a) hamamda yıkanmamak – otelde su kesikti b) araba kiralamak – ehliyetim yanımda yoktu c) otobüsle daha hızlı gitmek – sadece bir kamyon bulabildim d) diskoteğe girmek – belim tutulmuştu e) baklava yemek – dişim ağrıyordu f) tekne gezisine çıkmak – fırtına çıkacak gibiydi g) pazarlık etmek – çok fazla param vardı h) Troya'da bir kazı yapmak – zamanım yoktu i) Ağrı Dağı'na çıkmak – nezleliydim

kesik *abgestellt [Wasser]*
ehliyet *Führerschein*
yanında var/yok *bei sich haben*
hızlı *schnell*
kamyon *Lkw*
diskotek *Diskothek*
beli tutulmak *einen Hexenschuß haben*
baklava *Süßspeise aus Blätterteig*
dişi ağrımak *Zahnschmerzen haben*
geziye çıkmak *einen Ausflug machen*
fırtına *Sturm*
çıkmak *aufkommen [Sturm]*
kazı *Ausgrabung*
nezleli *verschnupft*

3. *Was hat Ali wörtlich erzählt? Vergleichen Sie die Beispielsätze oben [21E5] und ergänzen Sie!*

a) Dün Bahar'la çay iç________, telefon çal________. b) Ben tam telefonu aç________, Bahar "Dur!" de________, c) "Dün de aynı saatte sevimsiz birisi telefon et________. d) Telefondaki aynı kişi olabil________." e) Biz aslında, evdeyken hiç yapma________, ama bu sefer telesekreteri aç________.

4. *Lesen Sie zuerst den Text 2 (unten). Nun sind Sie der Kapitän und schreiben an Wolfgang zurück. Dabei*

a) wollen Sie sich für die Antwort auf die Anzeige bedanken. Sie haben sich sehr darüber gefreut.

b) möchten Sie sich mit Wolfgang treffen, um ihn kennenzulernen und über Einzelheiten zu sprechen (schlagen Sie einen Termin und einen Treffpunkt vor!).

c) können Sie im Augenblick nur folgendes mitteilen:

– Die genauen Reisetermine werden erst in etwa 3 Wochen vorliegen;
– Ebenso die Daten über das Boot; denn es muß erst noch gemietet werden;
– Das Honorar ist noch mit der Gruppe auszuhandeln. (Was ist Wolfgangs Vorstellung?).

21G Text 2

*Wolfgang entdeckte in der Zeitschrift **Yelken** eine interessante Kleinanzeige mit der Überschrift »Reisebegleitung gesucht« und schrieb sofort einen Antwortbrief.*

Yol Arkadaşı Aranıyor

Tekneyle Doğu Akdeniz turu için (Mersin – Beyrut – Yafa – İskenderiye – Larnaka – Girne – Antalya), yelkencilikten anlayan, teknenin – 8 kişilik grubun ağırlanması dahil – bütün işlerini kaptanla paylaşabilecek, yabancı dil bilen (Almanca/İngilizce) meraklı aranıyor.

yelken *Segel*
yelkencilik *Segeln*
[İ] ağırlamak *bewirten*
dahil *inklusive*
[İ, lE] paylaşmak *teilen*
meraklı *Interessierte/r*

Sayın Kaptan,

5 nisan tarihli “Yelken” dergisinde, bir Doğu Akdeniz turu için “meraklı bir yol arkadaşı” aradığınızı okudum. Böyle bir geziyle ilgileniyorum. Almanya'nın Cuxhaven limanından açık deniz yelkenci ehliyetim ve Kuzey Denizi, Baltık Denizi, Akdeniz ve Ege'de seyir tecrübem var. Bana turun hangi tarihler arasında yapılacağını, grubun kimlerden oluştuğunu, teknenizin özelliklerini ve diğer şartlarınızı bildirir misiniz?

Selamlarımla, W.G.

[lE] ilgilenmek *sich interessieren für*
açık deniz *hohe See*
ehliyet(name) *Schein, Lizenz*
Kuzey Denizi *Nordsee*
Baltık Denizi *Ostsee*
Ege *Ägäis*
seyir *Navigation*
tecrübe *Erfahrung*
[DEn] oluşmak *sich zusammensetzen aus*
özellik *Eigenschaft*
[İ, E] bildirmek *mitteilen*

Mavi yolculuk *hatte eine kleine Gruppe von Intellektuellen die Fahrten genannt, die sie mit gemieteten Fischerbooten entlang der Ägäisküste machte. Heutzutage werden solche und ähnliche Fahrten fast von jedem Reisebüro angeboten.*

22A

22A Text

Düşlerde fener olmak!

Ben ölünce
hiç değilse
bir fener olsam,
kapında dursam,
soluk donuk geceyi
aydınlığa boğsam.

Ya da limanda
gemilerin uyuduğu zamanda
gülüşürken kızlar
uyumasam,
dar kirli bir kanalda
bir yalnıza göz kırpsam.

Daracık bir sokağa
assalar beni
teneke, kırmızı bir fener
bir meyhane önünde
dalgın düşüncelerle
tempo tutup şarkılara
sallansam.

Ya da şöyle bir fener:
gözleri büyümüş bir çocuğun yaktığı
duyup da korkunca çevresinde yalnızlığı
dışarda camlarda
fırtınanın ıslığı
kâbuslar, görüntüler, cinler.

düş *Träumerei*
fener *Laterne*
hiç değilse *wenigstens*
[DE] durmak *stehen*
soluk *bleich*
donuk *matt*
aydınlık *Helligkeit*
[İ, E] boğmak *etwas in etwas tauchen*
[-] gülüşmek *miteinander lachen*
dar *schmal, eng*
kirli *schmutzig*
yalnız *allein, einsam*
[E] göz kırpmak *zuzwinkern*
[İ, E] asmak *(auf)hängen*
teneke *blechern*
meyhane *Kneipe*
dalgın *versunken (in Gedanken)*
düşünce *Gedanke*
[E] tempo tutmak *Takt schlagen*
[DEn, E] sallanmak *schaukeln*
gözleri büyümüş *mit aufgerissenen Augen (adjektivisch)*
[İ] duymak *fühlen, spüren*
[DEn] korkmak *sich ängstigen*
çevre *Umgebung*
ıslık *Zischen*
kâbus *Alptraum*
görüntü *Gestalt, Erscheinung*
cin *Ungeheuer*

Evet, hiç değilse
ben ölünce
bir fener olsam,
tek başıma geceleri
uykulardayken dünya
gökte ayla senli benli
sohbete dalsam.

Wolfgang Borchert

Çeviren:
Behçet Necatigil

tek başına *ganz allein*
gök *Himmel*
[IE] senli benli *per Du*
[DEn, E] dalmak *sich vertiefen*
[İ, DEn, E] çevirmek *übersetzen*

22B Sprachgebrauch – Landeskunde

»Türkiye'yi beğendiniz mi?« *Hat es Ihnen in der Türkei gefallen?* – Die Frage klingt zwar naiv, aber die Kommunikation würde sich erst recht in Wohlgefallen auflösen, wenn Sie es bei einem bloßen »Evet! Türkiye çok güzel« bewenden ließen. Erzählen Sie stattdessen, was Ihnen mehr, was weniger und was überhaupt nicht gefallen hat.

1. Das deutsche Verb *gefallen* geht von einem Gegenstand aus (wer oder was gefällt?) – so auch die türkische Wendung **[In] hoşuna gitmek**:

Türkiye'de çocuklara gösterilen yakınlık Lentz Ailesi'**nin** çok hoş**un**a gitti.	*Die Sympathie, die man in der Türkei den Kindern zeigt, gefiel der Familie Lentz sehr.*
Türkiye'de, her yerdeki çöpler (ben**im**) hoş**um**a gitmedi.	*Mir gefiel der Müll überall in der Türkei nicht.*

2. Gleichbedeutend ist das Verb **[DEn] hoşlanmak**, bei dem jedoch das Subjekt nicht der Gegenstand, sondern die Person ist, die Gefallen an etwas findet:

Sokaklardaki erkek kalabalığından hoşlanmadım.	*Mir gefiel die Überzahl der Männer auf der Straße nicht.*

Wie die Beispiele zeigen, wird eher in der Vergangenheit gesprochen, wenn es darum geht, ein Urteil vorzutragen. In der Gegenwart gebraucht, sagen diese Verben eher etwas über die Vorlieben aus, die man gerade hat:

Biz karavanla gezmekten hoşlanıyoruz.	*Wir reisen gern mit dem Wohnwagen.*

3. Beim Verb **[İ] beğenmek** ist das Gefallen stärker, das Urteil eindeutiger (und es bezieht sich *nicht* auf etwas, was *man selbst* gern tut).

Sulu yemekleri beğendik, ama kebapları beğenmedik.	*Wir fanden die gedünsteten Speisen gut, nicht aber das Gegrillte (die Kebapgerichte).*

4. Auch das Verb **[İ] sevmek** bedeutet in der Gegenwart etwas Andauerndes und in der Vergangenheit oft etwas neu Einsetzendes:

Burayı çok sevdik, bir hafta daha kalmak istiyoruz.	*Wir haben den Platz hier sehr liebgewonnen und wollen noch eine Woche bleiben.*
Martina yalnız gezmeyi çok seviyor. Onun için Türkiye'yi pek sevmedi.	*Martina liebt es, allein zu reisen. Darum hat sie die Türkei nicht recht liebgewonnen.*

5. Der deutschen Wendung *etwas gern/lieber/am liebsten tun* entspricht ebenfalls **sevmek**:

Tatilde fotoğraf çekmeyi seviyor, film çekmeyi daha çok seviyor, ama en çok bütün gün yatmayı seviyor.	*In den Ferien fotografiert er/sie gern, filmt noch lieber, aber er/sie liegt am liebsten herum.*

6. Sie können die folgenden Adjektive (auch als Ausrufe, zum Beispiel mit »**ne ... !**«) zum Ausdruck Ihrer wechselnden Begeisterung verwenden.

ausgezeichnet	harika, nefis, olağanüstü
gut	iyi, güzel
gar nicht so schlecht	hiç fena değil, hoş
nicht so schlecht	fena değil
so la la	şöyle böyle, orta karar
nicht so gut	iyi değil, güzel değil
gar nicht so gut	hiç iyi değil, hoş değil
schlecht	kötü
miserabel	berbat, rezil

22C Grammatik

1. Für Wunschformen wie *Wenn ... (doch) ....!* hat das Türkische das Suffix **-sE**, an das die Personalendungen (wie beim Perfekt) herantreten:

Bir fener ol**sam**!	*Wenn ich (nur) eine Laterne wäre!*
Ah, keşke bir kazan**sak**!	*Ach, wenn wir doch mal gewinnen würden!*

	Wunschform	
	Potential	*Irreal*
	-sE	-sEydİ
(ben)	iste**sem**	iste**seydi**m
(sen)	iste**sen**	iste**seydi**n
(o)	iste**se**	iste**seydi**
(biz)	iste**sek**	iste**seydi**k
(siz)	iste**se**niz	iste**seydi**niz
onlar	iste**se**	iste**seydi**
–	iste**se**ler	iste**se**ler**di**

2. Wenn der Wunsch noch Aussicht hat, in Erfüllung zu gehen, steht er in der *potentialen* Wunschform. Bezieht er sich aber auf eine Vergangenheit, oder er ist in Zukunft unmöglich zu erfüllen, wird die *irreale* Form angewandt. Vergleichen Sie:

Yarın pazar ol**sa**!	*Wäre morgen doch Sonntag! (Ich weiß nicht, welchen Wochentag wir haben; es ist daher gut möglich, daß morgen Sonntag ist.)*
Yarın pazar ol**saydı**!	*Wäre morgen doch Sonntag! (Ich weiß, daß leider keiner ist.)*
Dün pazar ol**saydı**!	*Wäre gestern doch Sonntag gewesen! (– war aber nicht.)*

3. Mit Hilfe des Suffix **-sE** werden auch Bedingungssätze gebildet. Es handelt sich dabei um Wunschsätze wie oben, die durch einen Nachsatz erweitert sind:

Bir kaybet**sem**, bir daha oynamam.	*Wenn (=falls) ich mal verlieren würde, würde ich nie wieder spielen.*

Die *potentiale* Bedingungsform wird gewählt, wenn die Bedingung hypothetisch gemeint ist – und nicht in bezug auf eine reale Gegebenheit. Der Nachsatz solcher Bedingungssätze steht meistens im *r-Präsens:* **oynamam**.

4. Die *irreale* Bedingung ist auch hypothetisch, jedoch ist es nicht (oder nicht mehr) möglich, daß sie erfüllt wird:

Yarın pazar ol**saydı**, piknik yapardık.	*Wäre morgen Sonntag (aber es ist keiner), würden wir picknicken.*

Dün pazar ol**saydı**, piknik yapardık. *Wäre gestern Sonntag gewesen, hätten wir Picknick gemacht.*

Der Nachsatz solcher Bedingungssätze steht meistens *in der Erzählform des r-Präsens:* **yapardık** [21E4]. Oft ist die Irrealität allein am Nachsatz erkennbar, weil die Bedingungsform in der Umgangssprache verkürzt wird: **olsa** statt **olsaydı**.

5. Die potentialen und irrealen Wunsch- und Bedingungsformen von *sein* werden mit dem Verb **olmak** gebildet (siehe oben). Dabei entfallen **var** und **yok**:

Kemal'in parası ~~var~~ ol**sa**, köyünde bir otel yapar.	*Wenn Kemal Geld hätte, würde er in seinem Dorf ein Hotel bauen.*
Biraz zamanım ~~var~~ ol**saydı**, kardeşime mektup yazardım.	*[Ich habe heute keine Zeit.] Wenn ich etwas Zeit hätte, würde ich meiner Schwester einen Brief schreiben.*
Kemal'in parası ~~yok~~ olma**sa**, bu kadar gezmez.	*Wenn Kemal kein Geld hätte, würde er nicht so viel reisen.*
İşim ~~yok~~ olma**saydı**, gelirdim.	*Wenn ich nichts zu tun hätte, würde ich kommen.* oder: *Wenn ich nichts zu tun gehabt hätte, wäre ich gekommen.*

22D Übungen

1. Auch einen faulen Tag zu Hause können Sie sich wünschen:

(ben, biraz daha, uyumak)
Biraz daha uyusam!

a) ben, artık yavaş yavaş, kalkmak b) hava, güzel, olmak c) eşim, benden önce, kalkmak d) çayı, bugün, o, yapmak e) biz, balkonda, kahvaltı etmek f) ben, işe gitmemek g) çocuklar, gürültü, yapmamak h) anneanneleri, gelmek i) (o), çocukları, parka götürmek j) biz, bütün gün, evden çıkmamak k) biz, akşama kadar, Türkçe çalışmak

eş *Ehefrau, Ehemann*
anneanne *Großmutter (mütterlicherseits)*

2. Es ist schon passiert, und es gibt viel zu bereuen ... Kommentieren Sie jeden Satz der Erzählung in Kurzform:

(Kemal Lotto'da kazandı.)
Keşke kazanmasaydı!

a) Kemal köyüne gitti. b) Orada bir otel yaptı. c) Ama parası bitti. d) Biz ona borç verdik. e) Oteli işletmeye başladı. f) İşler kötü gitti. g) Sonra sen ona borç verdin. h) Ama akrabaları hiç yardım etmedi. i) Gene de oteli işletemedi. j) Sonunda oteli sattı. k) Gene buraya döndü. l) Fakat eski işine giremedi.

[İ] kazanmak *gewinnen*
borç *Schulden*
[E] borç vermek *Geld leihen*
[E, DE] yardım etmek *helfen*

3. Wenn du wüßtest ... Bilden Sie Sätze! [22C3]

(sen, bilmek – sen, şaşmak)
Bilsen şaşarsın.

a) ben, söylemek – sen, gülmek b) ben, çağırmak – o, hemen gelmek c) sen, istememek – o, yapmamak d) biz, sormamak – onlar, söylememek e) siz, istemek – siz, yapmak f) o, öğrenmek – biz de, öğrenmek g) onlar, başlamak – biz, devam etmek h) biz, bitirmek – siz, rahat etmek i) ben, bilmek – ben, söylemek

[E] şaşmak *sich wundern über*
[E] devam etmek *fortfahren mit*
[-] rahat etmek *unbekümmert sein, erleichtert / beruhigt sein*

4. Wenn du gewußt hättest ... Wandeln Sie die Sätze aus Übung 3 in irreale Bedingungssätze um:

(Bilsen şaşarsın.)
Bilseydin şaşardın.

5. Machen Sie aus den Aussagesätzen Wunschsätze. Sie müssen dazu var *und* yok *eliminieren:*

(Param var.)
Benim de param olsa!

a) İyi bir işim var. b) Güzel bir evim var. c) Bozulmayan bir arabam var. d) Bir teknem var. e) Küçük bir uçağım var. f) Borcum yok. g) Alacağım da yok. h) Ciddi bir hastalığım yok. i) Kötü komşularım yok.

alacak *Ausstände*
ciddî *ernst*

6. *Und was wäre, wenn Sie ...? Ergänzen Sie die Sätze aus Übung 5:*

(dükkan açmak)
Sizin paranız olsa, dükkan açar mısınız?

a) başka iş aramak
b) burada oturmak
c) hafta sonlarını daha güzel geçirmemek
d) pilotluk öğrenmemek
e) bu kadar çok çalışmak
f) mutlu olmak
g) evinizi satmak

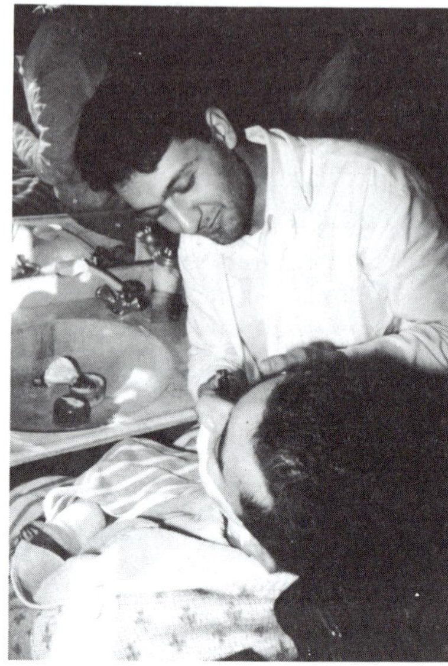

7. *Vervollständigen Sie das Gedicht von Orhan Veli mit dem Titel* Rahat, *indem Sie die Lücken ausfüllen!*

a) Şu kavga bir bit________ dersin, b) (ben) Acıkma________ dersin, c) Yorulma________ dersin, d) Çişim gelme________ dersin, e) Uykum gelme________ dersin, f) (ben) Öl________ desene!

rahat *sorglos*
kavga *Streit*
çişi gelmek *Pipi machen müssen*

22E Erweiterung

1. Im Gegensatz zu den potentialen und irrealen Bedingungsformen beziehen sich die *realen* Bedingungsformen auf eine konkrete Möglichkeit in einer bestimmten Vergangenheit, Gegenwart oder Zukunft. Daher sind sie eng mit den Tempora verbunden: Die Bedingungsform wird gebildet, indem das einfache Tempus durch das Suffix **+(y)sE** (bzw. durch das Wort **ise**) ergänzt wird.

   A: Güneş doğdu. — *Die Sonne ist aufgegangen.*
   B: Güneş doğduysa, kalkalım. — *Laß(t) uns aufstehen, wenn (= falls) die Sonne aufgegangen ist!*

2. Für die Vergangenheit gibt es die Formen **-mİşsE** und **-DİysE**. Bei **-DİysE** ist der Aspekt des unmittelbaren Erfahrens und bei **-mİşsE** der Aspekt des mittelbaren Erfahrens bzw. nachträglichen Feststellens beteiligt:

   Bakalım, güneş doğmuş mu?
   Güneş doğmuşsa kalkalım.
   Laß(t) uns sehen, ob die Sonne aufgegangen ist.
   Wenn sie aufgegangen ist, wollen wir aufbrechen.

3. Die Gegenwart wird mit der Form **-(İ)yorsa** gebildet:

   Çalışıyorsan, rahatsız etmeyeyim.
   Wenn du (gerade) arbeitest, will ich (dich) nicht stören.

Bedingung, Vergangenheit

-mİş
→ -mİşsE

-Dİ
→ -DİysE

-(İ)yor
→ -(İ)yorsa

-(E/İ)r
→ -(E/İ)rsE

-(y)EcEk
→ -(y)EcEksE

4. Bei der bestimmten (beschlossenen, geplanten) Zukunft kommen die Formen **-(İ)yorsa** und **-(y)EcEksE** in Betracht:

   Yarın şehre iniyorsan (ineceksen), bana bir kitap alabilir misin? — *Könntest du mir ein Buch besorgen, wenn (= wenn es feststeht, daß) du morgen in die Stadt fährst?*

5. Die unbestimmte Zukunft bei der Bedingung hat das Suffix **-(E/İ)rsE**. Dies ist auch die häufigste Form bei den Bedingungssätzen überhaupt:

   Yarın şehre inersen, bana bir kitap alabilir misin? — *Könntest du mir ein Buch besorgen, wenn (falls) du morgen in die Stadt fahren solltest?*

6. Das Verb *sein* wird durch das Suffix **+(y)sE** (bzw. das Wort **ise**) ausgedrückt, wenn es sich um einen Bedingungssatz handelt. Es wird wie bei den Wunschformen konjugiert [22C1].

Die Form **+(y)mİşsE** kommt sehr selten vor. Für die Vergangenheit genügt es, die Form **+(y)DİysE** zu beherrschen. Beide Aspekte der Gegenwart haben eine gemeinsame Bedingungsform, und die Zukunftsformen (bestimmt und unbestimmt) sind vom Verb **olmak** abgeleitet:

Hasan dün şehirdeydiyse (= şehirde idi ise), acaba niçin bize telefon etmedi?
Warum hat uns Hasan denn nicht angerufen, wenn er gestern in der Stadt war?
Hasan bugün şehirdeyse, bize muhakkak telefon eder. *Hasan ruft uns bestimmt an, wenn er heute in der Stadt ist.*

BEDINGUNG – DAS VERB *»sein«*

+(y)mİş
→ +(y)mİşsE

+(y)Dİ
→ +(y)DİysE

+(Dİr)
→ +(y)sE

+Dİr / olur
→ +(y)sE / olursa

olacak
→ olacaksa

Hasan yarın şehirde olursa, bize muhakkak telefon eder.	*Hasan ruft uns bestimmt an, wenn er morgen in der Stadt sein sollte.*
Hasan yarın şehirde olacaksa, şimdi yoldadır.	*Hasan ist jetzt (wahrscheinlich) (schon) unterwegs, wenn er morgen (definitiv) in der Stadt sein wird.*

7. Im Gegensatz zur potentialen und irrealen Bedingung werden bei der realen Bedingungsform **var** und **yok** nicht eliminiert, sondern sie erhalten das Bedingungssuffix **-sE**:

Senin işin **varsa**, ben rahatsız etmeyeyim.	*Wenn du zu tun hast, will ich (dich) nicht stören.*
Otelde boş oda **yoksa**, ne yaparız?	*Was machen wir, wenn es im Hotel kein freies Zimmer (mehr) gibt?*

8. Bedingungssätze haben mehr mit Möglichkeiten als mit Tatsachen zu tun. Daher steht im Nachsatz meistens ein passendes Verb in Form einer Frage, einer Aufforderung, eines Befehls oder einer Annahme:

[Otelde boş oda yoksa], geri dön**elim**!	*Kehren wir zurück, wenn ....!*
[Otelde boş oda yoksa], bana telefon ed**in**!	*Ruft mich an, wenn ....!*

[Otelde boş oda yoksa], arabada gece**leriz**.	*Wir übernachten im Auto, wenn ...*
[Otelde boş oda yoksa], belki Ali'de kal**abiliriz**.	*Vielleicht können wir bei Ali wohnen, wenn ...*

9. Mit dem Suffix **-Dİr** versehen, erhalten die Verbformen im Nachsatz den Charakter einer Vermutung:

    [Otelde boş oda yoksa], arkadaşlar geri dön**müştür**.
    Die Freunde sind (wohl) zurückgekehrt,wenn ...
    [Otelde boş oda yoksa], arkadaşlar başka otel arı**yordur**.
    Die Freunde suchen (wohl) (gerade) ein anderes Hotel, wenn ...
    [Otelde boş oda yoksa], Ali'de kal**acaklardır**.
    Sie werden (sicherlich) bei Ali wohnen, wenn ...

»VERMUTUNG«

-mİş
→ -mİştİr

-Dİ
→ -mİştİr

-(İ)yor
→ -(İ)yordur

-(E/İ)r
→ -(E/İ)r

-(y)EcEk
→ -(y)EcEktİr

22F Weitere Übungen

1. Ergänzen Sie die Bedingungsendungen:

a) Sen ev arıyor________, arkadaşlara soralım! b) Arkadaşlar biliyor________, yardım edeceklerdir. c) Bizim apartmanda bir daire boşalır________, sana haber veririm. d) (Biz) Gazete alır________, iyi olur! e) (Ben) Komisyoncuya gider________, benimle gelir misin? f) (Biz) Belki, sokak sokak dolaşır________, daha kolay buluruz. g) (Sen) Dikkat etti________, şu daire boş görünüyor. h) Evet, ama perde yok________, ev boş demek midir? i) (Biz) Sorar________, ne kaybederiz ki? j) (Sen) Soracak________, buyur, sor! Ben burada bekliyorum.

apartman *Mehrfamilienhaus*
[-] boşalmak *leer/frei werden*
[E] haber vermek *Bescheid sagen*
komisyoncu *Makler*
[E, -] görünmek *(er)scheinen, aussehen wie*
boş *frei, leer*
buyur! *bitte! (2. Person Singular)*

2. *Die Insel ist karg und fern jeder Zivilisation. Was machen wir, wenn ...? Füllen Sie aus!*

a) Benzin bit________, yedek depomuz var. b) Motor bozul________, Baki Usta tamir eder. c) Tekne bat________, yüzeriz. d) Fırtına çık________, adada geceleriz. e) (Biz) Hasta ol________, helikopter çağırırız. f) Yiyeceğimiz bit________, balık tutarız. g) Sıkıl________, döneriz. h) (Siz) İste________ siz de gelin!

depo *Tank*
[-] batmak *untergehen*
helikopter *Hubschrauber*
[DEn] sıkılmak *sich langweilen*

3. *Bilden Sie Sätze! Verwenden Sie den Imperativ oder den Optativ, »wenn ... ist, ...«.*

(sen, evde – biz, görüşmek) Evdeysen, görüşelim!

a) siz, evde – biz, uğramak b) çocuklar, hasta – biz, başka zaman gelmek c) eşiniz, şimdi meşgul – ben, sonra telefon etmek d) sen, izinde – biz, beraber bir gezi yapmak e) doktor hanım, muayenehanede – ben, çağırmak f) sizin zamanınız, var – siz, biraz beklemek g) senin başka işin, yok – sen beni beklemek h) sen, bu akşam şehirde – biz, muhallebicide buluşmak i) biz, evde değil – sen, köşedeki kahveye gelmek j) ben, burada değil – onlar, işyerime telefon etmek

22G Text 2

Die Redewendungen und Sprichwörter unten sollen Ihnen helfen, sich die Wunsch- und Bedingungsformen einzuprägen, und einen Eindruck von der Formulierungsweise des Volksmunds vermitteln. Die Übersetzung ist bewußt ausführlich gehalten, um das Verständnis der äußerst knappen Sätze zu erleichtern.

Atasözleri, deyimler

1. Olsa ile bulsa, bir araya gelse!
2. Yukarı(ya) tükürsen bıyık, aşağı(ya) tükürsen sakal.
3. Elini sallasa, ellisi.
4. Bakmakla usta olunsa(ydı), kediler kasap olurdu.
5. Yalancının evi yansa, kimse inanmaz.

atasözü *Sprichwort*
deyim *Redewendung*
sakal *(Voll)Bart*
[E] el sallamak *winken*
yalancı *Lügner*
[-] yanmak *brennen*
[E] inanmak *Glauben schenken*

6. Dünyayı sel bassa, ördeğe vız gelir.
7. Bakarsan bağ olur, bakmazsan dağ olur.
8. Balık kokarsa tuzlanır – ya tuz kokarsa ne yapmalı?
9. Zaman sana uymazsa, sen zamana uy!
10. Verirsen doyur, vurursan duyur!
11. Tırnağın varsa, başını kendin kaşı!
12. Söz gümüşse, sükut altındır.
13. Rahat ararsan, mezarda.
14. Düşmanın karınca ise de, hor görme!
15. Çanağa ne doğrarsan, kaşığında o çıkar.

sel *Sturzbach*
[İ] basmak *überfluten*
ördek *Ente*
[E] vız gelmek *gleichgültig sein*
[E] bakmak *pflegen*
[İ] tuzlamak *einsalzen*
[E] uymak *sich anpassen*
[İ] doyurmak *sättigen*
[İ] duyurmak *fühlen lassen*
[İ] kaşımak *kratzen*
söz *Wort*
gümüş *Silber*
sükut *Schweigen*
altın *Gold*

1. „Wenn es doch da wäre" und „wenn man es doch fände" – wenn sie doch zusammenkämen!
2. Spuckst du nach oben, ist es der Schnurrbart, spuckst du nach unten, ist es der Kinnbart.
3. Wenn er/sie nur mit der Hand winken würde, kämen schon fünfzig (Gewillte).
4. Wenn man durchs Zugucken ein Meister würde, wären die Katzen Metzger (geworden).
5. Wenn dem Lügner das Haus brennt, glaubt es ihm keiner.
6. Wenn die Welt überschwemmt würde, wäre es der Ente doch gleichgültig.
7. Wenn man (es) pflegt, wird ein Garten daraus, und wenn nicht, ein (öder) Berg.
8. Fische werden eingesalzen, wenn sie stinken — was soll man aber tun, wenn das Salz stinkt?
9. Wenn die Zeit nicht mit dir geht, so geh du mit ihr!
10. Wenn du schenkst, dann so, daß der andere satt davon wird, und wenn du prügelst, dann so, daß der andere es auch spürt!
11. Hast du noch Nägel, so kratze dich selber am Kopf!
12. Wenn Reden Silber ist, ist Schweigen Gold.
13. Wenn du Ruhe sucht, (hast du sie) im Grab.
14. Auch wenn dein Feind eine Ameise ist, verachte (unterschätze) ihn nicht!
15. In den Löffel kriegst du nur das, was du in die Schüssel hineingegeben hast.

23A

23A Text

In der folgenden (stark gekürzten) Geschichte karikiert der Satiriker Aziz Nesin den Polizeistaat und die Naivität vieler politisch Engagierter zugleich.

İnsanlar Uyanıyor

Bir gece evinde, neyini satıp da borçlarını ödeyeceğini, nasıl taşınacağını düşünürken kapısı çalındı. Gelen üç kişiydi; bakkal, manav, bir de kır kahvesinin sahibi.

– Kusura bakmayın, size ikram edecek ne kahvem, ne başka şeyim var ... dedi.

Bakkal gülümseyerek,

– Zarar yok, biz birşeyler getirdik, işte kahve, işte şeker ... diye elindeki kesekâğıtlarını masanın üstüne koydu. Manav,

– Duyduğumuz doğruysa, buradan taşınıyormuşsun? dedi.

– Evet, taşınacağım ...

Şimdi anlamıştı, neden geldiklerini. Borcunu ödemeden taşınacağını sanıp telâşlanmış olmalıydılar.

– Evet, ama siz nereden duydunuz taşınacağımı?

Kahveci anlamlı anlamlı,

– Biz duyarız, hem de yerinden duyarız ... dedi.

Manav,

– Benden yana helâl olsun, katiyen istemem ve de versen almam ... dedi.

– Ama niçin?

– Biz senin iyiliğini bilenlerdeniz beyim ... Senin bize çok iyiliğin var.

Demek onu tanıyorlar, bu halk için çalıştığını biliyorlardı. Ne diye umutsuzluğa kapılmıştı da politikadan çekilmeye kalkışmıştı. Hiç bu insanlar bırakılır mıydı?!

gelen = gelenler
kır kahvesi *Gartencafé*
kusura bakmayın *verzeihen Sie!*
ikram edecek *zum Anbieten*
[E] gülümsemek *lächeln*
birşeyler *ein paar Kleinigkeiten*
işte *eben, halt*
kesekâğıdı *Papiertüte*
[İ, DEn, E] koymak *hinstellen, hinlegen*
[DEn] telaşlanmak *sich beunruhigen, in Panik geraten*
telaşlanmış olmalıydılar *sie müssen sich wohl beunruhigt haben*
yerinden *von der richtigen Stelle*
benden yana *was meinen Teil betrifft*
helâl olsun! *religiöser Spruch, der das Gegenüber von seinen Verpflichtungen befreit*
katiyen *absolut (nicht)*
ve de = ve *(dialektal)*
iyiliğini bilmek *wertschätzen*
iyilik *gute Taten*
ne diye? *wieso?*
umutsuzluk *Hoffnungslosigkeit*
[E] kapılmak *sich hinreißen lassen, ergriffen werden von*
politika *Politik*
[DEn, E] çekilmek *sich zurückziehen*
[E] kalkışmak *etwas unterfangen, sich anschicken zu*
[İ] bırakmak *verlassen*

Kahveci,
– Vazgeçin burdan taşınmaktan, çok rica ederiz, dedi.
– Taşınmak zorundayım, çünkü kirayı veremiyorum.
– Biz, bura esnafı herşeyi düşündük, danıştık, sonunda sizin kiranızı aramızda toplayıp her ay ödemeye karar verdik. Yeter ki siz buradan çıkmayın. Aylık geçiminizi de, her ne kadarsa, biz vereceğiz.
Neredeyse kendini tutamayıp ağlayacaktı. Kim ne derse desin, memlekette büyük bir gelişme, insanlarda bir uyanma vardı. Demek bunca yıl boşuna çalışmamışlardı.
– Sağolun ama, benim öyle büyük hizmetlerim yok, dedi. Ben ne yaptım ki size, burdan ayrılmamamı istiyorsunuz?

esnaf *Händler, Kleingewerbetreibende (meist Plural)*
[-] danışmak *sich beraten*
aramızda *unter uns*
[İ] toplamak *sammeln*
yeter ki ... *Hauptsache ist, daß*
aylık *monatlich*
her ne kadarsa *wieviel es auch immer ist*
neredeyse *beinahe*
kendini tutmak *sich beherrschen*
kim ne derse desin *was auch immer andere sagen mögen*
gelişme *Entwicklung*
uyanma *Erwachen*
bunca *soo viele*
öyle *solch*
hizmet *Verdienst*
size ne yaptım ki... *was habe ich überhaupt für Sie getan, daß...*
[DEn, E] ayrılmak *wegziehen, abreisen*

Bakkal,
– Daha ne yapacaksınız, dedi, sizin iyiliğinizi unutamayız. Siz bu gecekonduya taşınınca, sizi gözaltında tutmak için, çöpçü kılığında, boyacı kılığında polisler geldi. O polisleri kontrol için de daha başka polisler geldi. Buraları

daha ne yapacaksınız? *was wollen Sie denn noch tun?*
gecekondu *über Nacht gebautes Arme-Leute-Haus*
gözaltı *polizeiliche Beobachtung*
çöpçü *Müllmann*
[-] kılığında *verkleidet als*

ana–baba günü oldu. Hep bizden alışverişe başladılar. Sonra eskici geldi, kundura tamircisi, şekerci, turşucu, simitçi filan geldi. Bir yerde on kişi birikti mi, yanına elli kişi toplaşır ... Şimdi siz burdan taşınırsanız, burası yine eski haline dönecek. İşte o zaman yandık!

Aziz Nesin

ana-baba günü *übervoll von Menschen*
bizden alışveriş *Einkauf bei uns*
eskici *Trödler*
kundura tamircisi *Schuster*
filan *und so weiter*
[DE] birikmek *sich anhäufen*
[-] toplaşmak *zusammenkommen*
yine = gene
yandık! *wir sind verloren!*

23B Sprachgebrauch – Landeskunde

1. Die Wunsch- und Bedingungsendung **-sE** hat – neben den in Lektion 22 aufgeführten – zahlreiche weitere Verwendungen:

a) Frageform:

Gitsem mi?	*Sollte ich vielleicht gehen?*

b) Verbindung mit Fragewörtern:

Kim biliyorsa söylesin!	*Wer auch immer es weiß, möge es sagen!*

c) Verbindung mit **de/da** (als Verstärkungspartikel):

Yağmur dinse de (= dinse bile) artık pikniğe gitmeyeceğiz.	*Selbst wenn der Regen aufhört, gehen wir nicht mehr zum Picknick.*

d) Aufforderungsform:

(Ben) gitsem ya! / (Sen) gitsene (= gitsen ya)! / (O) gitse ya!

(Biz) gitsek ya! / (Siz) gitsenize (= gitseniz ya)! / Gitseler ya!	*Warum gehe ich (gehst du ...) eigentlich nicht?*

e) Einige stehende Wendungen:

hiç değilse	*zumindest* [vgl. 22A]
Otostopçu kendisini hiç değilse ana yola kadar götürmemizi istiyor.	*Der Anhalter möchte, daß wir ihn wenigstens bis zur Hauptstraße mitnehmen.*
olsa olsa	*höchstens, höchstwahrscheinlich*
Buradan İstanbul olsa olsa 70 kilometredir.	*Von hier nach İstanbul sind es höchstens 70 Kilometer.*

Bakkal olsa olsa evindedir.	*Der Krämer ist höchstwahrscheinlich (bei sich) zu Hause.*
ne de olsa	*immerhin*

Ne de olsa açık bir büfe var; bir şey yiyebiliriz.

neredeyse	*beinahe, fast*
Neredeyse ağlayacaktı.	*Beinahe hätte er losgeheult.*
neyse	*wie auch immer*
Neyse, işimize bakalım!	*Wie dem auch sei, machen wir weiter!*
olsa gerek	*wird wohl sein*
Suzan okulda olsa gerek.	*Suzan wird wohl in der Schule sein.*

2. Sie kennen den Relativsatztyp *der ..., dessen ...* :

   Wolfgang [manzarası güzel olan] bir ev arıyordu.
   Wolfgang suchte eine Wohnung, deren Aussicht schön ist.

   Die Verbform **olan** bei solchen Bildungen kann fehlen:

   Wolfgang [manzarası güzel] bir ev arıyordu.

23C Grammatik

1. Sie kennen bereits zwei Möglichkeiten, *daß-Sätze* zu bilden:

   a) **-mESİ** [16C]

SUBJEKTSATZ:	[Benim istasyona gitmem] iyi olur.
OBJEKTSATZ:	Sen [benim istasyona gitmem]i istiyor musun?

b) **-DİĞİ** bzw.
-(y)EcEĞİ [21C]:

SUBJEKTSATZ:	[Benim kendisiyle birlikte yürüyebileceğim], adamı sevindirdi.
OBJEKTSATZ:	Ben ona [benim kendisiyle birlikte yürüyebileceğim]i söyledim.

2. Wann der eine und wann der andere Nebensatztyp verwendet wird, hängt von der Bedeutung des Hauptsatzverbs ab. Beinhaltet dieses a) einen Wunsch, b) eine Wertung, c) ein Vorwegnahme oder d) eine Benennung, hat der Subjekt- oder Objektsatz das Verbalnomen auf **-mESİ**. Beispiele:

a) Siz [benim buradan gitmemem]i niçin istiyorsunuz?	*Warum wollen Sie, daß ich von hier nicht weggehe?*
b) [Sizin buradan taşınmanız] çok kötü olur.	*Es wäre schlimm, wenn Sie hier auszögen.*
c) Biz sizden [~~sizin~~ burada kalmanız]ı bekliyoruz.	*Wir erwarten von Ihnen, daß Sie hier bleiben.*
d) [Sizin beni bu kadar sevmeniz] [insanların uyanması] demek.	*Daß Sie mich so gern mögen, bedeutet, daß die Menschen erwachen.*

Solche Verben sind im Glossar mit ① gekennzeichnet.

Die **-mESİ**-Form ist neutral, was die Zeitebenen betrifft. Wird ein Sachverhalt kommentiert, der in der Vergangenheit oder Zukunft liegt, *können* an ihrer Stelle folgende zeitbezogene Formen verwendet werden:

[Sizin buradan taşındığınız] çok kötü oldu.	*Es war schlimm, daß Sie hier ausgezogen sind.*
[Sizin buradan taşınacağınız] çok kötü bir haber.	*Es ist eine schlimme Nachricht, daß Sie hier ausziehen werden.*

3. In allen anderen Fällen wird **-DİĞİ** bzw. **-(y)EcEĞİ** verwendet. Dabei handelt es sich meist um Verben, die mit Wahrnehmen, Wissen und Mitteilen zu tun haben:

a) Siz [benim taşınacağım]ı nereden duydunuz?	*Von wem haben Sie gehört, daß ich umziehe?*
b) Demek, gelenler [onun halk için çalıştığı]nı biliyorlardı.	*Das heißt, die Besucher (»die Angekommenen«) wußten, daß er sich fürs Volk einsetzte.*
c) O da onlara [onun artık taşınmayacağı]nı söyledi.	*Und er sagte ihnen, daß er nicht mehr umzieht.*

Solche Verben sind im Glossar mit ② gekennzeichnet.

4. Es gibt auch Verben, die unterschiedliche Bedeutungen annehmen, je nachdem, ob sie in einem **-DİĞİ**- oder in einem **-mESİ**-Satz verwendet werden. Hier einige Beispiele:

sagen (= mitteilen)	Garsona ayranımızın bit**tiğini** söyleyelim!
sagen (= anweisen)	Garsona ayran getir**mesini** söyleyelim!
anlamak (= begreifen)	Neden gel**diklerini** şimdi anlamıştı.
anlamak (= Verständis haben)	Bu kadar ısrar et**melerini** anlamıyordu.
doğru olmak (= stimmen)	Buradan taşın**acağınız** doğru mu?
doğru olmak (= in Ordnung sein)	Buradan taşın**manız** doğru değil.

23D Übungen

1. *Wer hat dir gesagt, daß ich ...*

(yapacak iş aramak)
Benim yapacak iş aradığımı sana kim söyledi?

a) motordan anlamak b) kaynak yapmayı bilmek c) çalışmayı sevmek d) boş oturmayı sevmemek e) tatilde (olmak) f) sıkılmak g) bütün gün okumak h) yardım etmekten hoşlanmak i) zamanım var/olmak j) sana olmaz dememek

[DEn] anlamak *etwas verstehen von*
kaynak yapmak *schweißen*
boş oturmak *faulenzen*
[E] olmaz demek *nein sagen*

2. *Entweder Sie haben es irgendwie erfahren, oder Sie hätten gerne, daß es so wäre. Ergänzen Sie die Sätze mit* -mESİ *oder* -DİĞİ:

(yapacak iş aramak – duydum)
Senin yapacak iş aradığını duydum.

(motordan anlamak – isterdim)
Motordan anlamanı isterdim.

a) oto elektrik teknisyeni olmak – anlattılar b) kaynak yapmayı bilmek – ne güzel! c) çalışmayı sevmek – eminim d) boş oturmayı sevmemek – tahmin ediyorum e) tatilde olmak – öğrendim

[İ] tahmin etmek *vermuten, schätzen, annehmen*
[İ, DEn] öğrenmek *erfahren*

f) sıkılmak – üzülüyorum g) bütün gün okumak – gözlerin için çok zararlı h) yardım etmekten hoşlanmak – haberim var i) zamanın var/olmak – ne büyük şans! j) bana olmaz dememek – biliyorum

zararlı *schädlich*
şans *Glück, guter Zufall*

3. *Gleiches Verb – verschiedene Bedeutungen. Bilden Sie aus den eingeklammerten direkten Aussagen Nebensätze mit* -mESİ *oder* -DİĞİ:

a) Ben büfeciye [lütfen sandviçleri ısıtın] söyledim. b) Büfeci bana [sandviçleri ısıttım] söyledi. c) Ben [Belma bizi yemeğe davet etmek istiyor] anladım. d) Ben [Belma bizi Cemallerle beraber davet etmek istiyor] anlamıyorum. e) Siz eşime [mektubu postaya atsın] hatırlatır mısınız? f) Siz eşime [bügün vergi için son gün] hatırlatır mısınız? g) [Sen çok çalışıyorsun] doğru mu? (= Ist das wahr?) h) [Sen çok çalışıyorsun] doğru mu? (= Ist das in Ordnung?)

[İ] ısıtmak *warm machen*
vergi *Steuer, Abgabe*

23E Erweiterung

1. Konverben verbinden zwei Sätze, indem sie den einen Satz zur Bestimmung der Zeit, der Art und Weise, des Grundes usw. für den anderen Satz machen [13C, 19E]. Folgende Konverben sind nicht wie die bisher bekannten einfach aufgrund des Verbstammes gebildet, sondern aufgrund eines Partizips, und sie bekommen auch Personalsuffixe.

KONVERBEN
Temporal: -DİĞİ zaman

(ben)	gel**diği**m zaman
(sen)	gel**diği**n zaman
(o)	gel**diği** zaman
(biz)	gel**diği**miz zaman
(siz)	gel**diği**niz zaman
onlar	gel**diği** zaman
–	gel**dik**leri zaman

a) Temporal:

Das Konverb **geldiğİ zaman** besteht, wie die anderen Partizipien unten, aus dem Verbalnomen auf -DİK, dem Possessivsuffix und dem Wort **zaman**. Das Konverb **geldiğinde** ist damit gleichbedeutend:

Ayşe Almanya'ya geldiği zaman (= geldiğinde) sekiz yaşındaydı. *Als Ayşe nach Deutschland kam, war sie acht Jahre alt.*

Im obigen Beispiel dauerte das Verbgeschehen im Hauptsatz (*war*) noch an, während das Verbgeschehen im Nebensatz (*kam*) einsetzt. Bei dem temporalen Konverb auf **-(y)İncE** [13C3] dagegen – vgl. Beispiel unten – setzt das Verbgeschehen des Hauptsatzes erst ein (*fing ... an*), wenn das des Nebensatzes (*kam*) vollendet ist:

Ayşe Almanya'ya gelince okula yeniden başladı. *Als Ayşe nach Deutschland kam, fing sie mit der Schule neu an.*

Das Verb *sein* bildet nur das temporale Konverb **+(y)ken** [13C4]:

Ayşe Türkiye'deyken iki yıl okula gitmişti. *Als (= Während) Ayşe in der Türkei war, ging sie zwei Jahre zur Schule.*

Beachten Sie, daß in der Fügung **geldiğİ zaman** der Possessiv nicht mit dem Genitiv zusammen (*Ayşe'nin geldiği zaman), sondern allein steht. Es sei denn, man verwendet das Wort **zaman** als Substantiv (»die Zeit«) und stellt davor den Relativsatz **Ayşe'nin geldiği**:

Ayşe'nin geldiği zamanı (günü, haftayı ...) hatırlıyor musun? *Erinnerst du dich an die Zeit (den Tag, die Woche...), wo (= als) Ayşe kam?*

b) Kausal:

Das Konverb auf **-DİĞİ için** (gleichbedeutend: geldiğİnden) bildet Nebensätze, die im Deutschen meist mit *weil* bzw. *da* beginnen:

Ayşe, Almanya'da okula **gittiği için** (= gittiğinden), çabuk Almanca öğrendi. *Da Ayşe in Deutschland zur Schule ging, lernte sie schnell Deutsch.*

Das recht häufige Konverb auf **-DİĞİnE göre** setzt voraus, daß der Gesprächspartner die Begründung schon kennt. Es entspricht also deutschen Wendungen wie *angesichts der Tatsache, daß* oder *da/weil ... ja.* Oft kommt danach im Nebensatz eine Schlußfolgerung:

Ayşe, Almanya'da okula **gittiğine göre**, çabuk Almanca öğrenmiştir. *Da Ayşe ja in Deutschland zur Schule ging, lernte sie wohl schnell Deutsch.*

c) Konzessiv:

Das Konverb auf **-DİĞİ halde** entspricht der deutschen Konjunktion *obwohl:*

Ayşe'nin kardeşi, Hamburg'ta **doğduğu halde**, onun kadar iyi Almanca bilmiyor. *Ayşes Bruder kann nicht so gut Deutsch wie sie, obwohl er in Hamburg geboren ist.*

Gleichbedeutend ist das Konverb auf **-mESİnE rağmen**:

Ayşe'nin kardeşi, Hamburg'ta **doğmasına rağmen**, onun kadar ...

2. Ein Nebensatz mit Konverb steht im Hauptsatz dort, wo ein einfaches Wort mit der gleichen Funktion auch stehen könnte:

   Ayşe, **Almanya'ya geldiği zaman**, sekiz yaşındaydı.
   Ayşe **1980'de** sekiz yaşındaydı.

   Ist das Subjekt des Nebensatzes dasselbe wie im Hauptsatz (hier: **Ayşe**), so darf es nicht wiederholt werden. Ist das Subjekt verschieden, kommen folgende beiden Satzmuster am häufigsten vor:

   (Ben), **Ayşe Almanya'ya geldiği zaman**, sekiz yaşındaydım.
   Ayşe Almanya'ya geldiği zaman (ben) sekiz yaşındaydım.

   Da im Türkischen die Reihenfolge der Satzglieder nicht fest ist, ergeben sich auch für komplexe Sätze viele Möglichkeiten der Satzstellung. Die Kommasetzung ist nicht so schlüssig wie im Deutschen und deshalb keine zuverlässige Hilfe beim Erkennen von Nebensätzen.

3. Alle Konverben mit **-DİĞİ** beziehen sich auf ein abgeschlossenes Verbgeschehen. Wenn etwas jedoch erst *im Begriff ist* zu geschehen, spiegelt sich das in der Konverbform **-(y)EcEĞİ**:

Ayşe Almanya'ya gel**eceği zaman** (= geleceğinde) çok sevinmişti.	*Als Ayşe im Begriff war, nach Deutschland zu kommen, freute sie sich sehr.*
Ayşe Almanya'da kal**acağı için** (= kalacağından) bir ev almak istiyor.	*Da Ayşe in Deutschland bleiben wird, will sie ein Haus kaufen.*
Ayşe Almanya'da kal**acağına göre** bir ev almalı.	*Da Ayşe ja in Deutschland bleiben wird, sollte sie ein Haus kaufen.*
Ayşe Türkiye'ye dön**eceği halde** burada bir ev almak istiyor.	*Ayşe will hier ein Haus kaufen, obwohl sie in die Türkei zurückkehren wird.*

23F Weitere Übungen

1. *Setzen Sie in folgenden Sätzen* -DİĞİ zaman (*oder* -DİĞİnDE) *ein!*

   a) Ben kalk_________, saat sekizi on geçiyordu. b) Hemen giyindim; kahvaltıya in_________, saat sekiz buçuk olmuştu. c) Kahvaltımı bitir_________ biraz gazete okudum. d) Dokuzu çeyrek geçe, odaya çık_________, yağmur başlamıştı. e) Ama sen uyan_________, gene güneş açtı. f) Sen giyin_________, kahvaltı salonuna indik. g) Tabii, biz gel_________, yiyecek bir şey kalmamıştı. h) Otelden çık_________ hemen bir büfe bulduk.

2. *Wo warst du, als …? Ergänzen Sie die Frage mit* -DİĞİ-zaman-*Sätzen:*

(ben, telefon etmek)
(Ben) Telefon ettiğim zaman (*oder:* ettiğimde), (sen) neredeydin?

a) ben, sana uğramak b) biz, telefon etmek c) sen, telefon etmek d) senin kardeşin, gelmek e) benim işim, bitmek f) arkadaşlar, seni aramak g) sen, alışverişi bitirmek h) dükkanlar, kapanmak i) yağmur, başlamak j) sabah, olmak

3. *Wir besuchen dich … – trotzdem oder gerade deswegen?*

(yağmur yağıyor)
Yağmur yağdığı halde sana geldik./ Yağmur yağdığı için sana geldik.

a) Bu akşam Noel. b) Gelecek hafta çok çalışacaksın. c) Senin misafirin var. d) Dün tatil başladı. e) Yarın Zonguldak'a gidiyorsun. f) Hastasın. g) Telefona cevap vermedin. h) Günlerden beri görünmüyorsun. i) Bize telefon etmedin. j) Bizim bazı problemlerimiz var.

23G Text 2

Selbstkritisch äußert sich die Chefredakteurin einer Familienzeitschrift zu den »typischen Türken«.

TSE Damgalı Davranışlarımız

– Israrcıyız. Her konuda ısrar etmeye bayılır ve hatta ısrarlarımızla karşımızdakileri bayıltırız. “Ay n'olur bir tabak daha ye. Valla yemezsen darılırım.”
– Erkek erkeğe ve kadın kadına toplantılara bayılırız. Erkeklerimiz kahve veya meyhanede, erkek erkeğe pişpirik oynayarak ya da kafaları çekerek geyik muhabbeti yaparlar. Kadınlar da evlerde toplanıp, pasta ve keklerle dedikodu yapıp şişmanlarlar.
– Okumayı sevmeyiz, hatta okumaktan nefret ederiz. Bir okuyan gördük mü, asla dayana-

TSE *Gütesiegel des Türk Standartları Enstitüsü, entspricht DIN*
damga *Siegel*
davranış *Verhalten*
ısrarcı *»Insistierer«, hartnäckig*
konu *Punkt, Angelegenheit*
karşımızdaki *unser Gegenüber*
bayıltmak *in Ohnmacht versetzen; in den Ohren liegen*
ay! *ach! (Frauensprache)*
n'olur! = ne olur!
[I] darılmak *böse sein*
erkek erkeğe *nur Männer untereinander; von Mann zu Mann*
kadın kadına *nur Frauen untereinander; von Frau zu Frau*
pişpirik *(ein Kartenspiel)*
kafaları çekmek *saufen*
geyik muhabbeti *belanglos-absurdes Geschwätz*
kek *Kuchen*
[-] şişmanlamak *dick werden*
[DEn] nefret etmek *hassen*
asla *keineswegs*
[E] dayanmak *ertragen*

maz, "Sen de okuya okuya hafız olacaksın, be kardeşim!" diye söylenmeye başlarız.
– Üniformadan, polis görünüşlü sivillerden ödümüz kopar. Yolda giderken, "Yere yatın!" deseler yatarız, "Sıraya girin!" deseler gireriz. Kimliklerimizi hemen çıkarır, gösteririz. Hem biz kimiz ki?

– Torpil bulmadan hiçbir işimizi halletmeyiz. Okula kayıt olurken, işe girerken, askere giderken, bir evrak imzalatırken, mutlaka bir torpilimiz olmalıdır.
– Allah için, kadınlarımız çok temiz ve titizdir. Evlerin içinde bir kıl kadar çöp bulunmaz. Çünkü bütün çöpleri, halıları balkondan silkerken, komşuların balkonuna atarlar.
– Bizim, ama hepimizin, cereyan fobisi vardır. Cereyanda kalmaktan, üşütüp hastalanmaktan ödümüz patlar. Sıcak yaz günleri bile otobüslerin, arabaların camları kolay kolay açılmaz, açılsa da hemen kapatılır. Aman, cereyanda kalıp hasta mı olalım?

Hülya Vatansever

hafız *(hier abwertend:) Koranrezitator*
[E] söylenmek *tadeln*
üniforma *Uniform*
polis *Polizist*
görünüş *Aussehen*
sivil *Zivilist*
[DEn] ödü kopmak *(unpersönlich:) Heidenangst haben vor*
yere yatın! *legt euch zu Boden!*
sıraya girin! *stellt euch in Reih und Glied!*
kimlik *Ausweis*
hem *(am Satzanfang:) außerdem*
torpil *Beziehungen, »gute Bekannte«*
[E] kayıt olmak *sich einschreiben lassen*
evrak *Dokument*
[E, İ] imzalatmak *unterschreiben lassen*
olmalıdır *muß sein*
Allah için *zugegeben*
temiz *sauber*
titiz *pingelig*
kıl *einzelnes Haar*
[İ] silkmek *ausschütteln*
cereyan *Luftzug*
fobi *Phobie*
[-] üşütmek *(sich) erkälten*
[-] hastalanmak *krank werden*
ödü patlamak = ödü kopmak
yaz günleri = yaz günlerinde
kolay kolay *nicht so leicht*
kapatmak = kapamak
aman! *um Himmels willen!*

24A Text

Der sommerlich warme Tag ist so einladend, doch es gibt auch viel zu tun. Ob da ein Wetterbericht Entscheidungshilfe geben kann?

Ne yapmalı acaba?

W: Yazdan kalma bir gün, üstelik cumartesi. Ne yapmalı acaba? Bir yerlere gitsek mi?

E: Gidelim gitmesine, ama evde yapılacak çok iş var.

W: Biliyorum: bulaşık yıkanacak, yerler süprülecek filan.

E: Çamaşır, camların silinmesi, salona perde dikmek ... Hepsini bu hafta sonu yapacaktık ya!

W: Haklısın. Ama bu güzel havada evde kalınır mı? Hava raporunu dinlemedin mi?

E: Bölgemiz Balkanlar üzerindeki bir yüksek basınç ile İç Anadolu üzerindeki bir alçak basınç alanının etkisi altında bulunmaktadır. Bugün ve yarın akşama kadar hava Taksim'de güneşli, şehrin bütün diğer kesimlerinde ise sağnak, kar ve karla karışık yağmur yağışlı geçecektir. Hava sıcaklığı gene Taksim'de 26 derece dolaylarında, Boğaz kıyılarında 0 ila eksi 10 derece arasında olacak, rüzgarlar günün gezmeye değer saatlerinde bütün yönlerden fırtına şiddetinde esecektir.

W: Aman, ne güzel! Tam yürüyüş havası! Şimdi çıkıp birer çift lastik çizme almalı. Sonra, ver elini Anadoluhisarı!

yazdan kalma gün *sonniger Herbst- oder Wintertag*
üstelik *obendrein*
bir yerlere *irgendwohin*
-ElIm -mEsInE, ama *wir wollen schon, aber ...*
bulaşık *abzuwaschendes Geschirr*
yer *Fußboden*
[i] süpürmek *fegen, staubsaugen*
çamaşır *Wäsche*
[İ] silmek *wischen*
[İ] dikmek *nähen*
üzerinde *über*
yüksek basınç *Hochdruck*
alçak basınç *Tiefdruck*
etki *Einfluß*
bulunmaktadır = bulunuyor
kesim *Teil, Bereich*
sağ(a)nak *Platzregen*
kar *Schnee*
karla karışık yağmur *Schneeregen*
yağış *Niederschlag*
geçecektir = geçecek
[Q] geçmek *verlaufen*
sıcaklık *Temperatur*
derece *Grad*
dolaylarında *um ...*
ila *bis (zwischen Zahlenwerten)*
eksi *Minus*
gezmeye değer *wert spazierenzugehen*
şiddet *Heftigkeit*
[DEn, E] esmek *wehen*
çift *Paar*
lastik *Gummi*
çizme *Stiefel*
ver elini ...! *nichts wie hin, auf nach ...!*

24A

E: Sen Avrupa'yı özledin, galiba. Bak, şimdi çıkarsak geceyarısından önce dönemeyiz, gene. Onun için ben derim ki, saat ikiye kadar çalışalım, şu işleri bitirelim – bitirebildiğimiz kadar. Sonra çıkarız, tamam mı?

W: İstanbul'un havasını biliyorsun, ya öğleden sonra bozarsa?

E: "Şimdi çıkıp lastik çizme almalı", diyen sen değil miydin, demin? Bozarsa, öyle yaparız.

derim ki, ... *ich schlage vor: ...*
[hava] bozmak *[Wetter:] schlecht werden*
... diyen sen değil miydin? *hast du nicht gesagt ... ?*

24B Sprachgebrauch – Landeskunde

1. Die Wortbildungsendung **+î** *(... betreffend)* macht aus Substantiven Adjektive: **millî** *national*, **resmî** *offiziell*, **dinî** *religiös* [9A] und **tarihî** *historisch* [17A]. Diese aus dem Arabischen entlehnte Relationsendung wird lang gesprochen und heute meist ohne Zirkumflex geschrieben.

2. Die Sprachbereiniger schlugen in den 30er Jahren ein Suffix vor, das als urtürkisches Element das **+î** ersetzen sollte: **+(s)El**. Diese neue Suffix hat das alte zwar nicht völlig verdrängt, wird aber mittlerweile sehr häufig verwendet. Es wird vor allem bei Wörtern türkischen Ursprungs eingesetzt: **ulusal** (ulus: *Nation*), **toplumsal** (toplum: *Gesellschaft*), **yerel** *lokal* – aber auch: **tarihsel**, **dinsel**, **fiziksel** (=tarihî, dinî, fizikî) ... Inzwischen gibt es auch die Variante **-sEl**, die an Verbstämme angehängt wird (**görsel** *visuell*, **eğitsel** *pädagogisch*). Relativ neu ist auch die Substantivbildung (**sorunsal** *Problematik*).

3. Zwei weitere Relationssuffixe sind aus dem Französischen entlehnt: **+l** [auch **+(y)el** oder **+(y)al**] und **+(i)k**. Sie sind eher bei französischen Lehnwörtern anzutreffen: **sosyal** *sozial*, **endüstriyel** *industriell*, **ekonomik** *wirtschaftlich* ...

4. Von vielen Substantiven lassen sich jedoch mittels dieser Relationsendungen keine Adjektivformen ableiten – z.B. gibt es von **dış politika** *Außenpolitik* keine Form für *außenpolitisch*. In diesem Fall werden die Adjektive manchmal mit Postpositionen wie **+(y)lE ilgili**, **+(y)E dair**, **+(y)E ilişkin**, **+(y)E değgin** umschrieben, die auf Deutsch etwa ... *betreffend* bedeuten:

Bu gazetede **dış politikayla ilgili** pek bir haber yok.	*In dieser Zeitung gibt es kaum eine außenpolitische Meldung.*

   Für diesen Zweck wird häufig auch die Substantivkomposition gebraucht:

   Bu gazetede pek **dış politika haberi** yok.

24C Grammatik

1. Die Notwendigkeitsform auf **-mElİ** ist mit dem deutschen Verb *sollen* im Konjunktiv vergleichbar. Dabei handelt es sich meistens eher um eine Zweckmäßigkeit als um Zwang:

Şimdi yola **çıkmalıyız**, yoksa treni kaçırırız.	*Wir sollten jetzt aufbrechen, sonst verpassen wir den Zug.*

Ya bu deveyi **gütmeli**, ya bu diyardan **gitmeli**. (Atasözü)	*Man sollte entweder dieses Kamel führen, oder dieses Land verlassen. (Sprichwort)*

	Nezessitativ	
	Aussage	*Frage*
	-mElİ	-mElİ mİ
(ben)	çalış**malıyım**	çalış**malı mıyım**?
(sen)	çalış**malısın**	çalış**malı mısın**?
(o)	çalış**malı**	çalış**malı mı**?
(biz)	çalış**malıyız**	çalış**malı mıyız**?
(siz)	çalış**malısınız**	çalış**malı mısınız**?
onlar	çalış**malı**	çalış**malı mı**?
–	çalış**malılar**	çalış**malılar mı**?

2. In der Alltagssprache wird oft die 3. Person Singular als unpersönliche Form verwendet, auch wenn eine konkrete Person gemeint ist (**biz** im obigen Beispiel):

   Şimdi yola **çıkmalı**, yoksa treni kaçırırız.

3. Die Form **olmalı** wird auch oft für Vermutungen eingesetzt:

Mahmut şimdi evde olmalı.	*Mahmut wird jetzt (wohl) zu Hause sein.*

   Die Verbform **olmalı** kann sich auch auf ein Verbgeschehen beziehen:

Gülsüm işe **gitmiş olmalı**.	*Gülsüm wird zur Arbeit gegangen sein.*
Serdar telefonda **konuşuyor olmalı**.	*Serdar wird wohl gerade dabei sein zu telefonieren.*

   Weitere Vermutungsformen sind z. B. **olacak** [10C6], **olması lazım** [16F3], **sanırım** [18B2] und **olsa gerek** [23B].

4. Der Nezessitativ bildet auch eine Erzählform: **-mElİydİ**. Zwar kann **gitmeliydi** auch *hat gehen sollen* (Vergangenheit) bedeuten, häufiger wird die Form jedoch für *hätte gehen sollen* (Irrealis) verwendet:

Şehir turuna dün gitmeliydi(k); bugün çok sis var.	*Auf die Stadtrundfahrt hätten wir gestern gehen sollen; heute ist es sehr neblig.*

5. Mit der Form **-mElİymİş** erzählt der Sprecher entweder aus zweiter Hand: jemand *habe* oder *hätte ... sollen*. Oder er drückt damit – beim Erzählen über sich selbst – eine Feststellung im Nachhinein aus (vgl. das Beispiel unter 4.):

   Şehir turuna dün gitmeliymiş(iz); bugün çok sis var.

24D Übungen

1. *Sie kennen das vom Optativ: eine Aufforderung, gleichsam zu sich selbst gesprochen. Bilden Sie jetzt Aufforderungen, die hinsichtlich der Person neutral sind:*

(Ne yapalım?)
Ne yapmalı?

a) Yarın nereye gidelim? b) Ada'da piknik yapalım! c) Evde biriken işleri bitirelim! d) Ben bulaşık yıkayayım! e) Sen perde dik! f) Önce hava raporunu dinleyelim mi? g) Bence, hava raporuna hiç güvenmeyelim! h) Yazı tura atalım! i) Kararı yarına bırakalım! j) Şimdi börek pişirelim mi? k) İyi olur, sen pişir! l) Büyük tepsiyle pişireyim, yarısını yarına saklayayım! m) Ben gidip karpuz alayım!

Ada *umgangssprachlich: die Prinzeninseln*
[E] güvenmek *vertrauen*
yazı tura *Schrift und Kopf (einer Münze)*
yazı tura atmak *Münze werfen*
[İ, E] bırakmak *verschieben auf*
[İ, E] saklamak *aufbewahren, aufheben für*

2. *Die -mElİ-Form wird häufig von einer Äußerung begleitet, die im Optativ das »Sollen« begründet. Bilden Sie Sätze!*

(ben, saat 6'da kalkmak – vapura yetişebilmek)
Ben saat 6'da kalkmalıyım ki vapura yetişebileyim.

a) biz, geceden taksi çağırmak – sokakta beklememek
b) hava, açık olmak – biz, yolculuğun tadını çıkarmak

geceden *schon in der Nacht*
[İn] tadını çıkarmak *genießen*

c) biz, vapura erken binmek – güvertede yer bulabilmek
d) sen, yanına sağlam ayakkabı almak – Ada'da dağa çıkmak

güverte *offenes Deck*
sağlam *fest, robust*
dağa çıkmak *bergsteigen*

3. *Man müßte ... , sonst .... Ähnlich wie in obiger Übung wird auch hier eine Konsequenz genannt, die es nun zu verhüten gilt. Bilden Sie den –mElİ-Satz und formulieren Sie, was andernfalls passiert:*

(ben, eve telefon etmek)
Eve telefon etmeliyim, yoksa annem çok merak eder.

a) sen, bu kadar içmemek b) biz, bu kadar yağlı yememek c) çocuklar, güneşte çok kalmamak d) ben, bu saatten sonra kahve içmemek e) siz, her sabah jimnastik yapmak

yoksa *sonst, andernfalls*
yağlı *fett*

4. *Bilden Sie mit Hilfe der angegebenen Beziehungssuffixe zu den folgenden Substantiven passende Adjektive. Versuchen Sie die Bedeutungen der so abgeleiteten Adjektive zu erraten. (Sie finden sie im Übungsschlüssel):*

a) **+î**: aile(+v), akıl, asker, Avrupa, coğraf(ya), edeb(iyat), iktisat, insan, hayat, hayvan, hukuk, mecbur(iyet), ticar(et)

b) **+(s)El / +l**: biçim, bilim, bitki, cins, dil, doğa, eleştir(me), hayvan, hukuk, kişi, kurum, örgüt, özyaşamöykü(sü), para, rastlantı, ruh, sanat, yapı, yasa, yüzey

akıl (*Genitiv:* aklı) *Verstand*
asker *Militär*
Avrupa *Europa*
coğrafya *Geographie*
edebiyat *Literatur*
iktisat *Wirtschaft*
insan *Mensch*
hukuk *Recht, Jurisprudenz*
mecburiyet *Notwendigkeit*
ticaret *Handel*

biçim *Form*
bilim *Wissenschaft*
cins *Geschlecht*
dil *Sprache*
doğa *Natur*
[İ] eleştirmek *kritisieren*
kişi *Person*
kurum *Institution*
örgüt *Organisation*
özyaşamöyküsü *Autobiographie*
rastlantı (*auch:* raslantı) *Zufall*
ruh *Seele, Psyche*
sanat *Kunst*
yapı *Struktur*
yasa *Gesetz*
yüzey *Oberfläche*

c) **+(y)El** / **+l**: aktü(alite), finans, feder(asyon), müzik, orijin, romatizma, sendika, endüstri

d) **+(i)k**: arkeoloji, demokrat, geometri, kom(edi), manyet(izma), polit(ika), sembol, simetri, teori, traj(edi)

aktüalite *Aktualität*
finans *Finanz*
federasyon *Föderation*
orijin *Ursprung*
romatizma *Rheumatismus*
sendika *Gewerkschaft*
arkeoloji *Archäologie*
geometri *Geometrie*
komedi *Komödie*
manyetizma *Magnetismus*
politika *Politik*
sembol *Symbol*
simetri *Symmetrie*
teori *Theorie*
trajedi *Tragödie*

24E Erweiterung

1. Sie kennen das Wort **kendi**, das *selbst* und *eigen-* bedeutet:

Wolfgang kapıları **kendi** boyadı.	*Wolfgang hat die Türen selbst angestrichen.*
Bu benim **kendi** sorunum.	*Das ist mein eigenes Problem.*

2. Wird **kendi** jedoch als Objekt verwendet, handelt es sich dabei um das Reflexivpronomen *sich,* das im Türkischen ein Substantiv (»das Selbst«) ist. Vergleichen Sie:

REFLEXIV
kendi-
-(İ)n

Ali aynada **bir sinek** gördü.	*Ali sah im Spiegel eine Fliege.*
Ali aynada **kendini** gördü.	*Ali sah im Spiegel sich selbst.*

Das Reflexivpronomen **kendi-** bekommt zwei Suffixe: 1) das zum Subjekt des Satzes passende Possessivsuffix; 2) das vom Verb abhängige Kasussuffix:

Ben resimde kendi**mi** görüyorum.	*Ich sehe mich selbst im Bild.*
Sen kendi**ne** çok güveniyorsun.	*Du vertraust dir sehr. (= du hast viel Selbstvertrauen)*
O kendi**ne** (*oder:* kendi**sine**) iyi bakmıyor.	*Er paßt nicht gut auf sich auf.*
Biz kendi**mizden** memnunuz.	*Wir sind mit uns zufrieden.*
Siz bize biraz kendi**nizi** anlatın!	*Erzählen Sie uns ein wenig von sich!*
Onlar hatayı kendi**lerinde** görmüyor.	*Sie sehen den Fehler nicht bei sich.*

3. Es gibt einige Verbstämme, die durch das Suffix **-(İ)n** neue reflexive Stämme bilden:

Önce çocuğu yıkadı, sonra **yıkandı**.	*Zuerst wusch (badete) er das Kind, dann sich.*

Während das Pronomen **kendi-** grundsätzlich mit jedem Verb kombiniert werden kann, gibt es eine feste Anzahl von reflexiven Verbstämmen auf **-(İ)n**, d. h. sie sind lexikalisiert. Hier ein paar Beispiele:

[İ] yıka-	*jemanden/etwas waschen*	[-] yıka**n**-	*sich waschen*
[İ] tara-	*jemanden/etwas kämmen*	[-] tara**n**-	*sich kämmen*
[İ] giy-	*etwas anziehen*	[-] giy**in**-	*sich anziehen*
[İ] soy-	*jemanden ausziehen*	[-] soy**un**-	*sich ausziehen*

4. Die mit **-(İ)n** gebildeten Stämme führen das Verbgeschehen nicht immer auf das Subjekt zurück. Sie bedeuten manchmal lediglich, daß es ohne ein bestimmtes Ziel ausgeführt wird:

[İ] bak-	*auf etwas schauen*	[-] bak**ın**-	*herumschauen, sich umsehen*
[İ] gez-	*besichtigen, bereisen*	[-] gez**in**-	*herumlaufen, flanieren*

5. Für den reziproken Gebrauch (wenn man im Deutschen *sich* sagt und dabei *einander* meint) hat das Reflexivpronomen im Türkischen eine andere Form. In diesem Fall muß das Subjekt im Plural stehen:

REZIPROK
birbirİ
-(İ)ş

Biz **birbirimizden** memnunuz.	*Wir sind miteinander zufrieden.*
Annem kardeşimle bana derdi ki: »Bana **birbirinizi** şikayet etmeyin!«	*Meine Mutter sagte zu meiner Schwester und mir: »Beschwert euch bei mir nicht übereinander!«*
Onlar hatayı **birbirlerinde** görüyor.	*Sie sehen die Schuld jeweils bei dem anderen.*

6. Wie beim Reflexiv gibt es auch hier einen festen Bestand von Verben, die mit dem Suffix **-(İ)ş** reziproke Formen bilden:

Ali'yle **görüşüyor** musun? — *Siehst du Ali?/Triffst du dich mit Ali?*

Beispiele zu reziproken Verben:

[İ] anla-	*verstehen*	[lE] anlaş-	*sich verstehen*
[İ] döv-	*schlagen*	[lE] dövüş-	*sich prügeln, schlagen*
[İ] tanı-	*kennen*	[lE] tanış-	*sich kennen*

7. Es gibt eine Gruppe reziproker Verben auf **-(İ)ş**, die nicht eine Gegenseitigkeit des Verbgeschehens ausdrücken *(»einander«)*, sondern eine ziellose Bewegung von vielen *(»alle zusammen«, »durcheinander«* oder *»hin und her«)*:

[E] bağır-	*schreien*	[E] bağrış-	*durcheinander schreien*
[DEn] kaç-	*weglaufen*	[E] kaçış-	*auseinanderlaufen, (in Panik) weglaufen*
[E] uç-	*fliegen*	[DE] uçuş-	*herumfliegen, -flattern*

8. Es gibt auch viele Verben, die zwar mit dem Reflexiv- oder dem Reziproksuffix gebildet sind, aber heute eine völlig andere Bedeutung angenommen haben. So bedeutet etwa **sevinmek** nicht *sich selbst lieben,* sondern *sich freuen* und **görüşmek** nicht nur *einander sehen*, sondern auch *einander sprechen, treffen, eine Unterredung miteinander haben* (oft auch nur telefonisch).

24F

24F Weitere Übungen

1. *Es folgen klischeehafte Ausdrücke, die im Türkischen wie im Deutschen bekannt sind. Ergänzen Sie die Suffixe! Wie lauten die deutschen Entsprechungen?*

   a) (Sen) kendi________ iyi bak! b) (Siz) kendi________ benim yerime koyun! c) (Sen) kendi________ bil! d) (O) kendi________ gülsün! e) Çocuklar, (siz) kendi________ güvenin! f) Siz kendi________ ne sanıyorsunuz?

2. *Hier hat jemand beobachtet, wie wir miteinander umgehen. Ergänzen Sie!*

   Siz ... a) birbiri________ selam vermiyorsunuz. b) birbiri________ galiba pek hoşlanmıyorsunuz. c) birbiri________ konuşmuyorsunuz. d) birbiri________ niçin geçinemiyorsunuz? e) sanırım, birbiri________ hep yanlış anlıyorsunuz. f) birbiri________ hakkında kötü şeyler anlatıyorsunuz. g) birbiri________ boş yere üzüyorsunuz. h) birbir________ biraz hoşgörseniz!

kendini birinin yerine koymak *sich in jemanden hineinversetzen*

[DEn] hoşlanmak *Gefallen finden*
[lE] geçinmek *auskommen*
yanlış *falsch*
[-/İn] hakkında *bezüglich*
[İ] üzmek *traurig machen*
[İ] hoşgörmek *tolerieren*

Sultanahmet-Moschee

3. *Das deutsche Reflexivpronomen* sich *bedeutet einmal* »sich selbst« *und einmal – wie in den folgenden Sätzen –* »einander«. *Übersetzen Sie die gutgemeinten Ratschläge ins Türkische mit* birbiri-:

a) Streitet euch nicht (miteinander)! b) Laß(t) uns uns gegenseitig helfen! c) Die Völker sollen gegenseitig Toleranz üben! d) Grüßt euch immer! e) Liebet einander! f) Tötet euch nicht! g) Lächelt euch an! h) Schreibt euch mehr Briefe! i) Laß(t) uns miteinander telefonieren! j) Wir wollen einander nicht aus dem Auge verlieren!

[1E] kavga etmek *sich streiten*

4. *Die Form »kendini yıkamak« wird nicht verwendet, weil es das reflexive Verb* yıkanmak *gibt. Merken Sie sich folgende reflexive Verbstämme, die Sie aber erst ergänzen müssen:*

(Kahvaltıdan önce bir acele yıka________.)
Kahvaltıdan önce bir acele yıkandım.

a) Tara________ istedim, ama vakit yoktu. b) Hemen hazırla________ başladım. c) Çantamı toplamak için biraz ara________. d) Sonunda topla________. e) Rekor bir zamanda giy________, sokak kapısının önüne çıktım. f) Hava çoktan ısı________. g) Bir taksiye bak________, ama ortalıkta bir tane bile yoktu. h) Sanki hepsi benden sakla________!

bir acele *in Eile*
sokak kapısı *Haustür*
[İ] ısıtmak *erwärmen*
ortalıkta *soweit das Auge reicht*
toplanmak *(seine Sachen) einsammeln, zusammentragen*

24G Text 2

Die hier abgedruckte Zeitungsmeldung bringt – bei Ihnen wohl bekannter Thematik – einige Verben und Satzmuster, die in den Medien sehr oft vorkommen. Während Sie den Text lesen, unterstreichen Sie in jedem Satz das Verb, das ihn abschließt.

Alman vatandaşlığına geçenlerin sayısı arttı

WIESBADEN – Alman Federal İstatistik Dairesi, Alman vatandaşlığına geçen yabancıların sayısının yüzde 30 arttığını açıkladı. Açıklamada, Türkler arasında Alman vatandaşlığına geçenlerin sayısının ise yüzde 58 arttığı belirtildi. Açıklamaya göre, geçen yıl Alman vatandaşlığına 259 bin 200 yabancı geçti. Bu sayıya bir önceki yıla göre 59 bin 800 kişinin daha eklendiğini bildiren yetkililer, vatandaşlığa geçenlerin büyük bir kısmının Alman kökenli göçmenlerden oluştuğunu açıkladılar. Yetkililer, 19 bin Türk'ün 1994 yılında Alman vatandaşlığına geçtiğini bildirdi. Tüm yabancılar arasında Alman vatandaşlığına geçenlerin sayısı ise 61 bin 700 oldu. Yabancılar arasında Alman vatandaşlığına geçenlerde birinci sırada Türkler, ikinci sırada ise eski Yugoslavya vatandaşları yer alıyor. Bunları Hırvat, Faslı ve Vietnamlılar izliyor.

Cumhuriyet Hafta, 8-14/12/1995

vatandaşlık *Staatsbürgerschaft*
[DEn, E] geçmek *wechseln von/auf*
sayı *Zahl*
federal *Bundes-*
istatistik *Statistik*
daire *Amt*
yabancı *Ausländer*
yüzde 30 (% 30) *dreißig Prozent*
[-] artmak *zunehmen, steigen*
[E, İ] açıklamak *bekanntgeben*
ise *hingegen*
[E, İ] belirtmek *hervorheben*
[E] göre *verglichen mit*
[E] eklenmek *dazukommen*
yetkili *zuständig(e Stelle); Experte*
[E, İ] bildirmek *mitteilen*
kısım, -smı *Teil*
köken *Ursprung*
göçmen *Einwanderer*
[DEn] oluşmak *sich zusammensetzen aus*
tüm *alle*
arasında *unter*
sıra *Reihe, Platz*
yer almak *sich befinden*
Hırvat *Kroate*
Faslı *Marokkaner*
[İ] izlemek *folgen auf*

1. Machen Sie zuerst die Probe, den Text zu überfliegen, ohne Vokabeln nachzuschlagen. Meistens werden die wichtigeren Wörter so oft wiederholt, daß sie sich gleichsam von selbst einprägen. Bei solchen häufigen Wörtern lohnt sich auch das Nachschlagen viel eher. Formulieren Sie kurz, wovon der Text handelt.

2. Bei längeren Sätzen sollten Sie, zumindest am Anfang Ihrer Türkischkarriere, einen dem natürlichen Sprechen und Hören zuwiderlaufenden Weg gehen: Fangen Sie am Satzende an! In der Schriftsprache steht meistens dort das Prädikat – Sie haben das Verb ja unterstrichen –, und dies ist der Schlüssel zum ganzen Satz. Ermitteln Sie, mit welchen Ergänzungen das jeweilige Verb welche Bedeutung hat. Beispiel:

FINITES VERB	açıkla**dı**	
ERGÄNZUNGEN	[E, İ] açıklamak	*jemandem etwas bekanntgeben*

3. Suchen Sie die Wörter (bzw. Wortgruppen) im Satz, die diesem Muster entsprechen. Gehen Sie dabei in der Reihenfolge strikt vom Ende zum Anfang vor! Im ersten Satz des Textes steht direkt vor **açıkladı** das Wort **arttığını**, und das ist die gesuchte Akkusativergänzung. Sie wissen, daß das Verbalnomen auf -DİK mit dem Possessiv ein Mittel ist, Objektsätze zu bilden [21C2]; also: *jemand gab bekannt, daß ... zunahm/zunimmt.*

24G

4. Unmittelbar vor **arttığını** steht die Ergänzung **yüzde 30**, *(um) 30 Prozent.* Was in dieser Größenordnung zunahm oder zunimmt, d.h. das Subjekt des *daß*-Satzes, wird im Genitiv stehen: **sayısının**, also: *daß die Zahl zunahm/zunimmt.* Sie lesen jedoch nicht »sayının«, sondern »sayı**sın**ın«, und das Gegenstück zum Possessivsuffix bei **sayı** kommt im obigen Satz schon beim nächsten Wort: »yabancıla**rın** sayısı« *die Zahl der Ausländer.*

5. Der nächste Schritt bringt ein Partizip, das einen Relativsatz bildet: **geçen** ... *die hinübergehen/wechseln.* Beim Verb **geçmek** werden Sie feststellen, daß dazu Richtungsergänzungen (DEn *von,* E *zu, nach*) gehören. Eine entsprechende Endung finden Sie beim davorstehenden Wort: vatandaşlığı**na** *zur Staatsbürgerschaft.* Der Possessiv hier hat kein Genitiv-Pendant [vgl. 9E4]: **Alman** vatandaşlığına *zur deutschen Staatsbürgerschaft.*

6. Damit ist der Objektsatz komplett. Klammern Sie die einzelnen Nebensätze ein, wenn Sie sie entschlüsselt haben:

   ... [<(Alman vatandaşlığına geçen) yabancıların sayısının> yüzde 30 arttığı]nı açıkladı.

7. Jetzt bleibt das Subjekt dieses relativ einfachen Satzes übrig: *Das statistische Bundesamt.*

8. Gehen Sie mit den übrigen Sätzen ähnlich vor, indem Sie folgende Zeichen verwenden:

Prädikat des Hauptsatzes	Unterstreichen
Objektsatz	[eckige Klammern]
Subjektsatz	{geschweifte Klammern}
Relativsatz (auch ohne Bezugswort, wie in der Überschrift):	<Spitzklammern>
Adverbialsatz	(runde Klammern)

   Vergleichen Sie Ihre Satzanalyse mit der Lösung im Übungsschlüssel. Dort finden Sie auch einen Übersetzungsvorschlag.

Übersicht über die Deklination

SINGULAR

	nach Konsonant	nach Vokal
Nominativ und unbestimmter Akkusativ	[-]	[-]
bestimmter Akkusativ	**-i (-ü, -ı, -u)**	**-yi (-yü, -yı, -yu)**
Genitiv	**-in (-ün, -ın, -un)**	**-nin (-nün, -nın, -nun)**
Dativ und Lokativ *(wohin?)*	**-e (-a)**	**-ye (-ya)**
Lokativ *(wo?)*	**-de (-da);** nach stimmlosem Konsonanten: **-te (-ta)**	**-de (-da)**
Ablativ und Lokativ *(woher?)*	**-den (-dan);** nach stimmlosem Konsonanten: **-ten (-tan)**	**-den (-dan)**

das Haus	*das Auge*	*das Jahr*	*der Weg*
ev	göz	yıl	yol
ev**i**	göz**ü**	yıl**ı**	yol**u**
ev**in**	göz**ün**	yıl**ın**	yol**un**
ev**e**	göz**e**	yıl**a**	yol**a**
ev**de**	göz**de**	yıl**da**	yol**da**
ev**den**	göz**den**	yıl**dan**	yol**dan**

das Fenster	*die Brücke*	*die Suppe*	*die Frage*
pencere	köprü	çorba	soru
pencere**yi**	köprü**yü**	çorba**yı**	soru**yu**
pencere**nin**	köprü**nün**	çorba**nın**	soru**nun**
pencere**ye**	köprü**ye**	çorba**ya**	soru**ya**
pencere**de**	köprü**de**	çorba**da**	soru**da**
pencere**den**	köprü**den**	çorba**dan**	soru**dan**

Übersicht über die Deklination

PLURAL

	nach Konsonant und Vokal
Nominativ und unbestimmter Akkusativ	**-ler (-lar)**
bestimmter Akkusativ	**-leri (-ları)**
Genitiv	**-lerin (-ların)**
Dativ und Lokativ *(wohin?)*	**-lere (-lara)**
Lokativ *(wo?)*	**-lerde (-larda)**
Ablativ und Lokativ *(woher?)*	**-lerden (-lardan)**

die Häuser	*die Augen*	*die Jahre*	*die Wege*
ev**ler**	göz**ler**	yıl**lar**	yol**lar**
ev**lerin**	göz**lerin**	yıl**ların**	yol**ların**
ev**lere**	göz**lere**	yıl**lara**	yol**lara**
ev**leri**	göz**leri**	yıl**ları**	yol**ları**
ev**lerde**	göz**lerde**	yıl**larda**	yol**larda**
ev**lerden**	göz**lerden**	yıl**lardan**	yol**lardan**

die Fenster	*die Brücken*	*die Suppen*	*die Fragen*
pencere**ler**	köprü**ler**	çorba**lar**	soru**lar**
pencere**lerin**	köprü**lerin**	çorba**ların**	soru**ların**
pencere**lere**	köprü**lere**	çorba**lara**	soru**lara**
pencere**leri**	köprü**leri**	çorba**ları**	soru**ları**
pencere**lerde**	köprü**lerde**	çorba**larda**	soru**larda**
pencere**lerden**	köprü**lerden**	çorba**lardan**	soru**lardan**

DEMONSTRATIVPRONOMEN

bu *dieser hier* **şu** *dieser da* **o** *der da (jener)*

adjektivisch unveränderlich!

substantivisch:

bu	bunlar	**şu**	şunlar	**o**	onlar
bu**nun**	bunların	şu**nun**	şunların	**onun**	onların
bu**na**	bunlara	şu**na**	şunlara	**ona**	onlara
bu**nu**	bunları	şu**nu**	şunları	**onu**	onları
bu**nda**	bunlarda	şu**nda**	şunlarda	**onda**	onlarda
bu**ndan**	bunlardan	şu**ndan**	şunlardan	**ondan**	onlardan

bu gibi *ein solcher, eine solche, ein solches*
solch ein, solche eine

(wie dieser ... hier) **böyle bir**	*(wie dieser ... da)* **şöyle bir**	*(wie der ... da)* **öyle bir**

bu gibi *solche*

böyle	**şöyle**	**öyle**

substantivisch:

böylesi **böyleleri**	**şöylesi** **şöyleleri**	**öylesi** **öyleleri**

Übersicht über die Konjugation

Suffixverb *„sein"*

Präsens

(ben)	-(y)im, -üm, -ım, -um	*ich bin*
(sen)	-sin, -sün, -sın, -sun	*usw.*
(o)	Ø/-dir, -dür, -dır, -dur	
(biz)	-(y)iz, -üz -ız, -uz	
(siz)	-siniz, -sünüz, -sınız, -sunuz	
–	-ler, -lar/-dirler, -dürler, -dırlar, -durlar	

di-Vergangenheit

(ben)	-dim, -düm, -dım, -dum	*ich war*
(sen)	-din, -dün, -dın, -dun	*usw.*
(o)	-di, -dü, -dı, -du	
(biz)	-dik, -dük, -dık, -duk	
(siz)	-diniz, -dünüz, -dınız, -dunuz	
–	-diler, -düler, -dılar, -dular	

miş-Vergangenheit

(ben)	-mişim, -müşüm, -mışım, -muşum	*ich war wohl*
(sen)	-mişsin, -müşsün, -mışsın, -muşsun	*usw.*
(o)	-miş, -müş, -mış, -muş	
(biz)	-mişiz, -müşüz, -mışız, -muşuz	
(siz)	-mişsiniz, -müşsünüz, -mışsınız, -muşsunuz	
–	-mişler, -müşler, -mışlar, -muşlar	

BEDINGUNGSFORM

Präsens

(ben)	-sem, -sam	*wenn ich bin*
(sen)	-sen, -san	*usw.*
(o)	-se, -sa	
(biz)	-sek, -sak	
(siz)	-seniz, -sanız	
–	-seler, -salar	

di-Vergangenheit

(ben)	-diysem, -dimse	*wenn ich war*
(sen)	-diysen, -dinse	*usw.*
(o)	-diyse, -diyse	
(biz)	-diysek, -dikse	
(siz)	-diyseniz, -dinizse	
–	-diyseler, -dilerse	

VERNEINUNG UND FRAGE

Präsens

verneint:	değilim	*ich bin nicht*
fragend:	miyim? müyüm? mıyım? muyum?	*bin ich?*
fragend verneint:	değil miyim?	*bin ich nicht?*

di-Vergangenheit

verneint:	değildim	*ich war nicht*
fragend:	miydim? mıydım? müydüm? muydum?	*war ich?*
fragend verneint:	değil miydim?	*war ich nicht?*

miş-Vergangenheit

verneint:	değilmişim	*ich war wohl nicht*
fragend:	miymişim? müymüşüm? mıymışım? muymuşum?	*war ich wohl?*
fragend verneint:	değil miymişim?	*war ich wohl nicht?*

Bedingungsform Präsens

verneint:	değilsem	*wenn ich nicht bin*
fragend:	-sem mi, -sam mı?	*wenn ich bin?*
fragend verneint:	değilsem mi?	*wenn ich nicht bin?*

Vollverben auf -mek (-mak)

vermek geben

YOR-PRÄSENS	R-PRÄSENS	OPTATIV	IMPERATIV
ich gebe	*ich gebe (ich gäbe)*	*ich möchte geben*	*gib! usw.*
ver**iyor**um ver**iyor**sun ver**iyor** ver**iyor**uz ver**iyor**sunuz ver**iyor**lar	veri**r**im veri**r**sin veri**r** veri**r**iz veri**r**siniz veri**r**ler	ver**e**yim ver**e**lim	ver! *gib!* ver**sin** *er soll geben* ver**in(iz)**! *gebt! geben Sie!* ver**sinler** *sie sollen geben*

KONDITIONAL I

	real	irreal
wenn ich (gerade) gebe	*wenn ich (gewöhnlich) gebe*	*wenn ich gäbe*
ver**iyorsa**m ver**iyorsa**n ver**iyorsa** ver**iyorsa**k ver**iyorsa**nız ver**iyor**lar**sa**	veri**rse**m veri**rse**n veri**rse** veri**rse**k veri**rse**niz veri**r**ler**se**	ver**se**m ver**se**n ver**se** ver**se**k ver**se**niz ver**se**ler

Übersicht über die Konjugation

I. Vergangenheit (Imperfekt und Perfekt)

-di und -miş

ich gab, ich habe gegeben	*ich gab (wohl, offenbar)*
ver**dim** ver**din** ver**di** ver**dik** ver**di**niz ver**di**ler	ver**miş**im ver**miş**sin ver**miş** ver**miş**iz ver**miş**siniz ver**miş**ler

ich gab, war im Begriff zu geben, als ...	*ich gab, pflegte zu geben, gäbe, hätte gegeben*	*ich gebe (wohl, gerade); gab (wohl gerade)*	*ich pflege (pflegte) zu geben, würde wohl geben*
ver**iyordu**m ver**iyordu**n ver**iyordu** ver**iyorduk** ver**iyordu**nuz ver**iyor**lar**dı**	ve**rirdim** ve**rirdin** ve**rirdi** ve**rirdik** ve**rirdi**niz ve**rir**ler**di**	ve**riyormuş**um ve**riyormuş**sun ve**riyormuş** ve**riyormuş**uz ve**riyormuş**sunuz ve**riyor**lar**mış**	ve**rirmiş**im ve**rirmiş**sin ve**rirmiş** ve**rirmiş**iz ve**rirmiş**iniz ve**rir**ler**miş**

Konditional der I. Vergangenheit oder Konditional II

real		**irreal**	
wenn ich gab, gegeben habe	*wenn ich wohl gab, gegeben habe*	*wenn ich gäbe, gegeben hätte*	*wenn ich wohl gäbe, wohl gegeben hätte*
ver**diysem**, ver**dimse** ver**diysen**, ver**dinse** ver**diyse** ver**diysek**, ver**dikse** ver**diyse**niz, ver**dinizse** ver**diyse**ler, ver**dilerse**	ver**mişsem** ver**mişsen** ver**mişse** ver**mişsek** ver**mişse**niz ver**miş**ler**se** (**-mişse**ler)	ver**seydim** ver**seydin** ver**seydi** ver**seydik** ver**seydi**niz ver**seydi**ler (**-se**ler**di**)	ver**seymiş**im ver**seymiş**sin ver**seymiş** ver**seymiş**iz ver**seymiş**siniz ver**seymiş**ler (**-se**ler**miş**)

II. VERGANGENHEIT (PLUSQUAMPERFEKT)

ich hatte gegeben	
ver**miştim** ver**miştin** ver**mişti**	ver**miştik** ver**mişti**niz ver**miş**ler**di** (-**miş**tiler)

Bedingung (irreal): ver**miş olsaydım** *wenn ich gegeben hätte*

FUTUR I	FUTUR II ODER FUTUR DER VERGANGENHEIT	
ich werde (soll, muß) geben	*ich würde geben, ich hätte gegeben, ich wollte (sollte) gerade geben*	*ich werde wohl gegeben haben, werde wohl geben*
ver**eceğ**im ver**eceks**in ver**ecek** ver**eceğ**iz ver**eceks**iniz ver**ecek**ler	ver**ecekti**m ver**ecekti**n ver**ecekti** ver**ecekti**k ver**ecekti**niz ver**ecek**ler**di** (-**ecekti**ler)	ver**ecekmiş**im ver**ecekmiş**sin ver**ecekmiş** ver**ecekmiş**iz ver**ecekmiş**siniz ver**ecek**ler**miş** (-**ecekmiş**ler)

BEDINGUNGSFORM

des Futurs (real)	**des Futurs der Vergangenheit (irreal)**
wenn ich geben werde (will, soll)	*wenn ich gegeben hätte, hätte geben wollen (sollen)*
ver**eceks**em ver**eceks**en ver**ecekse** ver**eceks**ek ver**ecekse**niz ver**ecek**ler**se**	ver**ecektiyse**m, ver**ecekti**m**se** ver**ecektiyse**n, ver**ecekti**n**se** ver**ecektiyse,** ver**ecektiyse** ver**ecektiyse**k, ver**ecekti**k**se** ver**ecektiyse**niz, ver**ecekti**niz**se** ver**ecektiyse**ler, ver**ecek**ler**diyse**

MODALES FUTUR

ich will gerade geben	*ich wollte gerade geben*	*wenn ich nun gebe*
ver**ecek oluyor**um	ver**ecek oldu**m	ver**ecek olursa**m
ver**ecek oluyor**sun	ver**ecek oldu**n	ver**ecek olursa**n
ver**ecek oluyor**	ver**ecek oldu**	ver**ecek olursa**
ver**ecek oluyor**uz	ver**ecek oldu**k	ver**ecek olursa**k
ver**ecek oluyor**sunuz	ver**ecek oldu**nuz	ver**ecek olursa**nız
ver**ecek oluyor**lar	ver**ecek oldu**lar	ver**ecek olur**larsa (**olursa**lar)

Modale Formen

NEZESSITATIV (NOTWENDIGKEIT)

Präsens	**Imperfekt – Perfekt**	
ich muß geben, ich sollte geben	*ich habe (hätte) geben müssen (sollen)*	*ich mußte wohl geben, hätte wohl geben müssen (sollen)*
ver**meli**yim	ver**meliydi**m	ver**meliymiş**im
ver**meli**sin	ver**meliydi**n	ver**meliymiş**sin
ver**meli**	ver**meliydi**	ver**meliymiş**
ver**meli**yiz	ver**meliydi**k	ver**meliymiş**iz
ver**meli**siniz	ver**meliydi**niz	ver**meliymiş**siniz
ver**meli**ler	ver**meliydi**ler (-**meli**ler**di**)	ver**meliymiş**ler (-**meli**ler**miş**)

BEDINGUNGSFORM DES NEZESSITATIVS

wenn ich geben muß, wenn ich geben müßte

Im Präsens keine Form mit -meli!

vermem vermen vermesi vermemiz vermeniz vermeleri	gerekse (lâzımsa)	gerekirse, gerekiyorsa

wenn ich geben mußte, habe geben müssen	*wenn ich wohl geben mußte, habe geben müssen*	*wenn ich werde geben müssen*
vermem gerektiyse	vermem gerekmişse	vermem gerekecekse

BEDINGUNGSFORM DER VERGANGENHEIT DES NEZESSITATIVS

ver**meli idiyse**m, ver**meliydiyse**m ver**meli idiyse**n, ver**meliydiyse**n ver**meli idiyse**, ver**meliydiyse** ver**meli idiyse**k, ver**meliydiyse**k ver**meli idiyse**niz, ver**meliydiyse**niz ver**meli idiyse**ler, ver**meliydiyse**ler	*wenn ich hätte geben müssen, da ich ja (nun einmal) geben mußte*

MÖGLICHKEIT

ver**ebil**mek *geben können*

yor-Präsens: ver**ebiliyor**um, ver**ebiliyor**sun, ver**ebiliyor**, ver**ebiliyor**uz, ver**ebiliyor**sunuz, ver**ebiliyor**lar

r-Präsens: ver**ebilir**im, ver**ebilir**sin, ver**ebilir**, ver**ebilir**iz, ver**ebilir**siniz, ver**ebilir**ler

VERNEINTE MÖGLICHKEIT

ver**eme**mek *nicht geben können*

yor-Präsens: ver**emiyor**um, ver**emiyor**sun, ver**emiyor**, ver**emiyor**uz, ver**emiyor**sunuz, ver**emiyor**lar

r-Präsens: ver**eme**m, ver**emez**sin, ver**emez**, ver**eme**yiz, ver**emez**siniz, ver**emez**ler

Verneinte Formen des Vollverbs

An die betonte Wurzel tritt

me	gel**me**mek	*nicht kommen*
	bit**me**mek	*nicht aufhören*
ma	koş**ma**mak	*nicht laufen*
	tanı**ma**mak	*nicht kennen*

Die **yor**-Formen haben

miyor	gel**miyor**	*er kommt nicht*
müyor	gör**müyor**	*er sieht nicht*
mıyor	yap**mıyor**	*er macht nicht*
muyor	konuş**muyor**	*er spricht nicht*

Übersicht über die Konjugation

An den verneinten Stamm treten die Suffixe der bejahenden Form:

bejahend	verneint	
ver**eyim**	ver**meye**yim	*ich möchte nicht geben*
ver	ver**me**	*gib nicht!*
ver**in(iz)**	ver**me**yin(iz)	*gebt nicht!*
ver**sem**	ver**me**sem	*wenn ich nicht gebe*
ver**dim**	ver**me**dim	*ich gab nicht*
ver**mişim**	ver**me**mişim	*ich gab wohl nicht*
ver**diysem**	ver**me**diysem }	*wenn ich nicht gab,*
ver**dimse**	ver**me**dimse }	*nicht gegeben habe*
ver**seydim**	ver**me**seydim	*wenn ich nicht gäbe, nicht gegeben hätte*
ver**miştim**	ver**me**miştim	*ich hatte nicht gegeben*
ver**miş** olsaydım	ver**me**miş olsaydım	*wenn ich nicht gegeben hätte*
ver**eceğim**	ver**me**yeceğim	*ich werde (soll, muß) nicht geben*
ver**ecektim**	ver**me**yecektim	*ich würde (wollte) nicht geben usw.*
ver**meliyim**	ver**me**meliyim	*ich soll nicht geben*

R-FORMEN

bejahend: **-ir** verneint: **-mez**

ver**irdim** ver**mezdim** *hätte ich doch nicht gegeben*

Präsens	di-Vergangenheit	miş-Vergangenheit
ich gebe (gäbe) nicht	*ich pflegte nicht zu geben*	*ich pflegte wohl nicht zu geben*
ver**mem** ver**mez**sin ver**mez** ver**me**yiz ver**me**siniz ver**mez**ler	ver**mezdim** ver**mezdin** ver**mezdi** ver**mezdik** ver**mezdi**niz ver**mez**ler**di**	ver**mezmiş**im ver**mezmiş**sin ver**mezmiş** ver**mezmiş**iz ver**mezmiş**siniz ver**mez**ler**miş**

KONDITIONAL I

wenn ich nicht gebe ver**miyor**sam, ver**miyor**san usw.
ver**mezsem**, ver**mezsen** usw.

Frageformen

Der Fragepartikel **mi** (mü, mı, mu) tritt vor das Personalsuffix; diese Suffixgruppe steht vom Verb getrennt.

ver**iyor**	muyum	*gebe ich?*
ver**ir**	miyim	*gebe ich, würde ich geben?*
ver**mez**	miyim	*kann (könnte) ich nicht geben?*
ver**miş**	miyim	*gab ich wohl?*
ver**ecek**	miyim	*werde (soll) ich geben?*
ver**meli**	miyim	*soll (muß) ich geben?*
ver**ebilir**	miyim	*kann ich geben?*
ver**emez**	miyim	*kann ich nicht geben?*
gelir	**miydim**	*war (wäre) ich gekommen?*
gelmiş	**miydim**	*war ich wohl gekommen?*
gelecek	**miydim**	*sollte ich kommen? usw.*
gelecek	**miymişim**	*werde ich wohl gekommen sein?*
gelmeli	**miydim**	*sollte ich kommen, hätte ich kommen sollen?*

aber

-di, -se, -eyim (-elim), -sin + mi

gel**dim**	mi	*kam ich?*
gel**sem**	mi	*ob ich komme?*
gel**eyim**	mi	*soll ich kommen?*
gel**elim**	mi	*sollen wir kommen?*
gel**sin**	mi	*soll er kommen?*

Partizipien

PARTIZIP PRÄSENS

-r (beschränkt verwendet)	aka**r** *fließend*
aktivisch: **-en** (-an)	gel**en** *kommend, ... der kommt, ... der gekommen ist*
passivisch: Passivsuffix + **-en** (-an)	göste**rilen** *gezeigt, ... der gezeigt worden ist*

PARTIZIP PERFEKT

aktivisch: unbestimmt **-miş** (-müş, -mış, -muş)	gel**miş** *gekommen; ein Gekommener*
bestimmt: **-miş olan**	gel**miş olan** *gekommen; der Gekommene*
passivisch: Passivsuffix + **-miş** Passivsuffix + **-miş olan**	doldu**rulmuş** *gefüllt, ein Gefüllter* doldu**rulmuş** olan *gefüllt, der Gefüllte*

PARTIZIP FUTUR

unbestimmt aktivisch **-ecek** (-acak)	gel**ecek** *kommend, ... der kommen wird*
passivisch	oku**yacak** *(ein/der ... zu ...) lesend-*
bestimmt: **-ecek olan**	gid**ecek olan** *der, die, das gleich gehen/fahren wird*

POSSESSIVPARTIZIPIEN

-diğ- (-düğ-, -dığ-, -duğ-)	oku**duğ**um *den, die, das ich lese, las, gelesen habe*
-miş olduğ-	oku**muş olduğum** *den, die, das ich gelesen habe, gelesen hatte*
-eceğ- (-acağ-)	okuy**acağ**ım *den, der, das ich lesen werde (will, soll)*
-diklerim	oku**dukların** *das, was ich gelesen habe, was ich lese*

Suffixverzeichnis

Wie überall in diesem Lehrbuch werden im folgenden zur Beschreibung der Endungen verschiedene abstrakte Zeichenkombinationen verwendet.

+ links von einer Endung besagt, daß diese Endung an Nominalwörter (Adjektive und Substantive) angehängt wird.
– vor einer Endung besagt, daß diese Endung an (ggf. erweiterte) Verbstämme angehängt wird.

Die in den Suffixen enthaltenen Großbuchstaben zeigen an, daß der entsprechende Laut Veränderungen nach den Gesetzen von Vokalharmonie (siehe Lektion 1, 2 und 4) bzw. Konsonantenwandel (siehe Lektion 2-4, 6 und 11) unterliegt. Nach dieser sogenannten abstrakten Schreibung steht also zum Beispiel **+DE** *für die Varianten* **-de** *und* **-da** *bzw.* **-te** *und* **-ta** (ev**de**, oku**lda** *gegenüber* otob**üs**te, sını**fta**); **-Dİr** *steht für die Varianten* **-tir**, **-tır**, **-tür** *und* **-tur** *bzw.* **-dir**, **-dır**, **-dür** *und* **-dur**.

Die Klammern innerhalb von Suffixen bedeuten, daß die Endung an den Auslaut des jeweiligen Wort(stamm)es angepaßt wird. Zum Beispiel lautet das Suffix **-(y)EcEk** *nach konsonantisch endenden Verbstämmen* **-EcEk** (dö**necek**, konu**şacak**). *Geht der Verbstamm auf Vokal aus, wird ein -y- eingeschoben* (ist**eyecek**, anl**ayacak**).

+CE	Passivergänzung:	18E1
+CE	Wortbildungssuffix:	3C3
+CEsİnE	Konverb (*„als ob“*):	20E7
+Cİ	Wortbildungssuffix:	3C4
+_dE	*„auch“, „und“* usw. (getrennt geschrieben):	1C4, 3C1, 5E7, 11E2, 11E4, 15B1, 20B4, 23B1
+DE	Lokativ:	2C2, 3C1
+DEn	Ablativ:	6C4
-Dİ	Perfekt:	12C1
-Dİk (-DİĞİ)	Partizip:	19C2-5, 21C1-5, 23C1, 23C3-4
-DİĞİ halde	Konverb (*„obwohl“*):	23E1
-DİĞİ için	Konverb (*„da, weil“*):	23E1
-DİĞİ zaman	Konverb (*„als“*):	23E1-2
-DİkçE	Konverb (*„sooft“* bzw. *„je ... desto“*):	19E4
-DİktEn (sonra)	Konverb (*„nachdem“*):	13C3
-Dİr	Kausativ:	13E2
±Dİr	Kopula:	17C2-3, 22E9
-DİydI	Erzählform des Perfekts:	21E1-2
-DİysE	Bedingung, Vergangenheit:	22E2
-Er(t)	Kausativ:	13E2
-(E/İ)	Wortbildungssuffix:	16B2
-(E/İ)r	Gegenwart (r-Präsens/Aorist):	6B2-3, 15C1-6, 17B1-2

Suffixverzeichnis

Sachregister

(Die Zahlen verweisen auf die Lektionsabschnitte)